세계 종교 둘러보기

초판 1쇄 발행 | 2003년 6월 20일
개정판 1쇄 발행 | 2013년 8월 26일
개정판 10쇄 발행 | 2025년 3월 20일

지은이 | 오강남
펴낸이 | 조미현

펴낸곳 | (주)현암사
등록 | 1951년 12월 24일 제10-126호
주소 | 04029 서울시 마포구 동교로12안길 35
전화 | 365-5051 · 팩스 | 313-2729
전자우편 | editor@hyeonamsa.com
홈페이지 | www.hyeonamsa.com

오강남 ⓒ 2003, 2013
ISBN 978-89-323-1672-7 03200

이 도서의 국립중앙도서관 출판시도서목록(CIP)은 서지정보유통지원시스템 홈페이지(http://seoji.nl.go.kr)와
국가자료공동목록시스템(http://www.nl.go.kr/kolisnet)에서 이용하실 수 있습니다.
(CIP제어번호: CIP2013014877)

세계 종교 둘러보기

오강남 지음

현암사

세계 종교 분포도

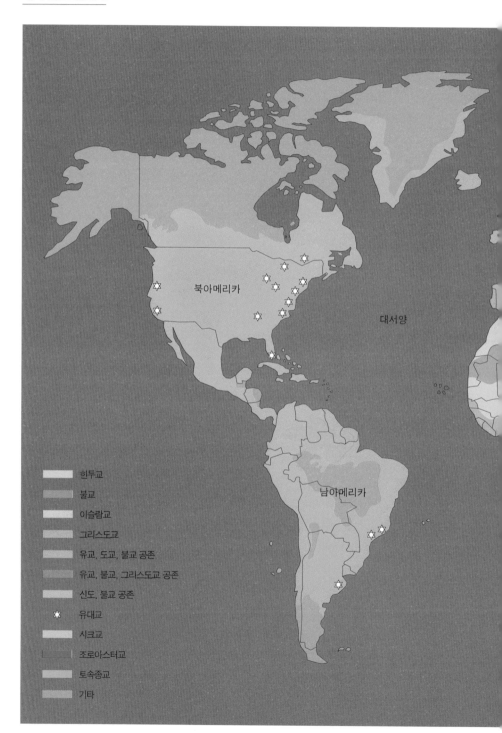

북아메리카

대서양

남아메리카

- 힌두교
- 불교
- 이슬람교
- 그리스도교
- 유교, 도교, 불교 공존
- 유교, 불교, 그리스도교 공존
- 신도, 불교 공존
- ✡ 유대교
- 시크교
- 조로아스터교
- 토속종교
- 기타

『세계 종교 둘러보기』가 세상에 나온 지 꼭 10년이 되었습니다. 그동안 많은 독자들의 사랑을 받아 널리 읽히는 행운을 입었습니다. 개인적으로 읽은 분도, 대학이나 독서모임에서 교재로 접한 분도 계실 것입니다. 무엇보다 이 책을 통해 이웃 종교를 조금씩 알아가게 되면서 무의식적으로라도 가지고 있던 편견에서 벗어 날 수 있었을 뿐 아니라 자신의 종교도 더 깊이 이해하게 되었다는 독자들의 반응에 깊이 감사드립니다.

10년이면 강산도 변한다는데, 10년이 지나면서 여기저기 업데이트할 것도 생기고 표지나 판형도 좀더 세련되게 했으면 하는 마음이 들었습니다. 그러던 차에 개정판을 내겠다고 제안해 준 현암사 조미현 대표와 김수한 주간에게 감사드립니다.

개정판에서 가장 두드러진 변화는, 초판의 경우 여러 가지 용어나 인명, 지명에 해당하는 한문 표기나 로마자 표기를 뒤에 나오는 '찾아보기' 부분에서 확인할 수 있었는데, 이번 개정판에서는 이를 본문에 직접 포함시킨 것이라 할 수 있습니다. 이 작업뿐 아니라 이번 기회에 본문을 찬찬히 검토하고, 새로운 통계나 최신 정보를 포함시키는 것은 물론 본문에 알맞은 그림을 찾아 넣어 준 김은영 편집자에게도 고마운 마음을 전합니다.

이 책이 처음 나올 때 『세계 종교 둘러보기』라는 제목이 붙었던 것은 이 책에 이어서 '세계 종교 깊이 보기'라는 제목의 책을 낼 생각이 있었기 때문이었습니다. 생각했던 것과 똑같은 제목은 아니지만 세계 종교의 깊은 면을 소개하는 책이 현암사를 통해 나왔습니다. 『종교, 심층을 보다』(2011)가 그것입니다. 『세계 종교 둘러보기』에서 더 나아가 세계 종교의 심층에 관심이 있는 독자들은 이 책도 함께 읽어 주셨으면 하는 마음입니다.

초판이 나올 때부터 이 글을 읽고 각자의 전문 분야에서 여러 가지 조언과 추천의 말씀을 해 주신 김종서 교수, 길희성 교수, 조성택 교수, 노영찬 교수, 허남린 교수, 민영진 교수, 박승호 교수, 김영경 교수, 최준식 교수 등 여러분에게 다시 한 번 감사드립니다. 그 외에 이 책을 교재로 채택해 주신 여러 교수님들과 독서회 지도자들, 특히 이 책을 읽어 주신 모든 독자들에게 고마움을 전하고 싶습니다.

개정판 역시 많은 사랑을 받고, 이웃 종교에 대한 이해를 더욱 깊이 하는 일에, 나아가 종교 간의 대화와 협력을 더욱 촉진시키는 일에 이바지하게 되기를 바라는 바입니다.

2013년 8월
오강남

책머리에

2001년 『예수는 없다』를 내고 그 해 가을 한국에 와서 한 학기를 가르치는 동안 대학생을 비롯하여 여러 독자, 특히 그리스도교인 여러분과 이야기할 기회가 많았습니다. 같이 이야기하면서 놀랍게도 상당히 많은 분이 자기 종교 말고 다른 종교에 대해서는 이해가 그리 깊지 않다는 것을 발견하게 되었습니다. 그뿐 아니라 자기 종교만 아는 사람이, 그것도 아주 일부만 알고 있으면서, 모든 종교를 다 아는 것처럼 그리고 다른 종교는 알아보나마나한 것처럼 말하는 경우도 의외로 많음을 발견하게 되었습니다. 예를 들어 귀에 못이 박히도록 들은 '나무아미타불'이 도대체 무슨 뜻인지 모르는 사람도 많고, '그리스도'가 정확히 어디서 나온 말인지 알지 못하는 사람도 있었습니다. 물론 이런 말의 뜻을 꼭 알아야 훌륭한 종교인이 될 수 있다는 뜻은 아닙니다. 이런 것도 모르는 것을 보면, 더 복잡하고 중요한 것은 정말 모르는 것이 아닌가 하는 데 문제가 있습니다.

가만히 생각해 보면 한국에서 일반인이 이웃 종교에 대해서 잘 알지 못하는 것도 무리는 아닙니다. 세계 종교를 알 수 있는 기회가 거의 없기 때문입니다. 중·고등학교에서 세계 종교의 개괄이나마 가르치는 과목이 있는 것도 아니고, 대학교에서도 종교학과가 있는 몇 개 대학 말고는 종교를 따로 가르치는 일이 거의 없습니다. 결국 종교에 대해서 들을 수 있는 기회는 자기가 나가는 교회의 목사님이나 절의 스님을 통한 것이 거의 다인 셈입니다. 자연히 남의 종교에 대해서는 잘 모르거나 잘못 아는 경우가 대부분이고, 이에 따라 자신의 종교도 올바로 알지 못하는 것이 아닌가 하는 생각이 들었습니다. 그래서 사람들이 이웃의 종교를 더욱 깊이 알고, 나아가 자신의 종교도 더욱 깊이 이해하는 데에 도움이 되는 책을 하나 쓰는 것이 좋겠다고 생각했습니다.

이 책을 읽고 신앙인이라면, 이웃이 어떤 신앙을 가지고 있는지 알아봄으로써 더욱 큰 맥락에서 자신의 신앙을 보다 깊이 이해하게 되었으면 합니다. 특별히 무슨 종교가 없다고 생각하는 일반인이라면, 우리 인류가 어떤 정신적 유산을 물려받아 지금과 같은 종교적 태도를 가지게 되었는지 등을 분명히 이해할 수 있는 문화사적, 사회학적 안목이 깊어지기를 바랍니다.

한국에 세계 종교를 다룬 책이 전혀 없는 것은 아닙니다. 이 책은 대학 신입생 정도의 독해력만 있으면 쉽고 재미있게 읽을 수 있도록 썼습니다. 개인적으로 읽어도 좋고, 대학 교양 과목이나 독서회·토론회의 교재로 사용해도 좋을 정도로 분량도 알맞게 조절했습니다. 모든 종교에 공평하게 지면을 허용하는 대신 우리와 더 많이 가까운 종교는 더 자세히 다루었습니다.

세계 종교를 자세히 알아보는 것은 한두 권의 책으로는 불가능한 방대한 작업입니다. 그러나 일반 독자로서 이런 사실들을 다 알 필요는 없습니다. 이 책에서는 세계 종교들의 창시 배경, 주요 경전, 핵심적인 가르침 등 가장 중요한 종교 현상을 역사적 흐름과 맥락에 따라 조목조목 살펴보고 이런 종교들이 역사적으로 어떤 역할을 수행해 왔는지를 알아보려 합니다. 이에 대해 성급하게 판단하거나 결론을 내리는 대신 그런 종교 현상 뒤에 숨겨진 종교적 뜻이 무엇인지에 초점을 맞추어 읽었으면 합니다.

사실 이것은 제가 캐나다에서 지난 25년 이상 가르쳐온 '종교학 개론'이나 '세계 종교', '동양 종교 사상' 강의록 중에서 독자들이 꼭 알았으면 해서 함께 나누고 싶은 것만 골라 본 셈입니다. 옛날 한국에서 대학 다니며 가정교사로 일할 때 시험에 나올 문제이니 이것만은 꼭 알아두라고 학생에게 일러주던 것처럼, 이웃 종교와 종교 자체religion per se를 이해하는 데 이것만은 꼭 알아두라고 권하고 싶은 것을 정리한 것이라 볼 수 있습니다. 방대한 재료를 어떻게 취사선택할지 무진 애를 써서, 요점 정리와 같은 간결·명료함이 이 책의 특색이 되도록 한 셈입니다. 이 책은 정선된 식단을 갖춘 뷔페식당과도 같습니다. 일단 여러 가지를 맛보고, 내 입맛에 맞는다고 생각되는 것이 있으면 독자 스스로 더욱 깊이 천착할 수 있도록 하는 데 뜻이 있습니다.

마침 이 책을 쓰기 직전에 전통문화연구회에서 『경전으로 본 세계종교』라는 한국 종교 연구 분야에서 기념비적 역작을 완성해 내었습니다. 지금이 책에 나오는 용어나 표기법은 '기독교'라는 말 대신 '그리스도교'로 하는 등 거의 그 책을 따랐습니다. 한국에서 종교학 용어가 일정한 표준 용법으로 정착하기를 바라는 마음에서입니다. 이 책을 읽는 독자는 그 책도 함께 참조하셔서 세계 여러 종교의 경전을 직접, 그리고 더 깊이 맛보는 기회를 갖기 바랍니다. 독자 여러분이 각 종교에 대해 더 알고 싶으실 경우 읽어보시면 좋을 책을 몇 권씩 정선해서 각 장 끝에 소개했습니다.

이 책이 나오기 전 각 종교 분야 전문가로부터 일종의 감수를 받았습니다. 들어가는 말과 부록 부분을 보아주신 서울대학교 종교학과 김종서 교수, 힌두교 부분을 보아주신 서강대학교 종교학과 길희성 교수, 불교 부분을 보아주신 고려대학교 철학과 조성택 교수, 유교·도교 부분을 보아주신 미국 조지 메이슨 대학교 종교학과 노영찬 교수, 신도 부분을 보아주신 캐나다 브리티시 컬럼비아 대학교 일본학과 허남린 교수, 유대교 부분을 보아주신 대한성서공회 민영진 박사, 그리스도교 부분을 보아주신 미국 오하이오주 데이튼 연합신학대학 박승호 교수, 이슬람 부분을 보아주신 서강대학교 종교학과 김영경 교수, 동학 부분을 보아주신 이화여자대학교 한국학과의 최준식 교수 등 여러분께 진심으로 감사를 드립니다. 물론 전체적으로 주제 선택이나 구성 면에서 모자란 것이 있으면 그것은 전적으로 제게 책임이 있음을 분명히 합니다. 아울러 이 책이 나오도록 애써 주신 현암사 편집진, 특히 본문을 정리하고 사진 고르는 일을 도와준 이유나 님께 감사드립니다.

　그 동안 제 책을 읽어 주신 많은 길벗에게, 그리고 이웃 종교의 기본 가르침이 무엇인가 알아보기 위해 이 책을 잡으신 미래의 길벗에게 이 책을 바칩니다.

2003년 6월 밴쿠버에서
오강남

일러두기

• 외래어 표기는 국립국어원 외래어표기법을 원칙으로 했다. 단, 표기법과 다르지만 대부분의 매체에서 통용되는
  경우 그에 따랐다.
• 단행본은 『 』, 논문·단편 등은 「 」, 신문·잡지는 《 》, 그림·영화의 제목 등은 〈 〉로 표기했다.

이웃 종교에 대한 기본적 연구 없이

종교 간의 대화가 있을 수 없고,

종교 간의 대화 없이

종교 간의 평화가 있을 수 없고,

종교 간의 평화 없이

세계 평화가 있을 수 없다.

한스 큉

들어가는 말

지구촌 사람들은
무엇을
믿고 있는가

· 왜 이웃 종교를 알아보려는가 ·

"이 바쁜 세상에 남의 종교는 알아서 뭐 하자는 것인가? 종교가 뭐 그리 대
단하며, 설혹 대단하다 해도 내 종교도 다 알지 못하는 형편에 남의 종교까
지 알 필요가 뭔가?" 많은 분이 이렇게 질문할 수 있다. 어느 면에서 정당
한 질문이다. 이런 질문에 어떤 대답을 할 수 있을까? 좀 거창한 용어를 써
서 '실존적 관심, 지구 윤리적 관심, 인문학적 관심' 때문이라고 해 본다. 이
것이 무슨 뜻인가?

| 내 종교를 더욱 깊이 알기 위해   종교학의 창시자 막스 뮐러Friedrich Max
Müller(1823년~1900년)는 "하나의 종교만 아는 사람은 아무 종교도 모른다"는
말을 했다. 종교를 가진 사람은 자신의 종교에 대해서 당연히 누구보다도
잘 알고 있다고 스스로 생각하기 쉽지만, 뮐러에 따르면 그것은 착각이라

는 것이다.

　고급 지식은 모두 비교에서 얻어지는 것이고 비교에 근거하고 있다. 오늘날 과학적 탐구의 특성이 무엇보다도 비교하는 것이라면, 지금 우리가 수행하려고 하는 (종교에 대한) 탐구야말로 우리가 찾을 수 있는 가장 광범위한 증거를 바탕으로 하고, 인간의 지력으로 할 수 있는 가장 다양한 의미 파악에 근거해야 함을 뜻한다.[1]

"길고 짧은 것은 대봐야 안다." 내 종교에 장점이 있다면 다른 종교의 비슷한 현상과 비교해 보고 비로소 아는 것이고, 단점이 있다 해도 그것을 분명히 아는 것은 남의 종교를 보았을 때 가능하다. 이처럼 여러 종교를 알아보는 것은 단순히 지적 호기심을 충족시키는 것 이상이다. 그것은 나의 종교를 더욱 깊이 이해하고 진정으로 고마워하기 위한 전제 조건이 된다. 따라서 이것은 한 사람의 신앙인으로서 가질 수밖에 없는 '실존적 관심'이라 할 수 있다.

│ **내 이웃의 종교를 더욱 깊이 이해하기 위해**　한국은 다종교多宗敎 사회다. 이웃이나 직장 동료가 나와 다른 종교를 가질 수 있다. 그뿐 아니라 이제 세상도 점점 좁아져 세계의 여러 인종과 민족이 어깨를 비비며 살고 있다. 교통수단뿐 아니라 인터넷을 통해 세계인이 문자 그대로 모두 이웃으로 살고 있는 셈이다. 이렇게 매일 대하는 국내외의 이웃은 어떤 종교를 가지고 살고 있을까 아는 것은 그들을 더욱 깊이 이해하고 사이좋게 지내기 위해 꼭 필요한 일이 아닐 수 없다.

신학자 한스 큉Hans Küng이 말한 것처럼 "종교 간의 대화 없이 종교 간의
평화가 있을 수 없고, 종교 간의 평화 없이 세계 평화가 있을 수 없다".[2] 종
교 간의 대화는 내 이웃의 종교를 더욱 깊이 이해하지 않고는 불가능하다.
서울대학교 종교학과 금장태 교수는 이 점을 다음과 같은 말로 요약한다.

> 다른 종교를 거짓된 것으로 배척하는 독선적 태도는 다른 종교에 대한 이해
> 가 결여된 것일 뿐만 아니라, 자기 종교의 진리도 편협하게 이해하는 것으로
> 성숙한 종교 의식이라 할 수 없다. …… 남을 억누르고 자기만이 승자로 군림
> 하겠다는 패권주의의 상극 논리는 지난 시대의 낡은 사고다. 이제는 함께 어울
> 려 살면서 서로 돕고 서로 성장하는 공동체 의식의 상생 논리가 요구된다.[3]

이런 의미에서 이웃의 종교를 더욱 깊이 이해하는 것은 종교 간 평화와
세계 평화를 위한 '윤리적 명령'이라 해도 과언이 아니다. 그야말로 인류의
평화로운 공존을 염원하며 오늘을 살아가는 다원주의 사회의 세계시민으
로서 가질 수밖에 없는 '지구 윤리적 관심'이라 할 수 있다.

│ **'우리'가 누구인지를 알기 위해**　　인간을 가리켜 '이성적 인간homo sapiens'이
라 한다. 인간이 다른 동물과 다른 가장 큰 특징이 인간이 가진 이성, 곧 생
각할 수 있는 능력이라는 뜻이다. 그 밖에 인간은 '공작하는 인간homo faber'
이라고 하여 다른 동물과 달리 연장을 만들어 무엇을 만들어 내는 능력이
있음을 강조하고, '놀이하는 인간homo ludens' 혹은 '상징을 사용하는 인간
homo symbolicus'이라 하기도 한다. 그러나 영국의 인류학자 마레트Robert R.
Marett(1866년~1943년)에 따르면 진정으로 인간을 다른 동물과 구별하는 가장

큰 특징은 인간이 종교적이라는 사실이다. 지구상에 있는 종족 중에 어떤 형태로든 종교가 없는 종족은 없고, 반면에 동물 중에 종교적 신념이나 제의를 가진 것으로 보이는 동물은 아직 없다. 그런 의미에서 인간을 다른 동물과 구별하는 '종교적 인간homo religiosus'이라는 말이 차라리 더욱 적절하다는 것이다.

그렇다. 인간은 '보편적으로 종교적universally religious'이고 '고칠 수 없이 종교적incurably religious'이다. 물론 나는 교회나 절에 나가지 않으므로 '종교적'이 아니라고 할 수도 있다. 적어도 서양의 추세를 보면 최근에 종교가 힘을 못 쓰거나 죽어 간다고 볼 수 있다. 그러나 종교적이라는 것이 반드시 교회나 절에 나가는 것만을 의미하지 않는다. 그리고 종교를 어떤 외형적 조직체나 일련의 교리 체계로 본다면 그런 종교는, 적어도 일반인의 지적 수준이 높아짐에 따라, 힘을 못 쓰거나 죽어 가는 것이 사실이다. 그러나 인간이 당면한 궁극적 물음을 물어 보거나 삶의 참된 의미가 무엇인가를 추구하는 자세가 깊은 의미의 종교적 자세라고 한다면 인간은 누구나 종교적이지 않을 수 없고 시대가 바뀐다고 이런 종교적 자세가 줄거나 없어지지 않는다. 오히려 최근에 와서 더욱 강하고 깊어지고 있음을 본다.

이렇게 볼 때 종교는 인간이 인간인 이상 인간의 삶에 없을 수 없는 요소이다. 따라서 인간을, 좀더 구체적으로 '우리 자신'을, 깊이 이해하는 것은 인간의 삶에 그토록 중요한 요소로 깊이 자리 잡은 종교를 이해하지 않고는 불가능한 일이라 해도 과언이 아니다. 종교를 읽음으로 거기에 투영된 인간 자신의 모습을 볼 수 있기 때문이다. 인간이 이루어온 정치, 경제, 문학, 역사, 예술, 철학 등에 대해서 종교적인 요소를 감안하지 않은 채 다 이해했다고 장담할 수 있을까? '종교적 문맹'은 어쩔 수 없이 문화적, 역사적, 인류학적 문맹을 의미하기도 한다. 이처럼 인간이 역사적으로 이룩해 온 종교를 이해하는 것은 이 분야의 이해뿐 아니라 인간 이해 자체의 전제 조건인 셈이다. 종교를 알아보는 것은 이런 의미에서 하나의 지성인으로서 가져야 할 '인문학적 관심'이라 할 수 있다.[4]

· 종교란 무엇인가 ·

그러면 종교를 무엇이라 보는 것이 좋을까? 종교의 정의는 무엇일까? 사실 종교를 정의하는 것은 거의 불가능에 가깝다. 각자 개인적, 문화적, 종교적 관점이 달라서 그에 따라 서로 다른 정의를 제시하기 때문이다. 어느 정의 가 옳고 그르냐를 판단할 기준이 누구에게도 없다. 물론 "종교란 돌멩이다" 라는 식의 정의도 그대로 좋다는 말이 아니다. 여기서는 우리에게 잘 알려 져 있고 어느 정도 설득력이 있는 몇 가지 정의를 알아보고, 우리가 세계 종 교를 살펴보면서 염두에 두면 좋을 '작업을 위한 정의' 하나를 제시하고자 한다.

| 엄청난 신비　독일의 종교학자 루돌프 오토Rudolf Otto(1869년~1937년)는 지 금 종교학에서 고전으로 꼽히는 그의 책 『성스러움의 의미』[5]에서 종교를 '엄청나고도 매혹적인 신비mysterium tremendum et fascinans'라는 간략한 라틴어 로 정의했다. 종교란 근본적으로 '성스러운 것the Holy' 혹은 그가 직접 말을 만든 '누미너스한 것the Numinous'에 대한 체험으로서, 이 체험이 바로 위의 세 가지 낱말로 요약된다는 것이다. '신비'는 우리의 이성으로는 이해할 수

없는 '절대 타자성'을, '엄청남'은 그 앞에 서기만 하면 우리도 모르게 갖게 되는 두려움과 떨림, 압도적인 힘, 에너지 같은 것을, '매혹적임'은 그러면 서도 어쩔 수 없이 끌리게 됨을 의미한다고 한다. 이런 종교 특유의 체험이 바로 종교의 핵심을 이루고, 바로 종교에서만 발견되는 근본적인 것 혹은 자류적自類的(sui generis)인 것이라고 보았다.

오토의 정의는 그 전까지 종교를 초자연적인 실체를 숭배하거나 믿는 일종의 신념 체계내지 도덕 체계로 보던 주지주의적 혹은 도덕주의적 정의를 넘어선 데에 큰 의미가 있다. 그때까지만 해도 서양에서는 종교의 본질을 이야기할 때 주로 그 종교의 이론적이거나 교리적인 면을 강조했는데, 오토는 종교를 '절대 의존의 감정'이라고 본 슐라이어마허의 이론을 받아들여 종교에서 비주지적인 면, 체험적인 면을 강조했다.

| **궁극 관심** 20세기 최고의 신학자 중 하나로 여겨지는 폴 틸리히Paul Tillich (1886년~1965년)는 종교를 '궁극 관심ultimate concern'이라 정의했다. 우리의 궁극적 관심을 사로잡고 있는 것이 바로 우리에게 종교가 된다는 뜻이다. 우리가 건강에 대해 궁극적인 관심을 가지고 있으면 건강이 바로 우리의 종교가 된다. 물론 돈이나 성性과 같은 것이 우리의 관심을 송두리째 사로잡고 있으면 그것이 그대로 다 '종교' 자체라는 것은 아니다. 그는 궁극 관심의 대상을 셋으로 나누어 재물·권세·성·명예 같은 '준준궁극적인 것'에 관한 궁극 관심은 '가종교假宗教(pseudo-religion)'라고 하고, 민족주의·사회주의·공산주의 같은 정치 이념이라든가 사상 체계나 교리 등 '준궁극적인 것'에 관한 궁극 관심은 '사종교似宗教(quasi-religion)'라 하고, '진정으로 궁극적인 것'에 궁극 관심을 갖는 것을 '종교 자체'라고 보았다. 여기서도 종교

를 지적인 것이나, 감정적인 것이나, 의지적인 것 하나에 국한하는 일 없이 우리의 전 존재를 사로잡는 것으로 파악한 점이 돋보인다.[6]

│ **궁극 실재와의 관계에서 얻어지는 변화의 체험**   필자는 『종교란 무엇인가』에서 종교의 핵심이 "궁극 실재와의 관계에서 이루어지는 변화의 체험"이라고 했다. 종교가 하는 일 중 가장 중요한 것을 들라면 그 종교를 따르는 이들이 이러한 변화의 체험에 의해 세상을 보는 눈이 달라지고 새로운 의미와 목적을 가지고 늠름하게 살아가도록 하는 것이라 본 것이다. 위의 정의들과 대동소이하다고 볼 수 있지만, 여기서는 종교가 궁극 실재와의 관계에서 가능하게 되는 '변화의 체험'임을 더욱 강조하려는 것이다. 궁극 실재와의 관계를 어떻게 보느냐 하는 것은 각 종교 전통에 따라 다르다. 궁극 실재와 합일한다고 보기도 하고, 만나거나 안긴다고 보기도 한다. 어떤 형태로 보든지 이런 관계 때문에 지금까지 '나' 중심이던 삶에서 벗어나 새로운 삶을 살 수 있도록 하는 것, 이것이 바로 종교에서 가장 중요한 대목이라 보려는 것이다.

이상을 일단 '작업을 위한 정의'로 삼고, 앞으로 세계 여러 종교를 살펴보면서 이런 '변화의 체험'을 위해 각 종교는 어떤 처방을 주었는지에 관심을 기울여 보기로 하자.[7]

• 종교 체험이란 무엇인가 •

종교에서 체험이 이처럼 중요하다고 강조된다면, 그 체험은 대체 어떤 성격을 띠고 있을까? 독일 출신으로 나치 정권을 피해 미국으로 와 시카고 대학에서 종교사학을 가르친 요아힘 바흐Joachim Wach(1898년~1955년)가 『비교종교학』에서 이 질문에 대해 잘 설명해 놓은 것을 간단히 소개한다. 그는 종교 체험의 특징을 다음과 같이 네 가지로 요약한다.[8]

첫째, 종교 체험은 '궁극 실재'로 여겨지는 것에 대한 반응이다. 여기서 궁극 실재란 우리를 궁극적으로 꼴 지우고 떠받치는 무엇으로서, 종교 체험은 이런 것을 떠난 유한한 것에 대한 반응이 아니다. '반응'이라는 것은 이것이 순수 주관적인 허상만이 아니라는 뜻이다.

둘째, 종교 체험은 인간의 '전 존재'로 대응하는 전폭적 반응이다. 교리를 받아들이는 것처럼 머리에만 관계되는 것도 아니고, 감정이 격해지는 것처럼 가슴에만 관계되는 것도 아니고, 남을 위해 손으로 힘써 돕고 발로 열심히 뛰는 일처럼 손발에만 관계되는 것도 아니다. 온몸으로 하는, 지정의知情意가 다 관여된 체험이다.

셋째, 종교 체험은 그 강도로 보아 가장 강한 체험이다. 인간이 경험할 수 있는 것 중에서 가장 '강력하고, 포괄적이고, 전율적이고, 심오한 체험'이다. 이것은 역사적으로 종교적 체험을 한 그 많은 종교인이 다 같이 증언하는 바이다.

넷째, 진정한 종교 체험은 언제나 '행동'을 수반한다. 종교 체험을 했다면서 "그러니 어쩔 것이냐?" 하는 태도를 보인다면 참된 종교 체험에 이르지 못했다는 증거이다. 진정한 종교 체험을 한 사람은 "내가 여기 있나이다. 나를 보내소서"라는 마음으로 행동에 옮긴다. 종교 체험은 '동기 부여와 행동을 위한 가장 강력한 근원'이 되기 때문이다.

이런 종교 체험은 매우 엄청나고 비상식적이므로 보통의 전달 방법으로는 도저히 표현할 수가 없다. 그래도 표현하려 한다면 인간이 쓸 수 있는 표현 방법은 어쩔 수 없이 '상징적symbolic', '은유적metaphorical', '유추적analogical'일 수밖에 없다. 바흐는 우리가 종교 체험을 표현할 때 크게 세 가지 형태, 곧 생각으로, 행동으로, 사귐으로 표현한다고 하였다. 이론적, 실천적, 사회적 표현이라는 뜻이다. 이론적 표현이란 신화나 교설 · 교리 같은 것이고, 실천적 표현이란 경배나 헌신 등이며, 사회적 표현이란 집단을 형성하고 교파나 교단으로 퍼져나가는 것 등을 말한다. 따라서 바흐의 이론을 따르면, 종교란 '체험의 측면'과 '표현의 측면'으로 나눌 수 있다. 체험 자체는 변함이 없다고 할 수도 있지만, 그 체험의 표현인 신화 · 교리 · 예배 형식 · 조직 등은 사회적 · 역사적 · 심리적 조건에 적응하면서 변할 수밖에 없다.

지금부터 시도하려는 것도, 이렇게 역사적으로 변해가면서 흘러온 종교적 전통의 맥을 살펴보고 짚어보는 것이라 할 수 있다.

읽으면 좋을 책

- Capps, Walter. 김종서 · 배국원 · 김성례 · 이원규 · 김재영 · 윤원철 옮김. 『현대 종교학 담론』 까치글방, 1999.
- Comstock, W. R. 윤원철 옮김. 『종교학: 방법론의 문제와 원시 종교』 전망사, 1986.
- Otto, R. 길희성 옮김. 『성스러움의 의미』 분도출판사, 1987.
- Sharpe, Eric. 윤이흠 · 윤원철 옮김. 『종교학』 한울, 1986.
- Streng, F. J. 정진홍 옮김. 『종교학 입문』 대한기독교서회, 1973.
- Wach, Joachim. 김종서 옮김. 『비교종교학』 민음사, 1988.
- Smith, W. Cantwell. 길희성 옮김. 『종교의 의미와 목적』 분도출판사, 1991.
- Pals, Daniel L. *Eight Theories of Religion*. New York: Oxford University Press, 2006.

힌두교

Hinduism

'힌두'라는 말은 '인도'라는 말과 같다. 지금 인더스강 지역을 옛날에 '신두 Sindhu'라고 하였는데, 여기서 인디아 · 인더스 · 힌두 등의 말이 파생했다. 힌두교란 인도에서 발생한 종교라 할 수 있는데, 그 중에서 『베다Veda』의 권위를 인정하는 전통적 종교만을 일컬어 힌두교라 하고 영어로는 Hinduism 이라 표기한다. 지금 인도인 80% 이상이 따르며, 네팔인 거의 전부가 힌두교인이다. 그 외에 인도네시아 · 싱가포르 · 말레이시아 · 북아메리카 등 인도인이 이주해 사는 곳에도 힌두교를 따르는 사람들이 있다.

힌두교는 다른 종교와 달리 창시자가 없다. 이 말은 힌두교가 현존하는 세계 종교 중에 가장 오래되고 복잡한 종교라는 뜻이다. 힌두교 전통은 여러 층으로 이루어졌고, 각각은 어느 면에서 완전히 다른 가르침이라고 할 수밖에 없을 정도로 크게 다르다. 따라서 서양 학자들 중에는 Hinduism 이라는 단수형 대신에 복수형으로 Hinduisms를 써야 한다고 주장하는 사람도 있다. 힌두교 전통에는 세계 여러 종교에서 찾아볼 수 있는 특성이 거의다 포함되었다고 해도 과언이 아닐 정도로 종교적으로 다양한 요소가 공존한다. 여기서는 그 다양한 요소를 따라가면서 특히 우리가 알아야 할 중요한 면을 검토하기로 한다.

· 힌두교의 기원 ·

인더스 계곡 문명과 그 종교

기원전 3000년~기원전 2000년경 인도 서북쪽에 있는 인더스강 연안 계곡에 소규모 도시 국가가 상당수 흩어져 있었다는 사실이 1920년대에 고고학자들에 의해 밝혀지기 시작했다. 이 도시 국가 가운데 모헨조다로Mohenjo-Daro와 하라파Harappa가 가장 중요하여, 이 문명을 모헨조다로 혹은 하라파 문명이라고도 한다.

이 문명은 세계 최초로 계획에 의해 형성된 도시 국가였다. 아직 해독은 되지 않았지만 250여 개 정도의 문자와 톱 같은 연장도 사용했고, 가축을 기르고 수로를 통한 관개 시설도 갖추었으며, 공중목욕탕이나 불로 구워 낸 벽돌로 공공건물도 지었다. 학자들은 이 문명이 이집트나 메소포타미아 문명에 버금가거나 더 우수한 문명이었을 것이라고 본다.

고고학자들이 발견한 유물 중에 종교성을 엿볼 수 있는 것으로 가슴과 엉덩이가 큰 여인상 조각이 많이 출토되었는데, 이것으로 농사의 풍성한 결실을 비는 풍요의 여신을 숭배했으리라는 짐작이 가능하다. 뿐만 아니라

인더스 문명의 대표적 유물인 인장.
요가 자세의 여신은 시바를 닮았다.
힌두교와 요가가 인더스 문명에까지 이어짐을 알 수 있다.

힌두교에서 가장 널리 숭배되는 시바 신을 연상케 하는 모습이 새겨진 점 토판도 발견되어 주목을 끌었다.

인도 철학의 대가인 독일 학자 짐머Heinrich Zimmer에 따르면[1], 인더스 계곡 문명이 힌두교 전통에 공헌한 것이 두 가지인데, 첫째는 우주를 음양으로 보았을 때 음에 해당하는 여성성 혹은 창조성(힌디어로 샥티śakti)을 강조한 것과 둘째로는 만물이 한 번 죽는 데서 끝나는 것이 아니고 계속 돌고 돈다고 보는 윤회輪廻 사상을 남겨준 것이라고 한다.

· 고전 힌두교 ·

『리그 베다』

기원전 15세기경, 지금의 이란쯤에 살았으리라 짐작되는 아리안족Āryan Tribes이 인도 서북쪽을 침공해와 인더스 문명을 굴복시키고 아리안 문명을 이루기 시작했다.[2] 인도로 침공해 온 아리안족은 신에게 드리는 예배 의식을 위해 여러 노래를 지어 부르고 나중 이를 모아 『베다』라고 했다. '베다'라는 말은 '앎'이라는 뜻이다.[3] 『베다』에는 네 가지가 있는데, 『리그 베다』(찬송의 베다) · 『야주르 베다』(제문의 베다) · 『싸마 베다』(예식의 베다) · 『아타르바 베다』(주술의 베다)이다. 이 중에서 가장 오래되고 중요한 것이 『리그 베다』이다. 여기에 대해 잠깐 이야기하고 넘어가자.

『리그 베다Ṛg Veda』는 1,000여 개의 송가나 시편으로 이루어졌다. 힌두교에서는 종교 문헌을 슈루티śruti와 스므르티smṛti로 양분하는데, 슈루티는 '들은 것'이라는 뜻으로 신이 직접 말해 주었다는 것이고, 스므르티는 '기

자연 중에서도 물 숭배는 지금까지도 계속되고 있다.
바라나시의 갠지스강은 힌두교도에게 가장 성스러운 장소이다.
이곳은 몸과 마음을 씻기 위한 사람들로 일 년 내내 붐빈다.

억한 것'이라는 뜻으로 인간이 저술한 것을 의미한다. 전통 신앙에 의하면 『리그 베다』는 '슈루티'로서 창세 이전에 신들이 '들려준' 계시라고 한다. 종교 학자들은 기원전 15세기 전후에 아리안족의 종교 제의를 위해 지어진 노래 모음으로 본다.

『리그 베다』에 나타난 종교 사상은 종교학의 창시자이자『리그 베다』전문가였던 막스 뮐러에 따르면, '자연 숭배'라 할 수 있다. 여기서 '자연'은 물론 지금 우리가 상식적으로 생각하는 자연이 아니라, 고대인 나름대로 어떤 성스러운 힘이 있다고 느낀 대상물이라는 뜻이다. 거기에는 대략 76개의 대상물이 등장하는데, 이런 것은 의인화되고 신격화되어 찬양과 기도의 대상이 된다. 태양이 태양의 신 수리야Sūrya가 되고, 불이 불의 신 아그니Agni가 되는 것과 같다.

이런 신들 중에 가장 중요한 신은 폭풍의 신 '인드라Indra'였다. 그에게 바치는 노래가『리그 베다』에서 250개나 될 정도이다. '인드라'라고 하니 1984년에 암살당한 인디라 간디Indira Gandhi 인도 수상을 생각해서 여성 신이라 오해하기 쉽지만, 이 신은 남성 신이다. 인드라는 혼돈을 상징하는 용 브리트라Vṛtra가 세상의 물을 다 마시고 내놓지 않을 때, 천둥 번개를 무기 삼아 그를 무찔러 죽이고 물로 가득한 그의 배를 터트려서 세상에 물을 돌려준 용감하고 고마운 신이다. 인도에 가본 사람은 그 더운 곳에서 폭풍이나 소나기가 얼마나 고마운지를 알 수 있을 것이다. 필자도 인도를 둘러보고 난 후 이런 것을 가져다주는 인드라가 당연히 중요한 신일 수밖에 없겠다는 생각이 들었다.[4]

이처럼『리그 베다』에서는 여러 신을 숭배하므로 다신론多神論이랄 수 있지만, 가만히 보면 그 신들 중 어느 한 신을 가장 중요한 주신으로 받들어 모시는 셈이다. 막스 뮐러는 『리그 베다』에서처럼 많은 신을 인정하되 그 중 어느 한 신을 골라 섬기는 신앙 형태를 특별히 강조하기 위해 'henotheism'이라는 특수 용어를 만들었는데, '단일신론單─神論'이라 번역한다. 다신론이 여러 신을 두루 섬기는 것인 데 비해 단일신론은 그 중 어느한 신을 택해 특별히 경배하는 점을 부각하는 것이다. 유일신론唯─神論이 다른 신의 존재를 부정하고 오로지 한 신만을 경배하는 데 비해 단일신론은 다른 신의 존재를 부정하지 않은 채 한 신을 경배하는 점이 다르다.

『리그 베다』에 나오는 찬송과 기도를 보면 당시 사람들은 주로 건강, 장수, 부귀다남, 풍작, 전쟁 승리 등 현실적 번영을 희구하고 있다. 이런 소원을 성취하는 수단으로 신들에게 기도드리는 것을 가장 중요하게 생각했다.

『우파니샤드』

기원전 10세기경 베다 후기에 새로 생겨난 문헌으로 『브라흐마나Brāhmanas』가 있다. 이 문헌은 제사장 계급인 브라만[5]이 제사를 지낼 때 필요한 '제사요람' 같은 것이다. 여기서 가장 강조하는 종교 형식은 물론 제사인데 그 중에 많은 말(馬)을 제물로 바치는 제사도 있었다. 제사장이 제사를 지내지 않으면 해가 뜨지도 못할 것이라고 주장할 정도로 제사만 잘 지내면 모든 것이 잘 이루어질 것이라고 믿었다.

그 후 기원전 9세기~기원전 7세기에 『우파니샤드Upaniṣads』라는 문헌이 생겼다. '우파'는 '가까이', '니'는 '경건하게', '샤드'는 '앉다'를 의미한다. 따라서 '우파니샤드'란 학생이 스승 가까이에 경건히 앉아서 우주와 인생의 깊은 뜻을 찾아 서로 대화한 기록이라는 뜻이다.

『우파니샤드』에서 특히 주목할 만한 것은 인도 종교사에서, 어쩌면 세계

제5의 베다라고도 일컬어지는 푸라나 경전.

종교사에서, 최초로 대화체로 된 문헌이라는 점과 대화를 이끄는 스승은 제사장 계급에 속한 사람뿐 아니라 무사 계급에 속한 사람이 많다는 사실이다. 『우파니샤드』라는 이름을 가진 문헌이 약 200개가 있지만 그 중에서 중요한 것은 13개 정도이다. 『찬도기야 우파니샤드Chhāndogya Upaniṣads』처럼 무척 긴 것도 있고 『케나 우파니샤드Kena Upaniṣads』처럼 한 페이지가 안 될 정도로 짧은 것도 있다.[6]

독일 철학자로서 힌두교와 불교 사상을 서양에 최초로 소개한 사람 중 쇼펜하우어Arthur Schopenhauer(1788년~1860년)는 "『우파니샤드』를 공부하는 것보다 더 아름답고 우리를 고양해 주는 공부는 온 세상 어디에도 없다"라고 극찬했다. 앞에서 본 바와 같이 『리그 베다』에서는 구원의 수단으로서 '기도'가 중요시되고, 『브라흐마나』에서는 '제사'가 중요시된 데에 반해, 『우파니샤드』에서는 '이해' 혹은 '깨달음'이 무엇보다 중요한 것으로 강조된다.

무엇을 깨달으라는 것인가? 우주의 궁극 실재인 '브라흐만Brahman(梵)'을 깨달으라는 것이다. 브라흐만은 도대체 무엇인가? 브라흐만은 '네티 네티 neti-neti'라고 한다. '이것도 아니고 저것도 아니'라는 뜻이다. 브라흐만은 도 저히 '이것이다' 혹은 '저것이다'라고 말할 수 없다는 것이다. 절대적인 것 에 대해 '이것이다' 혹은 '저것이다'라고 하는 것은 결국 그 절대적인 것을 제약하는 것이다. 절대적인 것은 어느 범주로도 제약하거나 제한할 수 없 다. 절대적인 것을 두고 '이것이다'라고 하면 그 순간 우리가 생각하는 '이 것'은 절대적인 무엇이 아니다. 절대적인 것은 우리의 생각이나 관념이나 범주를 초월하므로 무슨 말로도 표현할 수 없고, 무엇으로 표현된 절대자 는 이미 진정으로 절대적인 것이 아니라는 것이다. 세계 여러 종교에서는 절대자에 대해 비슷한 생각을 한다. 절대자에 대해 이런 태도를 취하는 신 학을 서양 신학사에서는 '부정의 신학negative theology 혹은 apopathic theology'이라 한다.

한편 그 절대적인 브라흐만은 단순히 추상적인 원리만도 아니다. 바로 나 자신의 본질이며 참된 자아(아트만ātman) 자체다. 나 자신은 바로 그 브라흐 만이 구체화된 상태로서 "나는 곧 브라흐만이다". 이를 산스크리트어로 '탓 트밤아시tat tvam asi'라고 표현하는데, "그대는 바로 그것(브라흐만)이다"라는 뜻이다. 이것을 한문으로 '범아일여梵我一如'라고 한다.

이렇게 내가 곧 브라흐만이요, 브라흐만이 나라는 사실을 모르는 것이 바 로 무명無明(avidyā)이요, 이를 몸소 체득해서 깨닫는 것이 바로 목샤mokṣa(해 탈解脫)라고 본다.

『마누 법도론』
이제 인도 종교사에서 경전을 신의 직접적인 계시(슈루티)로 보는 시대는 지나고 종교적 고전(스므르티)이 나타나는 시대에 들어온다. 이렇게 새로이 고전으로 나타난 문헌 중에 기원전 3세기~기원후 3세기경에 생긴 『마누 법도론*The Law of Manu*』이 있다. 이것은 힌두교인의 실제 종교 생활에 가장 큰 영향을 준 문헌이다. 모두 12장으로 구성된 이 문헌에는 부모나 스승을 어떻게 받들까, 참회와 고백은 어떻게 할까, 어떻게 사는 것이 경건한 삶인가 등의 문제를 구체적으로 가르쳐 주는 교훈으로 가득하다. 이 중 특히 중요한 것은 사성 제도四姓制度(caste system), 삶의 네 단계, 삶의 네 가지 목적 등이다.

| **사성 제도**　　인도에는 예부터 사람을 바르나Varna('색깔'이라는 뜻)에 따라 크게 네 부류로 나누었다. 첫째는 제사장 계급에 속하는 브라만Brahmaṇa, 둘째는 무사 계급에 속하는 크샤트리아 Kṣatriya, 셋째는 상공인이나 농부 등 장인 계급에 속하는 바이샤Vaiśya, 넷째는 단순 노동자 계급이나 종에 속하는 수드라Śūdra이다. 그 밑으로 인간 이하의 취급을 받는 이른바 불가촉천민 Dasyus이 있다. 『마누 법도론』은 『리그 베다』에 근거하여 이 네 계급이 각각 신의 입·팔·넓적다리·발에서 나왔다고 주장하고, 그러므로 모든 사람은 태어난 계급에 맞는 역할과 의무를 충실히 이행하고 거기에 따르는 법을 잘

리그 베다에서 언급하고 있는 카스트의 유래를 표현한 그림이다.

지키는 것이 종교 생활에서 가장 중요하다고 강조한다.

| **삶의 네 단계**　힌두 사회에서 상류 세 계급에 해당하는 사람은 평생을 통해 네 단계를 지나간다고 가르친다. 첫째는 '학생brahmacārin' 단계로서 8세에서 12세 정도까지 집을 떠나 스승과 함께 살면서 『베다』 등 경전을 읽고 배운다. 둘째는 '재가자gṛhastha' 단계로서 결혼하고 자식을 기르는 등 사회에서 주어진 임무를 성실히 수행한다. 셋째는 '숲 속 거주자vānaparastha' 단계로서 자식이 다 자라고 가장으로서 사회에서 할 일이 끝났으면 숲으로 들어가 명상도 하고 신에게 제사도 지내며 산다. 넷째는 본격적인 '출가 수행자saṁnyāsin' 단계로서 부인과도 결별하고 완전히 속세를 떠나 걸식을 하며 고행과 명상에 전념한다. 이 단계가 상류 세 계급에게만 허용되는 것은 수드라나 천민은 『베다』를 읽거나 읽는 것을 들어도 안 되기 때문이다. 상류 세 계급에 속하는 사람도 실제로는 대부분 이런 저런 이유로 셋째와 넷째 단계를 이번 생에서는 이루지 못하고 다음 생으로 미루는 형편이다.

| **삶의 네 가지 목적**　첫째는 즐거움kāma, 둘째는 재산artha, 셋째는 의무dharma, 넷째는 목샤mokṣa이다. 놀라운 것은 재산을 모으는 것과 인생을 즐기는 것을 인생에서 추구할 정당한 목표로 인정한다는 것이다. 심지어 『카마 수트라Kāma Sūtra』라는 문헌까지 있어 성적 쾌락을 포함하여 삶의 즐거움을 극대화하는 방법을 소상하게 가르쳐 준다. 그러나 부와 즐거움이 인생에서 전부가 아니고 결국 사회에서 우리에게 주어진 의무를 다 하는 것, 그리고 궁극적으로는 목샤를 얻는 것을 최종 목표로 삼는다.

덴마크의 실존철학자 키르케고르Sren Aabye Kierkegaard(1813년~1855년)는 인간의 삶에는 세 가지 단계가 있는데, 탐미적 단계와 윤리적 단계와 종교적 단계라고 하였다. 인간은 '순간적 쾌락'을 추구하는 탐미적 삶을 통해서, 그리고 윤리적 이상의 실현을 통해서 궁극적 만족을 얻으려 하지만, 결국 '신앙의 도약leap of faith'을 통해 종교적 실존의 단계에 이른다는 것인데, 『마누 법도론』에 나온 생각과 비슷해서 흥미롭다.

『마누 법도론』은 이처럼 사람이 일생을 살아가면서 해야 할 일을 구체적으로 지시하고, 이를 성실히 지킬 때 이상적인 삶이 가능하다고 가르친다.

|『바가바드 기타』 인도 종교사에서 가장 영향력이 큰 경전을 들라면 기원전 2세기~기원후 3세기에 생겨난 『바가바드 기타*Bhāgavad Gilta*』일 것이다. 『바가바드 기타』에는 이전까지의 모든 종교 사상이 흘러 들어가 있고, 또 거기서 이후 모든 종교 사상이 흘러 나왔다고 해도 과언이 아닐 정도로 힌두교 역사상 중요한 문헌이다. '바가바드'는 주主, '기타'는 노래라는 뜻이다. 따라서 『바가바드 기타』는 '주님의 노래'인 셈이다. 본래는 『마하바라타*Mahābhārata*』라는 대서사시의 한 부분이었는데, 나중에 독립된 문헌으로 떨어져 나와 널리 읽히게 되었다. 영화 〈간디〉에 보면 간디가 아침마다 읽는 책, 그가 남긴 몇 개 안 되는 유품 중 하나였던 책이 바로 이 『바가바드 기타』였다. 미국의 사상가 소로Henry David Thoreau(1817년~1862년)는 그의 마음을 꼴 지운 두 가지 책이 있는데, 하나는 에머슨Ralph Waldo Emerson(1803년~1882년)의 『자연론』이고 다른 하나는 『바가바드 기타』라고 하였다.

『바가바드 기타』는 '신애信愛(bhakti)'가 종교 생활에서 가장 중요하다는 것을 강조하는 경전이다. 이를 강조하기 위해 힌두 기사 아르주나Arjuna와 그의 전차장 쌈자야Saṁjaya가 등장한다. 둘은 전장에서 적을 앞에 두고 이야기를 시작한다. 같은 씨족 사이에서 생긴 싸움이므로 아르주나는 전장 저편에 있는 사람을 다 안다. 모두 사촌이고 삼촌이고 조카이고 친척이었다. 아르주나는 어찌 이런 사람들을 죽일 수 있는가 고민한다. 쌈자야는 아르주나가 무사 계급에 속한 무사라는 사실을 일깨우면서 무사는 주어진 의무에 충실히 따르기만 하면 된다고 설득한다. 이렇게 시작한 대화는 결국 인생과 우주에 관한 모든 문제를 다루는 것으로 나아간다.

나중에 전차장 쌈자야는 비슈누 신의 현현顯現인 크리슈나Kṛṣṇa였음이 밝혀진다. 따라서 아르주나는 크리슈나의 가르침을 받는 것이다. 크리슈나는 금욕적인 생활, 명상 등 요가 수행, 사성 제도를 비롯한 법과 의무를 충실히 수행하는 것 등 목샤(해탈)에 이르는 여러 방식이 있음을 이야기한다. 그리고 모든 방법 중에서 헌신과 경배를 통한 신애의 방법이 많은 사람에게 최선의 방법이라고 강조한다.

그는 다음과 같이 선언한다. "신애로서 나를 공경하는 사람들, 그들은 내 안에 있으며 나 또한 그들 안에 있다."(9:29) 그뿐이 아니다. 더욱 놀라운 사실은 신애를 통해 심지어 "태생이 천한 사람, 여자, 바이샤, 그리고 수드라도 지고의 목표에 이르게 된다"(9:32)라는 것이다.[7]

이것은 실로 놀라운 기별이다. 지금껏 여자나 하층 계급으로 태어난 사람은 이번 생에서는 구원에 도달할 수가 없고 오로지 선업을 쌓아 다음 생에서 남자나 더 높은 계급으로 태어나는 길밖에 없다고 생각했는데, 『바가바드 기타』에서는 여자도 수드라도 크리슈나를 경배하고 사랑하면 구원을 받을 수 있다고 보장한다. 이것은 인도 종교사에서 중요한 전환점인 셈이다. 불교도 같은 맥락에서 종교적 목표에 도달하는 능력을 성별이나 계급에 따라 구별하지 않게 되었다.

또 한 가지 놀라운 일은 비슈누 신이 인간을 사랑해서 언제나 필요할 때마다 여러 모양으로 이 세상에 나타난다는 생각이 강조되는 것이다. 이렇게 신이 여러 모양으로 나타나는 것을 아바타르avatāra(化身化身)라고 하는데, 이런 사상은 지금까지 힌두교에서 아주 중요한 사상으로 작용한다.

· 고전 이후의 힌두교 ·

『베다』로 시작된 힌두교의 고전 시대는 『바가바드 기타』와 함께 끝이 난다. 『베다』에 나타난 다신론 내지 단일신론적 종교, 『브라흐마나』에 나타난 제의적 종교, 『우파니샤드』에 나타난 철학적 종교, 『바가바드 기타』에 나타난 헌신적 종교 등이 고전 시대에 속한다. 이런 요소가 역사의 강을 이루어 흘러 내려왔다고 볼 수 있다. 이제 그 하류를 보기로 한다. 이를 고전 이후의 힌두교라 하는데, 이때 생겨난 중요한 종교 현상은 첫째가 삼신三神 경배이고, 둘째는 철학적 학파들이라 할 수 있다.

삼신 경배

고전 이후 힌두교에는 '세 신trimurti'이 크게 부각된다. 첫째는 브라흐마 Brāhma로 창조의 신이요, 둘째는 시바Shiva로 파괴의 신이요, 셋째는 비슈누 Visṇu로 보존의 신이다. 이 신 중에 하나를 믿고 헌신하면 목샤에 이를 수 있다고 믿는다.[8]

| **브라흐마**　『우파니샤드』에 나오는 궁극 실재 '브라흐만'과 혼동하면 안
된다. 브라흐만은 중성 명사이고, 창조의 신 브라흐마는 남성 명사이다. 비
록 창조신으로서 존경받는 위치를 차지하고 있지만, 그에게 경배하는 사람
은 거의 없다. 이런 현상은 세계 여러 종교에서 발견되는 일반적 현상이라
볼 수 있다. 창조신은 창조를 마친 후나 심지어 창조 도중에 일단 전면에서
물러나 잊히는 것이 보통이다. 이런 신을 라틴말로 데우스 오티오수스deus
otiosus라 한다. 잊힌 신, 소홀해진 신이라는 뜻이다.[9]

| **시바**　파괴와 죽음의 신이다. 시바가 파괴의 신이면서 경배를 받는 것은
파괴가 건설을 위한 전제 조건이라는 뜻으로 좋게 받아들여지기 때문이다.
특히 많은 고행자나 수행자가 시바를 경배하는 것은 옛 자아를 죽이고 새
로운 자아로 태어나는 데 시바가 도와준다고 믿기 때문이다.

시바는 춤의 신이기도 하다. 그
가 춤추는 모습을 담은 조각은 힌두
교 관련 조각에서 가장 흔하다. 그
의 춤 때문에 우주 생성과 파괴의
리듬이 가능하다고 한다. 시바는 식
물, 동물, 인간의 생식을 관장하는
신이기도 하다. 죽음은 새로 태어남
의 전제 조건이므로 죽음을 관리하
는 신은 새로 태어남과 성性을 관리
하는 신이기도 하다. 사람들이 그의
생식기가 언제나 발기 상태에 있다

시바는 춤추는 모습으로 많이 묘사되는데,
우주의 영원한 운동을 상징한다.

고 믿기 때문에, 그를 상징하는 상징물로 남성 생식기가 등장한다. 아기를 낳지 못하는 여인이 그 상징물과 접촉하면 임신할 수 있다고도 믿는다.

시바를 섬기는 사람들Shaivites은 시바를 실제적으로 창조의 신, 파괴의 신, 보존의 신을 다 합한 신, 심지어 우주 만물의 궁극 실재 자체라고 믿는다. 인간은 무지 때문에 시바와 떨어져 살고 있는데, 지혜나 신애를 통해 시바와 다시 하나가 됨으로써 목샤가 이루어질 수 있다고 한다.

칼리는 피와 복수, 암흑의 신이다.

시바뿐 아니라 시바와 짝을 이루는 여신들도 경배의 대상이다. 이런 여신들 중에 가장 중요한 신은 칼리Kālī다. 칼리는 해골로 된 목걸이를 하고 원수의 목을 잘라 들고 있으며 피를 마시는 등 검은 피부의 무시무시한 여신으로 묘사된다.[10] 필자도 1987년 인도 캘커타 국제공항 안 어두컴컴한 방에 설치된 칼리 상을 보고 놀란 적이 있다. 전설에 의하면 '캘커타'라는 지명은 칼리의 발가락이 묻힌 곳에 세운 신전의 이름 칼리카타Kalikata에서 왔다고 한다. 칼리를 경우에 따라 두르가Durgā 혹은 파라바티Pāravatī라고도 부른다.

시바의 아들로 가네샤Gaṇeśa가 있다. 사람 몸에 코끼리 머리를 한 신으로 어려움을 극복하는 힘을 상징한다. 인도 어디를 가나 이 신을 섬기는 사람을 볼 수 있다.

18세기 필사본 삽화로, 세상이 혼탁해질 때마다 인류를 돕기 위해
여러 가지 모습으로 나타나는 비슈누의 모습을 담고 있다.

| **비슈누**   보존의 신이다. 사랑과 자비와 용서의 신이기도 하고, 장난 혹은 유희의 신이기도 하다. 앞에서 언급한 것처럼 비슈누는 인류를 위한 사랑으로 세상이 혼탁해질 때마다 인류를 돕기 위해 여러 모습으로 인간에게 나타난다. 『바가바드 기타』에서 표현된 대로 크리슈나로 나타나기도 하고, 나중에 불교가 등장하자 붓다는 바로 비슈누의 현현이라 주장하기도 했다. 그 밖에 물고기나 다른 동물로 나타나 그때그때 도움을 필요로 하는 사람에게 도움을 주는 신으로 묘사된다. 제10의 아바타르는 아직 나타나지 않았는데, 그는 나중에 백마를 타고 칼킨Kalkin으로 나타나 의인과 악인을 심판해서 상벌을 내릴 것이라고 한다.

시바를 경배하는 사람들과 마찬가지로 비슈누를 섬기는 사람들Vaishnavites도 비슈누를 실재적인 궁극 실재로 경배한다. 이들은 자신의 고행이나 행위보다는 비슈누의 사랑과 은혜를 더욱 강조하고, 그 사랑과 은혜를 노래하는 시를 많이 짓기도 했다.

비슈누의 짝이 되는 여신은 락슈미Laṣmī로서 풍요와 부와 승리의 여신이다. 흔히 비슈누와 인간을 연결 짓는 중재의 역할도 맡는다. 남편 비슈누에 대한 헌신적 사랑은 나중에 나타난 대서사시 『라마야나Rāmāyaṇa』의 주제가 되기도 한다. 라마는 비슈누의 가장 중요한 아바타르 중 하나이다.

철학적 학파들

고전 후기 시대에 나타난 종교 현상은 신을 숭배하는 것만이 아니라 철학적으로나 영적으로 깊이 천착함으로써 목샤에 이를 수 있다는 생각도 있었다. 이런 생각을 가진 사람들이 형성한 종교 내지 철학 학파가 크게 여섯이었는데, 쌍키야 학파 · 요가 학파 · 미만사 학파 · 바이세시카 학파 · 냐야 학파·베단타 학파가 그것이다. 여기서는 이른바 쌍둥이 학파라는 쌍키야 학파와 요가 학파, 베단타 학파만을 살펴보기로 한다.

| **쌍키야 학파**　요가 학파와 더불어 쌍둥이 학파라 하는데, 쌍키야가 이론을 제공하고 요가가 실천 방법을 제시하기 때문이다. 쌍키야 학파의 기원은 기원전 6세기 붓다 당시까지 거슬러 올라간다. '쌍키야Sāṅkya'라는 말은 '구별'을 뜻한다. 쌍키야 학파 이론에 의하면 우리에게 있는 근본 문제는 정신과 물질이 뒤섞인 상태인데, 문제를 없애는 길은 물론 이 둘을 '구별'하는 것이라고 주장한다.

| **요가 학파**　이 학파는 정신과 물질을 구분하는 실제적인 방법을 제시하겠다고 주장하면서 나왔다. '요가'라고 하면 몸을 틀고 이상한 동작을 하는 신체 단련법쯤으로 생각하기 쉬우나 신체적인 것을 특히 강조하는 요가는 하다 요가로서 요가에도 여러 종류가 있다. 요가 학파에서 가르치는 요가는 기원전 2세기경에 살았던 파탄잘리Patanjali가 『요가경Yoga Sūtra』이라는 문헌에 정형화해 놓은 '라자rāja 요가(王요가)'를 말한다.

　'요가'라는 말은 소를 쉽게 몰기 위해 소에게 씌우는 '멍에'를 의미하는 영어 단어 yoke와 같은 어근에서 나왔다. 요가는 근본적으로 마음을 다스리는 방법을 일컫는다. 『요가경』에도 "요가는 마음의 움직임을 중지시키는 것"(I:2)이라고 했다. 마음을 다스리기 위해 물론 몸도 다스리는데, 이렇게 몸을 다스리는 것이 일반인의 눈에 잘 보이므로 요가라고 하면 몸을 수련하는 것으로만 이해하기 쉬운 것이다.

　『요가경』에 나오는 라자 요가에 의하면 여덟 가지 단계를 거치면 마음이

요가는 자세와 호흡을 가다듬는
훈련과 명상을 통한 수련법이다.

물질에서 구별되어 본래의 순수함을 찾게 된다고 한다. 그 여덟 가지 단계
를 간략하게 요약하면 다음과 같다.

1. 하지 말아야 할 것을 하지 않는다.

    모든 살아 있는 것에게 해를 주지 않는다.

    말과 생각에 거짓됨이 없다.

    주어지지 않은 것은 취하지 않는다.

    정욕과 성욕을 억제한다.

    욕심이 생길 수 있는 불필요한 선물은 받지 않는다.

2. 하여야 할 것을 한다.

    정결하게 한다.

    만족한다.

    용기를 갖는다.

    경전을 읽는다.

    신을 경배한다.

3. 자세를 바르게 한다.

가장 좋은 자세는 가부좌跏趺坐(lotus posture)하는 것이다.

4. 숨을 고른다.

스승의 가르침에 따라 호흡 조절을 배운다.

5. 감각을 외부 자극으로부터 거두어들인다.

외부 자극에 주의를 빼앗기지 않는 상태가 된다.

6. 마음을 한 곳에 모은다.

마음을 코끝이나 불꽃이나 작은 신상神像 같은 물체에 고정시킨다.

7. 명상

6번을 더욱 오래 연장시킨다.

8. 삼매

드디어 주체와 객체를 구별하는 이분법적 의식이 없어지고, 영원한 정신
이 물질에 오염되지 않은 채 "순수 의식으로 그 순수한 본성 속에서 빛나
게 된다."(IV.34)

| **베단타 학파** '베단타'Vedānta는 '베다의 끝'이라는 뜻으로 이 학파의 기본
사상이 베다의 끝인『우파니샤드』에서 나왔음을 시사하면서 동시에 그 완
성이라는 말이다. 베단타 학파는 그 강조점의 차이 때문에 세 개 학파로 나
뉜다.

첫째, '불이론不二論 베단타 학파'는 인도 사상사에서 가장 위대하다고 여
겨지는 샹카라Śaṅkara(약 788년~820년)가 창시한 학파이다. 브라흐만이 '유일
무이'한 절대적 궁극 실재임을 강조한다. 영어로는 'non-dual', 'one without
second'라는 말을 쓴다.[11] 이 세상에 오직 브라흐만이 실재이고 나머지는 모
두 '마야Māyā'에서 생겨난 허상이라는 것이다. 이 브라흐만은『우파니샤드』

에서 강조한 것처럼 "이것도 아니고, 저것도 아니다". 샹카라에 따르면 이런 브라흐만은 궁극적으로 아무런 특성을 가질 수 없다. 브라흐만은 '니르구나nirguaṇa 브라흐만(특성 없는 브라흐만)', 곧 무슨 말로도 표현할 수 없는 무엇이라는 것이다. 굳이 뭐라고 해야 한다면 "삿 칫 아난다" 곧 "순수한 존재, 순수한 앎, 절대적인 기쁨"이라고나 할 수 있다.

그러나 브라흐만을 이렇게만 생각하면 너무나 추상적이므로 한정된 인간의 머리로는 도저히 상상할 수도, 어떤 관계를 맺을 수도 없다. 그러므로 브라흐만에 모든 아름다운 특성을 다 붙여서 생각해도 좋다고 한다. 이런 면의 브라흐만을 '사구나saguṇa 브라흐만(좋은 특성의 브라흐만)'이라고 했다. 좋은 특성 중에 가장 좋은 것은 인격적인 것이다. 그러니까 브라흐만에 인격적 특성을 부여하여 '이슈바라Īśvara(주님)'라고 부르고 경배의 대상으로 삼을 수 있다. 그러나 샹카라에 따르면 싸구나 브라흐만은 어디까지나 방편적인 단계이므로 결국은 니르구나 브라흐만을 깨달아야 목샤에 이를 수 있다고 한다.

샹카라 자신은 브라흐만을 가장 잘 대표하는 신이 시바라고 믿고 시바를 숭배하였다. 그는 불교를 박멸해야 한다고 믿고 불교 박해에 앞장선 것으로도 유명하다.

둘째, '수정된 불이론 베단타 학파'가 있다. 창시자는 라마누자Rāmānuja(약 1056년~1137년)이다. 샹카라가 이 세상에서 브라흐만 외에 모든 것은 허상이라고 했는데, 라마누자는 그렇다면 신을 경배하는 것은 곧 나를 경배하는 셈인가 하는 의문을 가지고, 비이분법적 일원론에서 벗어나지 않는 한에서 인간 영혼의 독립성을 어느 정도 인정했다. 또 샹카라가 브라흐만을 인격신으로 숭배하는 것은 저급한 신앙 형태라고 한 데 반하여 라마누자는 브라흐만을 '주님' 곧 인격신으로 경배하는 것이 오히려 가장 좋은 길이라고 주장했다. 라마누자 자신은 비슈누를 믿었으며, 구원이 지식으로 뿐만 아니라 신의 은총으로 주어지는 것임을 강조했다.

재미있는 현상은 라마누자 이후 신의 은총을 더욱 강조하는 쪽으로 흘러, 신의 은총을 어떻게 이해해야 할 것인가 하는 문제를 둘러싸고 다시 두 파로 갈라졌는데, 한 파는 원숭이Vadgalai 학파요 다른 하나는 고양이Tengalai 학파였다. 원숭이 학파는 엄마 원숭이가 새끼 원숭이를 옮길 때 새끼 원숭이가 필사적으로 엄마에게 달라붙듯이 신이 우리를 은총으로 구원하시되 우리로서 최선을 다해 뭔가 해야 한다는 주장이었고, 고양이 학파는 엄마 고양이가 새끼 고양이를 옮길 때 새끼 고양이가 전적으로 엄마 고양이에게만 의지하듯이 우리도 신의 은총을 믿기만 하면 된다는 생각이었다. 그리스도교에서 믿음과 행위를 함께 강조하는 쪽과 믿음만을 강조하는 쪽이 있는 것과 비슷하다.

셋째, '이원론적 베단타 학파'는 마드바Madhva(1199년~1278년)가 창시자이다. 마드바는 라마누자처럼 인격신을 주님으로 모시는 것이 가장 좋은 길이라는 것을 받아들이고, 스스로도 비슈누를 섬겼다. 그러나 라마누자보다 한 발 더 나아가 오직 브라흐만이 실재라는 생각을 버리고 브라흐만과 세계와 인간이 각각 분리되었다고 주장했다.

세 가지 길

힌두교에서 일반적으로 말하는 구원과 구원을 얻기 위한 길에 대해 살펴보기로 하자. 힌두교의 가르침을 전체적으로 파악하는 데 도움이 될 것이다.[12]

앞에서도 언뜻 보았지만, 힌두교의 궁극 목표는 목샤를 얻는 것이다. 힌두교뿐만 아니라 불교 등 인도에서 생긴 종교는 공통적으로 윤회를 믿는다. 우리 삶이 이 생으로 끝나는 것이 아니라 죽으면 다시 태어난다는 것이다. 죽어서 무엇으로 태어나느냐를 결정해 주는 것이 카르마karma, 즉 업業이다. 선한 업을 쌓으면 좋게 태어나고 나쁜 업을 쌓으면 나쁘게 태어난다. 좋게 태어나든 나쁘게 태어나든 이렇게 계속 죽고 태어나고 다시 죽고 다시 태어나는 윤회의 삶, 혹은 삼사라saṃsāra의 삶은 이상적인 삶이 아니다. 언제나 변하고 안정이 없기 때문이다. 끝도 없이 이런 윤회의 삶을 계속하는 것은 결국 비극이다. 따라서 삶의 궁극 목표는 이 비극적 윤회의 고리에서 벗어나는 것이다. 이렇게 윤회의 굴레에서 벗어나는 것, 놓이는 것, 해방되는 것을 목샤 혹은 해탈이라 하고, 이것이 바로 종교의 궁극 목표이다.

힌두 전통에서는 이 궁극 목표를 이루는 길이 보통 세 가지라고 한다. 첫째는 행동의 길, 둘째는 신애의 길, 셋째는 지혜의 길이다.

첫째 행동의 길karma mārga(길이란 말 대신에 '요가'라는 말을 쓰기도 한다.)이란 계율이나 도덕규범을 잘 지키고 이웃에 선행을 많이 하여 구원의 길에 이르려는 것이다.

둘째 신애의 길bhakti mārga이란 어느 신을 마음과 정성과 뜻을 다해 사랑하고 받드는 일이다. 세 가지 길 중에서 가장 많은 사람이 택하는 길이며 경배하며, 그 신의 이름을 열심히 불러 더욱 깊이 사랑하려는 것이다.

셋째 지혜의 길jñāna mārga이란 궁극 실재를 직접 꿰뚫어 보는 통찰과 직관과 예지 등을 통해 구원에 이르려는 것이다. 무지무명無知無明이 모든 문제의 근원이므로 이를 없애야 해방된다고 본다. 이 길은 가장 짧은 지름길이기는 하지만 가장 가파른 길이기에 오로지 몇몇 상근기上根機의 사람들에게만 해당되는 것으로 보기도 한다.

이 세 가지 길이 가진 공통점이 모두 '자기'를 잊는 것이라는 사실은 주목할 만하다. 남을 위한 희생적 봉사, 신에 대한 절대적 헌신, 잘못 알고 있는 '자기'란 궁극 실재가 아님을 깨닫는 것, 이 모두가 지금 이대로의 '나'는 사라진 상태가 아닌가.

▪ 근대의 힌두교 ▪

힌두교도 현대 문명의 도전 앞에서 변하지 않을 수 없었다. 무엇보다 17세기 영국이 인도를 식민지로 다스리기 시작하면서 서양 문명과 그리스도교의 영향을 피할 수 없었다. 특히 영국인 윌리엄 캐리William Carey(1761년~1834년)를 필두로 19세기 서양 선교사가 많이 들어와 그리스도교를 전하기 시작하면서 힌두교 내에서도 이에 대응하여 개혁의 움직임이 일기 시작했다.

이렇게 일어난 개혁 운동의 선구자로 가장 잘 알려진 사람이 '현대 인도의 아버지' 람 모한 로이Rām Mōhan Rōy(1774년~1833년)였다. 로이는 남편이 죽으면 여자가 남편과 함께 화장당하는 사티Satī 제도와 열 살도 채 안 된 여자 아이를 중년 남자와 결혼시키는 어린이 조혼 제도를 선교사와 협력하여 불법화했다. 그는 예수의 신성을 받아들이지 않았지만 그리스도교에 좋은 점이 많이 있음을 인정하고, 특히 힌두교의 다신론적 태도나 우상숭배적 경향을 없애려고 노력하였다. 자신이 죽은 후에도 이런 개혁 운동이 지속되도록 하기 위해 '브라흐마 사마지'라는 단체를 설립했으며, 이것이 19세기~20세기 인도 개혁에 주도적 역할을 했다.

종교적인 면에서 가장 영향력을 끼친 개혁가는 라마크리슈나Rāmakṛṣṇ

(1836년~1886년)였다. 캘커타에서 칼리 숭배자였지만 철학적으로는 샹카라의 불이론 베단타 영향을 받았다. 그는 힌두교·이슬람교·그리스도교를 모두 직접 체험해 보고, 결국 이 종교들이 근본적으로 같은 진리를 가르치는 것이라고 확신하고 "산꼭대기는 하나이지만 그리로 올라가는 길은 여럿"이라는 유명한 말을 했다. 그의 제자 중에 비베카난다Vivekananda(1863년~1902년)는 이런 확신을 널리 펴는 데에 크게 힘썼다. 특히 1893년 시카고 세계 종교회의에 힌두교 대표자로 참석해 베단타 사상을 서양에 소개하여 서양에서 힌두교뿐 아니라 동양 종교에 대한 관심을 불러일으키는 데에 지대한 공헌을 했다.

현대 힌두교 개혁자로서 가장 잘 알려진 사람은 역시 간디Mohanda K. Gandhi(1869년~1948년)였다. 보통 마하트마 간디라고 하는데, 마하트마maha+atma는 '위대한 정신'이라는 뜻의 존칭이다. 그는 힌두교뿐 아니라 자이나교·이슬람교·조로아스터교, 그리고 그리스도교에서 특히 예수의 산상수훈에 영향을 받고, 톨스토이·소로·퀘이커교 등에 대해서도 잘 알았다. 이런 다양한 종교적 전통에서 얻은 지혜와 이상에 따라 사회를 개혁하고 인도 독립을 이루려고 노력했는데, 이를 위해 그가 채택한 가장 유명한 원칙은 아힘사ahiṃsā(不殺生)와 사티아그라하satyagraha였다.

아힘사는 보통 '비폭력'이라고 번역되지만 일체의 생명에 해를 주지 않는 것, 생명을 '살림', 생명을 경외하는 것을 의미한다. 사티아그라하는 진리파지眞理把持라고 번역하는데, 우리 행동이 감정이나 이해관계에 따라 좌우될 것이 아니라, '참된 현실을 진정으로 꿰뚫어 본' 결과에서 나와야 한다는 주장이다. 영국이 인도를 식민지화하면 인도 사람만 비인간화되는 것이 아니라, 남을 비인간화하는 영국 사람도 똑같이 비인간화되는 것이니 인도의 독

간디는 인도에 사는 소수 이슬람교인에게 용기를 주기 위해
'평화의 행진'을 벌였다. 평생 힌두교와 이슬람교의 화합을 주장하고
또한 몸소 실천하였다. 간디와 물레는 비폭력주의를 상징한다.

립은 감정이나 이해의 문제가 아니라 인도 사람이나 영국 사람 다 같이 인간화의 길을 가는 데 꼭 필요한 일이므로 이를 성취해야 한다는 식이다. 간디는 불가촉천민을 하리잔harijan, 곧 '신의 자녀'라 불렀고, 1948년 불가촉천민을 차별하는 것이 불법이라는 것을 헌법에 명시하는 데에 공헌했다.

간디의 사상은 많은 사람에게 영향을 끼쳤는데, 가장 큰 예가 1960년대 미국 인권 운동을 지도한 마틴 루터 킹Martin Luther King Jr. 목사와 미얀마 민주화에 앞장선 여성 지도자로서 1991년 노벨 평화상을 받은 아웅 산 수 치Aung San Suu Kyi 여사 같은 사람이다. 잘 알려진 것처럼 1948년 간디는 힌두교와 이슬람의 평화적 공존을 주장하는 데에 불만을 품은 힌두교 근본주의자에 의해 암살되었다.

· 힌두교의 오늘 ·

힌두교는 주로 인도에 있는 종교이지만, 발리섬 같은 인도네시아나 말레이시아에도 있고, 특히 최근에는 인도인이 영국이나 북아메리카로 많이 이민하므로 서양에서도 많이 믿는다. 필자도 1987년 초 인도를 여행하다가 가장 거룩한 도시라는 바라나시Varanasi에서 개에게 물려 일정을 중단하고 돌아오긴 했지만, 짧은 기간 인도에서 받은 가장 강한 인상이 '너무나 종교적'이라는 것이었다. 이런 강한 종교적 성향이 좋은 면도 많지만, 부정적인 면도 없지 않은 것 같았다. 그 중에서 가장 두드러진 것이 힌두교와 이슬람교의 충돌이다.

인도는 18세기 영국의 식민지가 되기 전까지 여러 세기 동안 이슬람의

인도의 엘로라 석굴은 산을 통째로 깎아 만든
거대한 사원이다. 크고 작은 석굴 34개가 모여 있다.
힌두교와 불교와 자이나교가
공존해 온 유적지이기에 그 의미가 남다르다.

지배를 받았다. 그 결과 현재의 파키스탄이나 방글라데시는 이슬람 국가가 되었을 뿐 아니라 지금 인도 내에도 이슬람교인이 많다. 현재 단위 국가 중에서 인도는 인도네시아 다음으로 가장 많은 이슬람교인을 가진 나라라 할 수 있다. 그런데도 힌두교 근본주의자 일부는 인도를 완전한 힌두교 국가로 만들어야 한다고 주장하므로 이슬람과 충돌을 빚는다. 최근 아이러니하게도 간디의 고향 구자라트주州에서 힌두교인과 이슬람교인 사이의 유혈충돌로 몇 백 명이 죽은 일이 있었다.

한편에서는 대부분이 시크교인인 펀자브 지방이 독립을 주장한다. 인도인의 종교적 관용 정신이 시험대에 놓였다고 볼 수 있다. 우리는 이런 인도의 다종교적 상황에서 무엇을 배울 수 있을까?

읽으면 좋을 책

- 길희성, 『인도철학사』 민음사, 1984.
- 길희성, 『바가바드기타』 현음사, 1988.
- M. Eliade, 정위교 옮김, 『요가』 고려원, 1989.
- Basham, A. L. *The Wonder That Was India*. New York : Grove Press, 1954.
  인도 문화에 대한 균형 잡힌 개괄서
- Hiriyanna, Mysore. *The Essentials of Indian Philosophy*. London : Allen and Unwin, 1985.
  여전히 많이 읽히는 개론서
- Kinsley, David. *Hinduism: A Cultural Perspective*. Englewood Cliffs, N.J. : Prentice Hall, 1982.
- Klostermaier, Klaus K. *A Survey of Hinduism*. Albany, N.Y. : State University of New York Press, 1989.
  훌륭한 교과서

불교

Buddhism

불교는 동남아시아와 동북아시아에 있는 나라 대부분에서 가장 중요한 종교이다. 타이, 베트남, 라오스, 미얀마 등은 말할 것도 없고, 중국은 우리가 다 아는 것처럼 수나라, 당나라 시대에 불교 국가를 이룰 만큼 불교가 융성했다. 일본도 언뜻 신도 국가라 오해할 수 있지만 역시 옛날부터 지금까지 불교가 가장 중요한 종교로 내려오고 있다. 한국은 삼국 시대와 고려 시대에 불교가 국교였다가 조선 시대에 들어와 유교에 그 자리를 내주었지만, 민간에서는 불교가 계속 중요한 종교로 이어져왔고, 지금 한국 전체 인구 중 불교인이 23% 정도, 종교 인구에서는 43% 정도를 차지한다.[1] 종교별로 비교하면 가장 수가 많은데, 최근 그리스도인이 많아지면서 비중이 비슷해졌다.

이렇다 보니 불교를 이해하지 않고는 동양을 완전히 이해할 수 없다는 말이 지나치지 않다. 그런데 한 가지 더 신기한 사실은 오늘날 불교를 이해하는 것은 동양을 이해하기 위한 것만이 아니라는 것이다. 쇼펜하우어, 니체, 바그너, 하이데거, 데리다, 푸코 등 불교 사상에 영향을 받은 서양 사상가가 많고, 오늘날 불교와 영향을 주고받으며 그리스도교 신학을 대폭 수정하는 신학자도 많다. 서양 현대 사상이나 신학 사상을 이해하기 위해서도 불교

사상의 이해가 중요하다고 볼 수 있다.[2]

과정 신학의 대가인 미국 신학자 존 코브John B. Cobb Jr.는 서양 신학이 불교와의 대화를 통해 근본적인 변화를 겪고 있다며, 불교와 그리스도교가 이런 대화를 통해 '상호변혁'을 이루어 간다고 보았다. 20세기 최고 사상가 중 하나로 꼽히는 토마스 머튼Thomas Merton도 그리스도교가 시작할 때 동방에서 선물이 왔듯이 20세기가 지난 지금 그리스도교가 새로운 활력을 되찾기 위해 동방에서 다시 선물이 와야 하는데, 그것이 동양의 정신적 유산, 특히 선禪 불교 정신이라고 보았다.

세계적으로 유명한 영국 역사가 토인비Arnold Toynbee는 후대 역사가들이 20세기에 일어난 일 가운데 무엇을 가장 의미 있는 일로 볼까 가상할 때, 우주선이나 컴퓨터 같은 과학 기술의 발전이나 공산주의 발생과 몰락 같은 사회·정치적 사건이 아니라, 그리스도교와 불교가 처음으로 의미 있게 만난 것을 지적하리라고 예견하였다. 오늘날 불교는 아시아에서만 중요한 것이 아니라 서양에서도 따르거나 호응하는 사람이 많다. 서양에서는 특히 선불교, 티베트불교, 위파사나 수행이 많이 알려져 있다.[3]

• 창시자 붓다의 삶과 가르침 •

불교는 물론 붓다Buddha(기원전 563년~기원전 483년)에 의해 창시되었다. 붓다라는 이름은 음역되어 '부처', '불타佛陀' 혹은 '불佛'이라고도 한다. 여기서는 붓다라고 쓰기로 한다.[4]

출생과 성장

붓다의 생애에 대해서는 여러 자료가 있어 한 가지로 통일하기가 힘들다.[5] 여기서는 번거로운 문헌학적 고증을 떠나, 일반적으로 인정된 자료에 따라 전체적인 윤곽을 그려보기로 한다.

기원전 6세기경 히말라야 산맥 밑자락, 지금 네팔과 인도 변경 부근에 있던 카필라 성에 샤카釋迦족에 속하는 숫도다나Suddhodana 왕과 아름다운 왕비 마야 부인이 살았다. 사실 '왕'이라지만, 당시의 수많은 '라자rāja' 중에 하나로 요즘 말로 부족장이나 추장 정도라 볼 수 있다. 이들에게는 결혼 후 20여 년이 지나도록 아이가 없었다. 그러다가 마야 부인이 45세쯤 되는 어느 날 꿈을 꾸었는데, 하늘에서 큰 코끼리가 코에 연꽃을 가지고 나타나 부인 주위를 일곱 바퀴 돌고 부인의 오른쪽 옆구리로 들어갔다. 그러고 나서 마야 부인은 임신을 하였고, 출산일이 다가오자 당시 관습대로 아이를 낳기 위해 친정집으로 갔다.

친정으로 가는 도중 룸비니 동산에 이르러 무우수無憂樹(보리수) 가지를 잡으려고 오른손을 드는 순간 아기를 낳게 되었다. 아기는 왼쪽 옆구리를 통해 나오고, 나오자마자 길게 일곱 발자국을 걸어가, 모든 중생을 위해 성불成佛하려고 이번을 마지막으로 이 세상에 태어나는 것이라고 선언했다. 우리가 잘 아는 대로 "하늘 위와 땅 아래에 나만이 존귀하다.(天上天下唯我獨尊)"고 선언했다고도 한다. 이 아기가 바로 가우타마Gautama(팔리어로는 고타마) 혹은 싯다르타Siddhārtha('목적을 이룬 이'라는 뜻)로서 장차 붓다가 될 아기였다.[6]

붓다의 이름으로 가우타마, 싯다르타 외에 나중에 붙은 사카무니Śākyamuni(釋迦牟尼)('사카족의 성자'라는 뜻), 세존 등이 있다. '붓다'는 산스크리트어로 '깨친 이'라는 뜻으로서 고유명사가 아니라 보통명사, 혹은 존칭이다. 따

네팔 남동부 타라이 평원에 자리 잡은 붓다의 탄생지, 룸비니.
붓다가 태어난 자리에는 마야 데비 사원이 세워졌다.
지금도 많은 이들이 깨달음을 얻고자 사원 근처의 보리수 아래로 모여든다.

라서 엄격하게 말하면 깨침을 이루기 전, 곧 성불하기 전에는 '붓다'가 아니다. 그러나 현재 붓다를 고유명사처럼 쓰는 것이 관례이다.[7] 여기서는 성불하기 전의 붓다를 편의상 가우타마나 싯다르타라는 이름으로 부르기로 한다.

어린 싯다르타가 태어났을 때 성자 아시타가 찾아와 살펴보고는 이른바 32가지 중요한 성인의 상(好相)과 80가지 부차적 상을 발견하고 보통 아이가 아니라는 것을 알게 되었다. 32가지 성인의 상은 발이 평평하다든지, 팔이 길어 구부리지 않고 선 채로 무릎을 만질 정도라든지, 귓밥이 길어 어깨에 닿을 정도라든지, 발바닥에 바퀴 그림이 그려져 있다든지, 손가락이 오리발처럼 서로 붙었다든지 하는 것들이다. 당시 위인이나 신의 조각상에서 손가락이 부러질까봐 손가락 사이를 파내지 않은 것이나 귀인貴人이 무거운 귀걸이를 해서 귓밥이 늘어진 것을 보고 특별한 사람은 손이 오리발처럼 생기거나 귓밥이 길다고 해석한 결과일 수도 있다.[8] 아무튼 아시타는 중요한 예언을 했다. 아기가 세속의 삶을 살면 위대한 왕이 되고, 인생사의 비참한 현실이나 출가 구도자의 평온한 모습을 보고 출가하면 위대한 스승, 붓다가 되리라는 예언이었다.

어머니 마야 부인은 아기를 낳은 지 7일 만에 세상을 떠났다. 많은 영웅 이야기에서 어머니는 영웅을 낳은 것만으로도 큰 임무를 수행한 것이라 여기고 출산 후 편히 쉬는 것이 보통이다. 어린 싯다르타는 아버지의 후실이 된 이모의 손에서 자란다.

정치적 인물이었던 아버지는 당연히 어린 왕자가 집을 나가지 않고 세속에 머물러 위대한 왕이 되기를 바랐다. 싯다르타에게 7세부터 학문에 전념하게 하고, 19세에는 아름다운 공주 야쇼다라Yaśodharā를 배필로 정해 주었다. 아들을 위해 인도의 세 계절에 따라 세 개의 궁을 짓고, 거기다 4천 혹은 4만 무희를 두는 등 모든 것을 동원해서 아들을 기쁘게 하여 아들이 세속에서 떠나는 일이 없도록 애썼다.

여기서 이런 출생 이야기가 무엇을 의미하는지 잠깐 살펴보자. 코끼리가 겨드랑이로 들어가는 꿈을 꾸고 아이를 임신했다든지, 아이가 옆구리로 나왔다든지, 나오자마자 말을 하였다든지 하는 이야기를 그대로 믿어야 할까 거짓으로 여겨야 할까 하는 문제이다. 신화의 본질이 무엇인지를 알면 이런 이야기를 두고 믿을 수 있다 없다, 거짓이다 아니다 하는 것이 의미가 없음을 알게 된다. 이런 이야기는 고대 영웅 신화에 많이 나오는 이른바 '비보통적extraordinary' 출생 신화의 하나이다.

신화는 일차적으로 정보information를 주기 위한 것이 아니라 변화transformation를 주기 위한 것이다. 이런 이야기에서 생물학적 혹은 역사적 정보를 얻으려 해서는 안 된다. 문자적 뜻 자체보다 그 의도하는 바에 더욱 주의를 기울여야 한다. 이런 이야기들을 접할 때 우리는 붓다의 위대성을 보통 말로는 표현할 수 없기에 이렇게 신화적인 이야기를 통해 표현하려 한 것이라 이해하는 것이 좋다. 붓다가 그렇게 이상스럽게 출생해서 위대한 것이 아니라, 그가 위대하므로 그런 신화적인 이야기가 만들어진 것이다. 이런 이야기는 붓다의 위대성을 강조하기 위한 일종의 무대 장치와도 같다. 문자적·물리적·생물학적 정보가 중요한 것이 아니라 어떻게든 붓다의 위대성을 효과적으로 표현하려 한 이들의 마음가짐을 보아야 한다.

네 가지 광경
싯다르타는 화려한 궁궐에서 생활했지만 거기에서 궁극적인 만족을 얻지 못하고 인생의 의미에 대해 생각하는 일이 많았다. 29세가 되는 어느 날 궁궐 밖 세상을 한번 돌아보고 싶은 생각이 들어, 아버지에게 허락을 구했다. 아버지는 잠깐 기다리라고 하고, 아들이 궁궐 밖을 돌아보기 전에 아들의 마음을 산란하게 할 여러 가지를 깨끗이 정리했다. 드디어 아들은 마차에 타고 마부 찬다가를 동반해서 궁궐 밖으로 나가게 되었다.

밖에서 처음 본 광경은 말할 수 없이 늙은 꼬부랑 노인이었다. 싯다르타는 큰 충격을 받았다. 마부에게 저것이 뭐냐고 물어 보았다. 마부는 늙은이라고 말하고, 우리도 늙으면 다 저렇게 된다고 설명했다. 이야기에 의하면 아버지가 미리 정리한 길에 새삼 노인이 나타난 것은 젊은 왕자가 세상을 알 수 있도록 돕기 위해 신이 노인으로 가장하고 나타난 것이라고 한다. 아무튼 싯다르타는 아주 큰 충격을 받아 서둘러 궁궐로 들어오고 말았다. 두 번째 나갔을 때는 병든 사람을 보게 되었다. 또 크게 놀라서 마부에게 물어 본 후 충격을 이기지 못하고 서둘러 돌아왔다. 세 번째 나갔을 때는 죽은 시체를 보고 다시 큰 충격을 받아 다시 귀가하였다. 네 번째 나갔을 때는 어느 탁발승을 보게 되었다. 마부는 그에 대해 인생의 문제에 대한 답을 찾아 나선 사람이라고 말해 주었다.

싯다르타는 왜 이렇게 큰 '충격'을 받았을까? 그의 마차에 충격 흡수 장치가 없었기 때문일까? 요즘처럼 캐딜락이나 링컨 컨티넨탈을 타고 나갔으면 그렇게 충격을 안 받았을까? 물론 정식 답은 그가 이전에는 보지 못한 것을 처음 보았기 때문이라고 한다. 그러나 가만히 생각해 보자. 30세에 가까운 사람이 그때까지 늙는 것, 병드는 것, 죽는 것을 몰랐다는 것이 말이 되는가? 아버지만 보아도 80세 노인이었을 것이고, 어머니가 어떻게 되었는지 물어보았다면 죽었다는 말을 들었을 것이다. 그뿐인가? 4천이나 4만

명이 되는 무회 중에 춤추다가 쓰러지거나 아파서 기절하는 이가 없었겠는가? 이런 것을 아직 몰랐거나 처음 보았다고는 도저히 믿을 수가 없다.

그러면 정말로 왜 그렇게 충격을 받았을까? 그의 나이와 관계가 있는 것 같다. 어렸을 때는 그런 것을 보아도 '실감'이 나지 않았다. 그야말로 "보아도 보지 못하는" 상태였다. 생로병사 같은 인생의 중대사가 정말로 실감나려면 어느 정도 나이가 되어야 한다. 영어로 'realize'한다는 말은 그전까지 진짜 같이 보이지 않던 것이 진짜처럼 보이게 된다는 뜻이다. 그러면 왜 그때인가?

심리학자 카를 융Carl G. Jung(1875년~1961년)에 따르면 30대 초반이 되어야 인생사에서 참 나는 누구인가를 묻는 '개인화 과정individuation process'이 시작된다고 한다. 인생의 여러 문제를 나 자신의 문제로 심각하게 보기 시작한다는 말이다. 캐나다의 정신과 의사이면서 심리학자 겸 문필가였던 버크Richard Maurice Bucke(1837년~1902년)도 사람이 살아가다가 어느 단계에서 극적인 의식의 변화를 체험하게 되는데, 이 새로운 의식을 그는 '조명illumination' 혹은 '우주 의식cosmic consciousness'이라고 하고, 보통 30대 초반에 경험한다고 보았다.[9] 예수나 무함마드, 루터, 웨슬리의 경우 모두 30세쯤에 특별한 종교적 체험을 하였다. 어쩌면 싯다르타도 30세에 접어들면서 이런 문제가 바로 자신의 문제로 새롭고 심각하게 다가옴을 느낀 건지도 모르겠다.

출가와 고행

싯다르타는 자기도 출가出家하기로 결심한다. 그리고 바로 아내가 아들을 낳았다는 소식이 왔고, 그 순간 "걸림이로구나"라는 말을 했다. '걸림'이라는 뜻의 산스크리트어가 '라훌라Rāhula'로서 이것이 새로 태어난 아기의 이름이 되었다.[10] 보름달이 비치는 밤, 싯다르타는 부인과 새로 난 아들을 보기 위해 부인의 처소로 갔다. 환한 달빛을 받으며 엄마 품에 잠든 아들을 바라보면서 한번 안아 보고 싶었지만 그렇게 되면 부인이 깨고, 아기는 울고불고……. 이런 일을 피하기 위해 싯다르타는 조용히 나오면서 속으로 말한다. '성불하고 돌아오리라.' 그러고는 말과 마부를 앞장세워 잠자는 성을 뒤로했다. 신들은 말발굽에 손을 대어 소리가 나지 않도록 도와주고, 싯다르타가 뒤를 돌아보고 싶은 마음이 생길 때마다 땅을 돌려 뒤돌아보는 일이 없도록 해 주었다.

이렇게 시작한 구도의 삶이 6년 동안 계속되었다. 처음에는 스승의 가르침을 받기로 했다. 처음 만난 스승은 힌두교 학파 중 쌍키야 계통의 알라라 칼라마Ālāra Kālāma였다. 스승이 가르치는 수행을 다 이루었지만 자기가 원하는 참된 경지에 이를 수 없음을 발견하고 미련 없이 스승을 떠났다. 다음으로 찾아간 스승은 우드라카 라마푸트라Udraka Rāmaputra였는데, 역시 목적과 방법에서 만족스런 가르침을 얻지 못하여 떠나고 말았다.

우르벨라로 옮겨 네란자라 강변 아름다운 곳에 자리를 잡고 고행苦行을 시작했다. 이때 다른 고행자 다섯 명도 합류했다. 고행을 얼마나 열심히 했는지 하루에 쌀 한 톨씩으로 살았다고도 하고 대추 한 알씩으로 살았다고도 한다. 이를 악물고, 혀를 입천장에 붙이고, 마음을 조절하려 애를 썼다. 땀이 비 오듯 쏟아지고 귀에서는 광풍이 부는 소리가 났다. "내가 배를 쓰다듬으려 하면 등뼈가 잡히고, 다리를 쓰다듬으면 털이 저절로 떨어져 내렸다"고 할 정도였다. 맑고 곱던 안색은 흑갈색으로 변했다.

이런 식으로 고행을 오래하는데, 도저히 육체적으로 감당할 수가 없었다. 어릴 때 건강한 몸으로 황홀한 의식 상태를 체험했던 일을 회상하고, 극도의 고행을 중단하고 이른바 중도中道를 택하기로 결심했다. 『본생경Jātaka』에 따르면 마침 부근 마을에 아기를 낳지 못하여 애를 쓰다가 나무 신에게 빌면서 아기를 낳게 되면 매년 그 나무 신에게 제사를 드리겠다고 서원을 한 수자타라는 여인이 있었다. 그 여인이 아기를 낳아 서원대로 제사를 드리게 되었다. 여종을 미리 보내 제사 드릴 준비를 하게 했는데, 그 여종은 그 나무 밑에 앉아 있던 싯다르타를 보고 그가 바로 나무 신이라 생각했다. 수자타가 와서 금 대접으로 음식을 바쳤다. 쌀과 우유로 만든 죽이었다. 싯다르타는 이 음식을 받아먹고 기운을 차릴 수 있었다.

함께 고행하던 다섯 친구들은 싯다르타가 음식을 먹는 것을 보고서 고행을 포기하고 타락한 것으로 여기면서 그를 떠나버렸다. 전날 밤 싯다르타는 다섯 가지 꿈을 꾸고, 그 날은 분명 자기가 성불하리라는 확신을 가지고 있었다. 출생할 때, 출가할 때와 마찬가지로 그 날도 보름날이었다.

싯다르타는 숲 속 깊이에 있는 '보리수菩提樹' 밑으로 자리를 옮겼다. 그 밑에서 동쪽을 향해 앉아 성불하기 전에는 자리에서 일어나지 않겠다는 결심을 했다. "살갗이나 힘줄이나 뼈가 말라도 좋다. 살과 피가 말라도 좋다. 그러나 완전한 깨달음에 이르기 전에는 이 자리를 떠나지 않으리라."

이때 죽음의 신 마라Māra가 싯다르타에게 접근한다. 그를 유혹해서 마지막 구도의 길을 포기하도록 하기 위해서였다. 여러 이본異本이 있어서 이야기가 각각 다르지만 대략 다음과 같이 '세 가지 시험'으로 정리할 수 있다.

첫째, 마라는 무시무시한 마군魔軍을 이끌고 와 싯다르타가 수행을 포기하도록 위협했다. 그러나 싯다르타는 지금까지 쌓아온 선업과 선행의 힘으로 주위에 보호막을 형성해서 머리카락 하나도 흐트러지는 일이 없었다.

둘째, 마라는 이제 싯다르타의 공덕을 부인하기 시작했다. 그렇게 앉아 있어도 성불 같은 것은 꿈꿀 수 없으니 모두가 헛일이라는 뜻이다. 마라의 수많은 군대가 마라의 증인이 되어 주었다. 그러나 싯다르타를 위해서는 아무도 증언해 줄 이가 없었다. 마라는 의기양양하게, "그대는 패배자이다" 라고 선언했다. 싯다르타는 "오, 마라여, 만물의 공평한 어머니, 이 대지가 나의 증인이다"라고 선언하며 오른손 손가락 끝을 땅에 댔다. 그러자 괴성과 지진이 나고 땅이 갈라지며 대지의 어머니가 증인으로 나타났다. 마라와 그의 군대는 혼비백산 도망치고 말았다. 붓다의 상으로 오른손 손끝을 땅에 대고 있는 모습이 많은데, 이때의 장면을 묘사하는 것이다.

셋째, 마라는 그의 세 딸을 데리고 나타났다. '불만', '쾌락', '욕망'이라는 이름의 세 딸이었다. 남자를 유혹하는 32가지 방법 등을 동원해서 싯다르타를 구도의 길에서 넘어지게 하려 했지만 역시 실패였다.

성불: 부처님이 되다

보름달이 밝은 밤, 보리수 밑에 다시 홀로 남았다. '보리수'란 붓다가 그 나무 아래에서 깨침을 얻었기에 '깨침'이라는 산스크리트어 보디bodhi에 따라 붙여진 이름이다. 보통 이 나무가 본래 무화과 나무였을 것이라고 본다. 이곳을 나중 '보드가야'라 했다. 싯다르타의 성불 체험, 깨침 과정에 대한 이야기는 경전에 따라 조금씩 다르지만, 일반적으로 깨침의 과정에서 대략 '네 단계의 선정禪定(dhyāna)'을 거치고 '세 가지 앎abhijñā'을 얻게 되었다고 전한다.

마군이 지나가고 싯다르타는 다시 고요한 수면과 같은 마음으로 깊은 선정에 들게 되었다. 첫 단계 선정에서는 깊이 생각하고 검토하면서 상쾌하고 즐거운 감정이 생겨나고 마음이 한 곳에 모이는 것을 경험했다. 둘째 단

인도 북동부 보드가야는 붓다가 깨달음을 얻은 곳이다.
기원전 3세기에 아소카 왕은 그 깨달음을 기리기 위해 대탑을 세웠다.
마하보디 사원의 대탑은 불교도의 대표적인 성지순례지 중 하나이다.

계에서는 생각하고 검토하는 대신 마음이 흔들림 없이 고요하면서 동시에 한없이 고양되는 느낌이었다. 셋째 단계에서는 즐겁고 마음이 한 곳에 모이면서, 그 위에 마음의 평정과 마음 다함과 밝은 통찰이 찾아온다. 넷째 단계에서는 즐거움도 사라지고 오로지 셋째 단계에서의 마지막 세 요소가 그대로 남는다.

　이렇게 "마음이 한 곳에 모이고 깨끗하며 티 없이 된" 상태로 초야初夜에 이르렀을 때 첫째 앎을 얻는다. 이른바 숙명통宿命通이다. 그것은 전생을 보는 것, 그리고 그 전생의 앞 생을 보는 것, 그러다가 점점 많은 생, 전생을 완전히 다 보게 되는 것이었다. 이런 것을 보면서 그의 마음은 자비심으로 가득하게 되었다. 종교사에서 흔히 보는 '영원한 현재', '무시간성'을 체험한 것이다. 중야中夜가 되었을 때 두 번째 앎이 이르렀는데, 이것을 천안통天眼通이라고 한다. 완전히 깨끗해진 '하늘 눈'을 가지고 모든 중생의 죽음과 새로 남, 그리고 그 원리를 알게 되었다. 카르마(業)나 인과율의 원칙을 깨달은 것이다. 중생이 끝없이 윤회하는 것을 보면서 그의 자비심은 더욱 깊어졌다. 후야後夜가 되어 셋째 앎에 이르는데 이것을 누진통漏盡通이라 한다. 모든 중생으로부터 흘러내리는 쾌락과 욕망과 무지와 사념의 누漏, 즉 번뇌 煩惱(āsrava)를 어떻게 멸할 수 있는지를 알게 되었다. 이 세 가지 앎을 삼명통 三明通이라 한다.

　강 저 너머로 먼동이 트면서, 싯다르타에게도 이제 "무지는 사라지고 앎이 떠오르고, 어두움은 사라지고 빛이 떠올랐다". 6~7년의 고행 끝에 35세의 나이로 최고의 진리를 터득하는 완전한 깨달음, 확연한 깨침에 이르렀다. 그야말로 가오타마 싯다르타가 문자 그대로 '붓다', '깨친 이'가 된 것이다. 이것이 불교 용어로 성불成佛이요, 성도成道요, 대각大覺이요, 활연대오

皓然大惡이다. 이런 우주적 사건을 경축하기 위해서 땅은 술 취한 여인처럼 흔들리고 마른하늘에서 천둥소리가 나고 철도 되지 않았는데 꽃과 과일이 나무에 열리고 하늘에서는 온갖 꽃이 내려왔다.

붓다가 한 이 성불의 체험은 영국의 불교학자 험프리Christmas Humphreys가 말한 것처럼 "불교의 태반이요 심장이요 그 존재 이유"라 할 수 있다.[11] 신화학자 조셉 캠벨Joseph Campbell은 이 사건을 두고 "동양 신화 중에서 가장 중요한 한 순간"이라고 했다.[12] 붓다 이후 모든 불도佛徒는 바로 붓다의 이 성불 체험을 재현하려는 사람이라고 보아도 무방할 정도로 이것은 불교의 핵심적인 사건이다.

가르치러 나섬

붓다는 7일(혹은 49일) 동안 보리수 아래에 그대로 앉아 있었다. 머리가 넓은 코브라가 와서 그의 몸을 감싸주고 그 머리 위에 자기 머리를 두고 햇빛과 비를 가려 주었다. 붓다는 자기 깨달음을 다른 사람에게 가르칠지 말지 망설이게 되었다. 망설이는 데는 두 가지 이유가 있었다. 첫째는 자기가 깨달은 진리가 너무나도 심오해서 사람들에게 가르쳐 보아도 깨닫지 못할 것 같았기 때문이었다. 둘째는 사람들이 하루하루 먹고살기에 바빠 그런 진리에 관심조차 없을 것 같아서였다.

그러나 사람들을 돕겠다던 옛날 자신의 서원을 생각했다. 브라흐마 신이 와서 제발 그 깨달은 바 진리를 사람들에게 가르쳐 달라고도 부탁하였다. 뿐만 아니라 연못에 있는 연꽃이 세 종류가 있음을 보았다. 첫째는 흙탕물 위에서 아름답게 핀 것들, 둘째는 흙탕물 표면에서 나왔다가 잠겼다 하는 것들, 셋째는 아주 흙탕물 밑에 있는 것들. 사람도 이 세 종류 연꽃과 마찬

가지로, 속세로부터 자유로운 사람,
속세로부터 자유롭고자 애쓰는 사람,
속세에 완전히 빠져 자유니 뭐니 하
는 데는 전혀 관심이 없는 사람 세 부

붓다가 설법을 시작한
사르나트 녹야원 유적지.
뒤로 보이는 둥근 탑, 다메크 스투파는
붓다가 다섯 제자에게
처음으로 설법한 자리에 세워진
'진리를 보는 탑'이다.

류가 있을 것으로 보고 두 번째 부류의 사람을 위해 나가서 가르치기로 결
심했다.

누구에게 가서 가르칠까? 붓다는 우선 처음에 모시던 두 스승을 생각했
다. 그러나 불안佛眼을 통해 두 스승이 얼마 전에 죽어 천상에 가 있는 것을
보게 되었다. 다음으로 생각한 것이 그와 함께 고행하던 다섯 친구들이었
다. 그들이 베나레스Benares, 지금의 바라나시 외각 사르나트Sārnāth에 있는
공원 녹야원鹿野苑에서 고행을 계속하는 것을 알게 되었다. 붓다는 이들에
게 가르침을 주려고 그들을 향해 발길을 옮겼다.

다섯 친구들은 멀리서 붓다가 오는 것을 보고서, 고행을 견디지 못하고 타락한 '가오타마'가 자기들에게 오더라도 모두 모른 척하자고 했다. 그러나 그들은 붓다가 가까이 올수록 저항할 수 없는 어떤 힘을 느꼈다. 무시하려던 마음이 자신도 모르게 바뀌었다. 모두 일어나 공손히 인사를 하고 그를 따뜻이 맞아들였다. 영적으로 어느 경지에 도달한 사람은 영적으로 눈이 어느 정도 뜨인 사람이 알아볼 수 있는 에너지를 발산하는지도 모른다. 시내 산에서 신과 만나고 내려온 모세를 보고도 이스라엘 사람들은 그의 얼굴에 광채가 너무 커서 눈이 부시니 좀 가려 달라고 하고, 변화 산에서 예수도 얼굴과 옷에서 흰 빛이 났다고 했다. 그리스도교 성화에 보면 예수의 머리 주변으로 후광이 그려져 있고, 많은 불상 주위에는 불꽃이 함께 있는 것도 이런 사실과 무관하지 않을 것이다. 아무튼 이렇게 따뜻한 영접을 받은 붓다는 자기를 더 이상 가오타마라 부르지 말고 '여래如來(타타가타)'라 부르라고 이르고, 그들을 위해 처음 설법을 폈다. '여래'란 '이렇게 온 이' 혹은 '이렇게 간 이'라는 뜻이 있는데,[13] 예수가 자신을 '인자人子'라고 한 것처럼, 붓다가 자신을 부를 때 주로 쓰던 칭호이다.

신화학자 조셉 캠벨은 『천의 얼굴을 가진 영웅』에서 세계 여러 영웅 신화를 모아 보면 영웅의 모험적 생애에 공통된 모형이 발견된다고 주장하고, 그것을 '모노미스monomyth'라 하였다. 여기에는 네 가지 단계가 있는데, 첫째는 출가, 둘째는 어려움을 넘김, 셋째는 궁극 목적을 성취함, 넷째는 되돌아감이다. 붓다의 생애는 위에서 살펴본 것처럼 이 모형에 가장 잘 맞는 전형이라고 할 수 있다. 캠벨의 이론에 따르면 싯다르타가 받은 시험도 결국 자기 속에 있는 의심과 두려움과의 싸움에 대한 신화적 표현이다.[14]

사성제 팔정도

붓다가 다섯 수도승을 위해 한 처음 설법을 제1차 '진리의 바퀴를 굴리심 (轉法輪)'이라고 한다. 그는 우선 지나친 쾌락과 고행을 피하고 '중도'의 길을 택하라고 일러주었다. 그 중도의 내용이 우리가 잘 아는 '사성제四聖諦 팔정 도八正道'이다. 사성제의 제諦는 보통 '체'로 발음되지만 현재 한국 불교계에 서 '제'로 발음하고 있어 그대로 따른다. '사성제'는 '고苦·집集·멸滅·도 道' 네 가지 거룩한 진리를 깨달으라는 가르침이다.

첫째로 고제苦諦는 '괴로움'의 진리다. 삶이 그대로 괴로움이라는 진리를 터득하라는 것이다. '고'에 해당하는 산스크리트어 두카duḥkha는 기름을 둘 러 부드럽게 돌아가야 할 바퀴에 모래가 들어가 삐걱거린다는 뜻이다. 나 고, 늙고, 병들고, 죽는 일(生老病死)이 괴로움이요, 싫어하는 사람이나 사물 을 대해야 하는 괴로움(怨憎會苦), 사랑하는 사람이나 사물과 헤어지는 괴로 움(愛別離苦), 원하는 것을 얻지 못하는 괴로움(求不得苦), 존재 자체의 괴로움 (伍蘊盛苦)을 말한다. 이른바 '사고四苦' '팔고八苦'이다. 이런 괴로움은 육체나 정신의 차원뿐 아니라 인간이 인간이기 때문에 피할 수 없는 불완전함, 제 한됨, 모자람 같은 '인간의 조건' 자체를 두고 하는 말이기도 하다.

불교가 이렇게 삶을 괴로움이나 고통으로 보았다고 불교를 '비관적인' 종 교라 하는 사람도 있지만, 이것은 비관적이냐 낙관적이냐를 따질 문제가 아니라 현실적인realistic 관찰이라 볼 수 있다. 의사가 환자를 보고 병이 있다 고 진단할 경우 왜 모든 것을 비관적으로만 보느냐고 따질 수는 없다. 사실 거의 모든 종교는 인간이 살아가는 현실 삶이 완전하지 못하다는 인식에서 출발했다고 볼 수 있다. 우리에게 병이 있는 것을 알고 받아들이는 것이 병 을 고치려는 노력의 시작인 것처럼, 인간의 조건이나 고통에 대한 자각은 죽음에 이르는 병이 아니라 새로운 삶의 출발점이다.

둘째로 집제集諦는 괴로움이 어떻게 '일어나는가'에 대한 진리다. 괴로움
이 생기는 것은 '목마름(산스크리트어는 tṛṣṇā, 팔리어는 taṇhā)' 때문이며, 목마름이
란 집착, 정욕, 애욕, 욕심, 욕정으로 목마름을 뜻한다. 이런 타는 목마름 때
문에 우리에게 괴로움이 따른다는 진리를 깨달아야 한다는 것이다.

셋째로 멸제滅諦는 괴로움을 '없앨 수 있다'는 진리다. 이것은 인간의 가
능성에 대한 위대한 선언이다. 우리가 고통을 당하지만 그것에서 해방될
수 있음을 선포하는 셈이다. 이 괴로움의 세상에서 열반涅槃 혹은 니르바나
nirvāṇa를 얻을 수 있다는 기쁜 소식이기도 하다. '니르바나'는 '불어서 끈'
상태라는 뜻이다. 우리 안에 타고 있는 정욕의 불길을 '훅' 하고 불어서 끈
상태, 그리하여 시원함과 평화스러움과 안온함을 느끼는 상태가 바로 니르
바나이다.

넷째로 도제道諦는 괴로움을 없애는 '길'을 말하는 진리다. 이 길의 구체
적 내용을 말하는 것이 바로 '팔정도', 즉 '여덟 갈래의 바른 길'이다. 길이
여덟이라는 뜻이 아니라 여덟 가지 요소로 구성된 하나의 길이다. 여덟 가
지 구성 요소는 다음과 같다.

1. 정견正見: '붓다의 가르침을 옳게 보고 받아들임'을 뜻한다.
2. 정사正思: 자기를 비우고, 남에게 자비를 베풀고, 살아 있는 모든 것들을
   해치지 않겠다고 생각하는 것이다.
3. 정어正語: 거짓말이나 쓸데없는 말을 하지 않는 것, 특히 사람 사이에 불
   화를 가져올 말을 하지 않는 것이다.
4. 정업正業: 살생, 훔치기, 음행 등을 금하는 것이다.

5. 정명正命: 남에게 해를 주지 않는 직업을 갖는 것이다.

6. 정정진正精進: ①건전하지 못한 마음 상태가 생기지 않도록 ②그런 마음 상태가 이미 있으면 없애도록 ③건전한 마음 상태가 생기도록 ④그런 마음 상태가 생겨났으면 잘 가꾸도록 노력하는 것이다. 다음의 7, 8이 잘 되도록 마음을 다스리는 것이다.

7. 정념正念: ①몸의 움직임 ②감각이나 감정 ③마음의 움직임 ④개념이나 생각 등에 마음을 다해 의식하는 것. 이것은 영어로 mindfulness로 번역하는데, 동남아 불교에서 많이 강조하는 수행법이다.[15]

8. 정정正定: 마음을 한 곳에 고정하고 집중하는 것이다. 삼매三昧라고 번역된다.

위의 여덟 가지를 셋으로 나누어 1과 2를 합하여 혜慧라 하고 3·4·5를 합하여 계戒라 하고, 6·7·8을 합해 정定이라 한다. 보통 이를 '계정혜戒定解'라 하여 '삼학三學'이라 부르는데, 이것은 궁극적으로 우리에게 자유를 누릴 수 있게 하는 배움이다. 여기서 주목할 사항은 거짓말하지 말라, 도둑질하지 말라, 간음하지 말라는 등의 계율이 '상벌'과 직접 관계가 없다는 사실이다. 계율을 지키되 나중에 받게 될 상벌을 염두에 두고 지키는 것을 '율법주의적 태도'라고 한다면, 여기에는 그런 율법주의적 태도가 없다. 계율을 지키는 것은 어디까지나 사물의 본성을 알고 고통에서 해방되기 위해 필요한 하나의 준비 단계로 보았다. 율법의 비율법주의적 이해, '인간적인 접근'이라 볼 수 있다.

이렇게 사성제 팔정도를 가르치자 다섯 수도승 중에서 하나가 깨달음을 얻었다. 붓다는 계속해서 무아無我(산스크리트어는 anātman, 팔리어는 anattā) 의 가르침을 설파했다. 무아는 간단히 말해서 우리가 생각하는 자아는 실체가 없는 껍데기에 불과하다는 것이다. 마차가 실제로는 나무판자, 바퀴 살, 심보, 밧줄 등으로 이루어졌으며, '마차'는 그저 이름에 불과한 것과 마찬가지로, 우리의 자아라는 것도 물질(色), 감정(受), 생각(想), 충동(行), 의식(識)이라는 다섯 가지 존재 요소(伍蘊)의 일시적 가합假合일 뿐 그 자체로는 실체가 아니라는 뜻이다. 따라서 자아는 집착할 가치가 없는 것으로 거기에서 해방되어야 한다. 자아에 대한 집착과 자아 중심주의가 모든 말썽과 사고의 근원임을 자각한 윤리적 판단을 형이상학적 이론으로 뒷받침해 준 셈이다. 우리의 자아가 허구임을 알게 되면 그만큼 자유스러워지고, 세상은 그만큼 더 아름다워진다. 나아가 개인의 자아뿐 아니라 모든 사물도 마찬가지다. 나중에 이를 일러 제법무아諸法無我라고 하여, 제행무상諸行無常(anitya), 일체개고一切皆苦(duḥkha)와 더불어 불교에서 말하는 삼법인三法印을 이룬다.

불교 공동체의 성립

이제 나머지 네 명의 수도승도 깨달음을 얻었다. 이렇게 다섯 명의 제자와 붓다가 불교 공동체 '상가saṅgha'의 창립 구성원이 되었다. 이 '상가'라는 말에서 한문의 승가僧伽 혹은 승僧이라는 말이 나왔고, 승단僧團이라는 말도 생겼다. 우리말 '스님'이나 '스승'이라는 말도 같은 어근에서 나왔다고 한다.

붓다가 녹야원에 있을 때 바라나시에 사는 부잣집 아들 '야사'라는 젊은 이가 삶의 문제로 고민하다가 집을 나와 돌아다니던 중 붓다를 만나 제자가 되었고, 말없이 집을 나간 아들을 찾아온 아버지도 붓다의 설법을 듣고 최초의 재가在家 신도가 되었다. 붓다는 집으로 가서 아버지, 양어머니, 부인, 아들, 그리고 사촌과 친구들도 모두 승가의 구성원으로 받아들였다. 특히 아들 라훌라는 머리를 깎고 출가 비구승이 되었다.

이후 불교 공동체 승가는 점점 커지기 시작했다. 승가는 당시로서는 파격적으로 사성 제도에 따른 차별을 무시하고 누구나 환영했으며, 여자도 받아들였다. 그러나 주로 왕족을 위시한 무사 계급, 상인, 수공업자 가운데 따르는 이가 많았다. 당시 인도 최대의 왕국이었던 마가다의 빔비사라 왕이 붓다의 가르침을 받고 수도 라자그리하(王舍城) 교외에 죽림정사竹林精舍를 기증한 것이 그 한 가지 예다.

승가에 들어오기 위해서는 "나는 부처님께 귀의합니다. 나는 진리에 귀의합니다. 나는 승가에 귀의합니다"라고 불법승佛法僧 삼보三寶에 귀의하는 삼귀의三歸依를 세 번 외우고, 살생 · 도둑질 · 거짓말 · 음란 · 음주 다섯 가지를 금하는 오계伍戒를 받들겠다는 수계受戒의 절차를 밟는다. 승가에는 사부대중四部大衆이라고 하여, 출가한 남자 스님 비구比丘(bhikṣu)와 여자 스님 비구니比丘尼(bhikṣuni), 재가 남자 신도 우파새優婆塞(upāsaka)와 여자 신도 우바이優婆夷(upāsikā)로 나뉘는데, 특히 출가 스님의 경우 지켜야 할 세부 계율로 비구는 250계를, 비구니는 348계를 받는다.

붓다의 죽음

이렇게 사람을 가르치며 45년의 생을 보내고 80세가 되었을 때 붓다는 베살리 지역에서 걸식을 하며 석 달 후면 자신이 열반에 들 것이라고 했다. 거기에서 가까운 곳에서 금세공을 업으로 하는 춘다라는 사람에게 음식을 받아먹고 심한 통증을 느끼기 시작했다. 이 음식이 무엇이었을까? 경전에 나오는 음식 이름의 문자적 뜻 그대로 돼지고기였을 것이라는 사람도 있고, 돼지가 밟고 다니던 밭에서 나온 채소나 버섯 종류라는 사람도 있다. 초기

인도 쿠시나가라는 붓다가 열반에 든 곳이다.
왼쪽은 마하파리니르바나 스투파이고, 오른쪽은 대열반당이다.
이 열반당에는 붓다의 열반상이 누워 있다.

불교에서는 물론 채식을 주로 하되 완전 채식을 의무화하지 않고, 걸식 도중 사람들이 주는 대로 먹었다고 한다. 따라서 돼지고기를 먹었을 수도 있다. 아무튼 붓다는 통증을 느끼면서 쿠시나가라로 옮겼다.

쿠시나가라 성 밖에 이르러 큰 나무 밑에 자리를 정하고 제자들에게 승단의 장래, 장례식 절차, 제자들의 끝없는 수행 등에 관한 지시와 위로의 말을 한 다음, "내가 간 후에는 내가 말한 가르침이 곧 너희의 스승이 될 것이다. 모든 것은 덧없다. 게을리 하지 말고 부지런히 정진하여라"라는 말을 마지막으로 남기고 고요히 숨을 거두었다.[16] 불교에서는 붓다의 죽음을 '대열반

大涅槃(mahāparinirvāṇa)에 드셨다'라고 하거나 '입멸入滅하셨다'라고 표현한다.

주위 사람이 모여 장례식을 치른 다음 화장을 하고 그 재는 열 나라에 나누고, 붓다의 지시대로 그것을 봉안하기 위해 '네거리'에 각각 무덤을 만

고대 인도의 불교문화를 대표하는 산치의 제1 스투파(산치대탑).

들었는데, 그것을 '스투파'라 하였다. 여기에서 한문의 탑파塔婆라는 말이 나오고, 줄여서 탑이 되었다. 스투파는 그 후 여러 모양으로 화려하게 장식되고, 곧 일반 신도의 순례와 경배의 대상이 되었다. 그 중 가장 유명한 것이 산치Sāñcī와 녹야원에 있다.

· 인도 불교의 발전과 쇠망 ·

불교 경전 – 삼장경

붓다가 죽은 후 제자들은 붓다가 진정으로 하신 말씀이 무엇인가 분명히 하고 이를 하나로 모아 둘 필요가 있다고 느꼈다. 이렇게 붓다의 말씀을 모으는 작업을 결집結集(saṅghīti)이라고 하는데, 이런 결집이 역사적으로 몇 차례 있었다.

제1차 결집은 붓다의 입멸 직후 라자그리하에서 있었다. 거기 모인 5백 명의 사람들은 붓다와 일거수일투족을 함께 한 그의 사촌이며 제자이자 보

좌관이었던 아난다阿難陀에게 붓다가 하신 말씀을 그대로 외우라고 부탁했다. 아난다는 "이와 같이 나는 들었다(如是我聞). 붓다가 어느 때 어디에서 누구에게 어떤 말씀을 하셨다"는 말로 시작해서 붓다로부터 들은 것을 모두 되풀이했다. 이렇게 아난다가 일러 준 붓다의 말씀을 경經(sūtra)이라고 한다.

제자 우팔리優婆離도 붓다의 말씀 중에 특히 승단의 규범이나 규례에 관계되는 것들을 외웠는데, 이렇게 모은 붓다의 말씀을 율律(vinaya)이라고 한다.

불멸 후 100년, 그러니까 기원전 390년경에 제2차 결집이 있었고, 기원전 247년에 다시 제3차 결집이 있었는데, 이때 지금까지 구전으로만 내려오던 경과 율을 문자화하였다. 경과 율에 덧붙여 후대 학자들이 특별한 문제나 생각에 대해 주석을 단 것도 모았는데, 이를 논論(abhidharma)이라고 한다. 이렇게 하여 불전은 '경 · 율 · 론' 세 부분을 갖추었고, 이 때문에 '세 개의 바구니'라는 뜻의 트리피타가tripitaka라고 부르게 되었다. 이를 한문으로 삼장三藏이라 한다. 물론 이후 대승大乘(Mahāyāna) 불교가 성립되면서 『반야경(般若波羅蜜多經)』, 『법화경法華經』, 『화엄경華嚴經』, 『아미타경阿彌陀經』 등의 대승 경전이 계속 편찬되어 대승 경전은 분량이 더욱 방대해진다. 이런 방대한 불경을 통틀어 대장경大藏經이라 한다.

부파 불교와 대승 학파의 등장
붓다 입멸 후 100년경부터 승단은 주로 교리상의 문제로 여러 부파部派로 갈라지기 시작했다. 기록에 따르면 이 무렵 18개의 부파가 생겼는데, 대표적인 것이 상좌부上座部(Theravāda)와 대중부大衆部(Mahāsaṅghika)였다. 대중부는 얼마 못 가서 없어지고 기원전 1세기경에는 그 대신 대승 불교大乘佛敎가 출현했다.

　대승 불교는 부파 불교의 사변적, 개인적, 소수 엘리트 중심적인 성향에 반대한 진보적 승려들에 의한 일종의 평신도 운동인 셈이다. 처음에는 대승 불교를 세운다는 목적도 없이 시작되었다가 나중에 스스로를 일컬어 여러 사람을 차안此岸에서 피안彼岸으로 실어 나르는 '큰 수레(大乘)'라고 부르고, 부파 불교를 낮추어 '작은 수레(小乘)'라고 불렀다. 대승 불교 신봉자들에 따르면, 소승小乘(Hīnayāna)은 개인의 구원에만 관심이 있어 모두 개인적 수행을 통해 아라한阿羅漢(arahat)이 되려는 데 비해, 자신들은 많은 사람이 구원받도록 하기 위해 자신을 희생하는 보살菩薩이 되는 것을 종교적 이상으로 삼는다고 한다. 보살은 열반에 들 자격이 충분하지만 중생의 아픔을 나의 아픔으로 여기는 자비慈悲(karuṇā)의 마음 때문에 나보다 남을 먼저 피안으로 보내기 위해 힘쓰는 존재다. 그야말로 '타인을 위한 존재'라 할 수 있다.[17]

　인도에서 생긴 대승 불교의 대표 학파로는 중관 학파中觀學派(Mādhyamika)와 유가 학파瑜伽學派(Yogācāra)가 있다.

　중관 학파는 『반야경』 계통의 경전에 근거하여 2세기경 '제2의 붓다'라고 할 정도로 위대한 불교 사상가 나가르주나Nāgārjuna(龍樹, 150년~250년)가 창시한 학파로서 공空(śūnyatā) 사상을 가장 중요한 가르침으로 하고 있다. '공'의 가르침이란 궁극 실재가 우리의 생각이나 말로는 상상할 수 없을 정도로 엄청나다는 것, 따라서 거기에는 우리의 생각이나 말이 들어갈 틈이 없다는 것, 그래서 '빈 것'이라고 밖에 달리 표현할 수 없다는 것, 오로지 우리의 생각이나 말을 비울 때만 비로소 반야지般若智(prajñāpāramitā)를 통해 터득하고 깨달을 수 있는 무엇이라는 것 등에 대한 가르침이다.

유가 학파는 5세기경 아상가Asaṅga(無著, 410년~500년)와 바수반두Vasubandhu (世親, 420년~500년) 두 형제가 창설한 학파로서 모든 것은 의식 혹은 마음일 뿐이라는 가르침을 강조하므로 유식唯識(vijñāptimatratā) 학파라고도 한다. "모든 것은 오로지 마음 뿐(萬法唯識)"이며 "세상은 모두 마음의 작용에 의한 것 (三界唯心)"이라는 말은 유식 학파의 기본 가르침이다. 이 학파의 사상 중에는 모든 개인 의식의 저장고가 되는 알라야식Alāya-vijñāna이 있다. 심리학자 카를 융이 말한 '집단 무의식the collective unconscious'을 연상케 하는 개념으로 사실 서양에서 잠재의식이나 무의식을 말하기 시작한 것은 18세기 서양 심리학자들이 유가 학파의 심리 분석을 접하고 난 후라고 한다. 유가 학파 계통에서 가르치는 것 중 또 한 가지 중요한 사상은 우리가 모두 부처가 될 수 있는 가능성이 있음을 강조하는 여래장如來藏(tathāgatagarbha) 사상이다. 우리는 모두 여래의 모태 혹은 씨앗을 품고 있어서 이를 일깨우고 키우기만 하면 모두가 성불할 수 있다는 생각이다.

인도 불교의 쇠망

인도 불교는 기원전 3세기 인도를 다스리던 아소카Aśoka(阿育) 성왕이 기원전 297년 불교로 개종하면서 새로운 전기를 맞게 되었다. 아소카 왕은 스리랑카나 미얀마 같은 나라는 물론 멀리 시리아와 그리스까지 선교사를 보냈다. 인류 역사상 가장 위대한 왕의 하나라 할 수 있는 아소카 왕은 모든 종교가 서로 화목하고 협력할 것을 강조하고 그의 생각을 전국 여러 곳 비석에 새겨 놓았다. 그 중에는 "누구나 자기 종교를 선전하고자 하면 오히려 자기 종교에 해를 가져다 줄 뿐"이라는 말도 있다.

인도 불교는 이런 전성기를 지나 8세기~9세기경에 가서 쇠퇴하기 시작

인도네시아의 보로부두르 사원. 불교의 세계관을 건축물로 재현한
세계 최대의 불교 사원이다. 종 모양의 스투파와 가부좌를 튼 불상이 유명하다.
또한 기단마다 새겨진 붓다의 일생 또한 인상적이다.

하고, 11세기~12세기를 거쳐 13세기경에는 인도에서 실질적으로 사라지고 만다. 여러 이유가 있지만 가장 큰 두 가지 이유는 첫째로 7세기경 힌두교가 부흥하면서 샹카라 같은 열성 힌두교인이 불교를 박해하거나 붓다를 비슈누의 현현으로 해석하는 등 불교를 힌두교의 일부로 흡수한 것, 둘째로 11세기 이후 여러 차례에 걸친 이슬람의 인도 침공으로 불교 사원이나 경전이 소실되고 승려들이 가까운 국가나 남인도 등으로 흩어진 것이라 볼 수 있다. 물론 가장 근본적인 내적 이유는 불교가 일반 서민에게 뿌리박지 못하고 전문 승려를 위한 종교로 변했다는 것이다. 이런 상태에서 외부 조건에 의해 상층부가 허물어졌을 때 재기를 가능하게 할 하층부가 없으므로 불교는 그대로 사라져 버리고 만 것이다.

　물론 불교는 인도에서 사라지기 전에 주변 나라로 퍼져 갔다. 상좌 불교 혹은 소승 불교는 주로 스리랑카 · 미얀마 · 캄보디아 · 타이 · 라오스 등 동남아시아로 퍼지고, 대승 불교는 중국 · 한국 · 일본 · 티베트 · 몽고 등 동북아시아 여러 나라로 전파되었다. 따라서 대체로 상좌 불교를 '남방 불교', 대승 불교를 '북방 불교'라고도 한다.[18]

▪ 동아시아에서의 불교 ▪

중국에서의 불교

중국에 불교가 언제 들어왔는지 확실히 알 수는 없다. 그러나 대략 1세기 초 전후로 본다. 불교가 들어왔을 때 이미 중국에서는 전통 종교인 유교와 도교가 성행하였다. 따라서 불교와 전통 종교 사이에 몇 가지 갈등을 피할 수 없었다. 예를 들면 유교에서는 효孝를 강조했는데, 효를 받드는 사람은 부모에게 받은 '몸과 머리카락과 피부(身體髮膚)'를 훼손할 수 없는 것으로 보았고 자식을 낳아 대를 잇는 것이 자식된 기본 도리라고 믿었다. 그러나 불교를 받들어 스님이 되면 삭발을 해야 하고 독신 생활로 자식을 낳을 수도 없는 일이었다. 따라서 부모도 모르는 종교는 받아들일 수 없다는 거부감 같은 것이 있었다. 심지어 '화호설化胡說'을 만들어서 퍼트리기도 했는데, "노자가 서쪽으로 갔다"는 『사기史記』의 글귀를 근거로 사실은 노자가 오랑캐 나라 인도인을 교화하기 위해 인도로 갔다가 그들의 사악함을 보고 씨를 마르게 하려고 독신 생활을 가르친 것인데 이를 역수입하는 것은 말도 안 된다는 주장이었다.

당나라 때 90년이란 긴 세월 동안 만들어진 낙산 대불.

　그러나 불교는 당시 정치 상황과도 맞물려 3세기~4세기경 남북조 모두에서 환영받는 종교가 되고 5세기~6세기 수당 시대에 들어서면서 중국에서 가장 영향력이 큰 종교가 되었다. 당나라 문화를 중국의 황금 시기로 본다면, 이 시기는 결국 불교문화가 중국에 꽃핀 시기라 할 수 있다. 5세기~6세기에 중국에 생겨난 종파 중 중요한 것을 꼽아 보면 삼론종, 유식종, 천태종, 화엄종, 정토종, 선종 등이다.[19]

여섯 종파 중에서 삼론종, 유식종, 천태종은 역사적 맥락만 짚어보고, 화엄종, 정토종, 선종에 대해서 좀 상세하게 살펴보기로 한다.

| **삼론종**   인도 중관 학파의 창시자 나가르주나가 쓴 『중론中論』과 『십이문론十二門論』 그리고 그의 제자가 쓴 『백론百論』 '세 가지 논'을 중심으로 생긴 종파라고 해서 생긴 이름이다. 삼론종三論宗은 그 유명한 쿠마라지바 Kumārajīva(鳩摩羅什)(344년~413년)가 중국에 와서 나가르주나의 『중론』을 번역하여 제자에게 강론하면서 마련된 터전 위에 제자 중 가장 뛰어났던 고구려인 승랑僧朗이 창시한 종파이다. 이 종파는 이름 그대로 나가르주나의 저술에 나타난 공空 사상을 충실히 받아들여 연구와 명상의 주제로 삼았다.

| **유식종**   유식종唯識宗은 모든 것이 '의식일 뿐'이라는 가르침 외에도 '모든 존재(法)의 특성(相)'을 캐 보는 일에도 충실하였으므로 법상종法相宗이라고도 한다. 이 종파는 『서유기西遊記』에서 손오공과 저팔계를 데리고 인도에 갔다 온 걸로 유명한 삼장법사 현장(596년~664년)이 인도에서 유가 학파의 가르침을 배워 중국에 옮겨 온 것이다. 현장 밑에 유식종의 실질적 시조라 여겨지는 규기窺基와 학문이 뛰어나 규기의 경쟁자였던 신라 승려 원측圓測(613년~696년)이 있었다. 삼론종과 유식종은 이처럼 인도 불교를 성실하게 중국에 옮겨 놓은 종파이다. 여기에 비해 다른 네 종파는 '중국화'된 불교라고 할 수 있다. 완전히 중국식 사고와 표현 방법으로 다시 판을 짜서 만들어 낸 불교라고 해도 과언이 아니라는 뜻이다.

| **천태종**   실질적인 창시자로는 전통적으로 천태종天台宗의 제삼조 지의智

顗(531년~597년)를 든다. 지의가 중국 남쪽 천태산에 살았다고 천태종이라는 이름이 붙은 것만 보아도 지의의 위상을 알 수 있다. 천태종은 지의가 특히 『법화경法華經(Saddharmapundarika-sūtra)』을 중심으로 가르쳤으므로 '법화종'이라고도 한다.

천태종에서 중요한 가르침은 '오시팔교伍時八教'라는 교판教判 사상과 '공가중空假中'이나 '일념삼천一念三千' 같은 가르침이 있다. '오시팔교'란 붓다의 생애를 다섯 기간으로 나누고 그 때마다 거기에 적절한 여덟 가지 다른 가르침을 베풀었다는 이론이고, '공가중'이란 모든 사물이 공하다는 공제空諦, 공하지만 동시에 하나의 현상으로서는 뚜렷이 존재한다고 보는 가제假諦, 따라서 공이면서 동시에 가이고, 가이면서 동시에 공이라는 중제中諦를 일컫는 것이고, '일념삼천'이란 우리의 일념에 3천 제법이 다 포함되어 있다는 가르침이다. 지의의 『마하지관摩訶止觀』은 명상 지침으로서 불후의 명작이라 할 수 있고,[20] 고려의 승려 제관諦觀(971년 사망)이 중국에서 쓴 짧은 책 『천태사교의天台四教儀』는 중국, 한국, 일본에서 천태종의 핵심 가르침을 전하는 중요한 교과서 역할을 해 왔다.[21]

| 화엄종 　대승 불경 중『화엄경華嚴經(Avataṃsaka-sūtra)』을 중심으로 생긴 종파이므로 그런 이름이 붙었다. 가르침 중 '법계法界' 사상이 가장 중요하므로 '법계종'이라고도 하고 화엄종華嚴宗 조사 중에 실제 창시자라 할 수 있는 제3조 법장法藏(643년~712년)의 호를 따서 '현수종賢首宗'이라고도 한다. 신라의 의상義湘(625년~702년) 대사는 제2조 지엄 밑에서 법장과 함께 공부를 하고 신라로 돌아와 영주 부석사를 창건하고 신라 화엄종의 초조가 되었다. 의상이 지엄의 문하를 떠나며 쓴 일종의 학위 논문 같은 것이 유명한 『화엄

불국사의 처음 이름은 '화엄불국사'였다. 비로전에는 금동비로자나불상이 있다.

일승법계도華嚴一乘法界圖』이다.[22] 원효元曉(617년~686년)도 기본적으로 화엄을 가르쳤는데, 그를 해동 화엄의 초조라 하기도 한다. 일본으로는 730년경 신라 승 심상審詳이 화엄을 전하고, 그 이념에 따라 나라奈良 동대사東大寺에 화엄의 주불인 비로자나毘盧遮那(Vairocana) 대불이 조성되었다.

화엄 사상에서 가장 중요한 것은 법계연기法界緣起다. '법계'란 '존재의 근원'으로서 이 법계에 포함된 모든 사물은 서로 의존하는 관계라고 본다. 화엄의 용어로 모든 것이 상입相入·상즉相卽의 관계를 가지고 있다고 하는데, 이 진리를 터득하면 트임과 자유를 얻게 된다고 가르친다. 이 생각을 좀더 간명하게 정리한 것이 사종법계四種法界의 이론으로서, 이 세상의 구조를 네 가지로 관찰한다. 첫째는 우리가 상식적으로 감지할 수 있는 세계로서 이를 사事법계라고 한다. 둘째로 조금이라도 영적인 수양을 한 사람은 이런 감각의 세계가 실재의 전부가 아님을 알게 되는데 이렇게 더 깊은 면

일본 동대사의 대불전과 비로자나 대불.

을 들여다보아 알아낸 실재의 세계가 바로 이理법계다. 셋째로 사법계와 이법계가 따로 노는 별개의 세계가 아니라 사법계를 관통하고 있는 원리가 이법계요 이법계의 구체적 표현이 사법계라는 것, 따라서 이법계와 사법계 사이에 아무런 장애가 없이 서로 들어가고 서로 같음을 깨닫게 되는데, 이렇게 깨닫게 된 세계가 바로 이사무애理事無礙법계다. 넷째, 궁극적으로 이와 사만 상입 · 상즉하는 것이 아니라 사가 바로 이이므로 하나의 사와 다른 사도 서로 상입 · 상즉의 관계를 맺고 있다는 진리를 터득하게 된다. 이렇게 구체적 사물들마저도 서로 연관되어 있음을 터득한 세계가 바로 사사무애事事無礙법계다. 이런 궁극적 실재를 깨우치는 것이 삶의 궁극 목표라는 것이다.

『화엄경 입법계품華嚴經 入法界品』(독립된 경전으로는 *Gandavyūha-sūtra*)을 보면 선재동자善財童子(Sudhana)가 진리의 세계를 추구하여 53명 스승을 찾아 구도

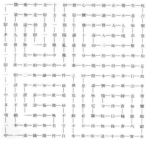

의상과 그의 화엄일승 법계도.

행각을 하는 이야기가 나오는데, 이런 오랜 여정을 거쳐 마지막으로 눈뜨는 세계가 바로 만물이 만물에 상입 · 상즉하는 통전統全의 세계였다.[23]

집은 기둥 · 지붕 · 벽 · 문 · 창문 등으로 이루어졌다. 말할 것도 없이 이런 부분이 없으면 집은 있을 수 없다. 그러나 집이라는 기본 실재가 없으면 각 부분은 아무 의미가 없다. 집과 부분은 떼려야 뗄 수 없는 관계다. 집은 부분을 생각하지 않을 수 없고, 부분은 집을 전제로 한다. 집 속에는 부분들이 들어가 있고, 부분들에는 집이 들어가 있다. 이와 사가 상입 · 상즉하는 이사무애의 법계다. 그러나 이것만이 아니다. 기둥이 없으면 집이 없고, 집이 없으면 지붕이나 벽이나 창문도 없다. 그러므로 기둥 속에 지붕이나 벽이나 창문이 있다. 기둥과 다른 부분은 서로를 포함하고 있고 서로에게 포함되어 있다. 바로 사사무애의 세계다.

쌀 한 톨에는 햇빛이 있고 비가 있고 구름이 있고 바람이 있고 천둥이 있고, 시간이 있고 공간이 있고, 농부의 땀이 있고 농부를 낳은 부모가 있고, 그 부모의 부모가 있고, 농기구가 있고 농기구를 만드는 쇠붙이가 있고, 광부가 있고, 그것을 만든 사람, 파는 사람 등이 있고 …… 결국 쌀 한 톨 속에 온 우주가 다 있다. 전통적인 용어로 하면 '작은 티끌 하나에(於一微塵中)' 우주가 다 들어 있는 것이다. 쌀 한 톨은 결코 독립적인 존재일 수가 없다. '많음 안에 하나, 하나 안에 많음(一中多 多中一)'이요 '하나가 곧 많음, 많음이 곧 하나(一卽多 多卽一)'이다. 우주 안에 있는 모든 것은 다른 것과의 관계 속에서 서로 영향을 받고 영향을 주는 것이다.

인간을 놓고 생각해도 우리 자신은 우리 자신만의 것일 수 없다. 천지의 모든 것이 협력하여 오늘의 내가 있다. 일반적으로 생각하는 인과율도 달라진다. 보통 아버지가 원인이고 아들이 결과라 생각하지만, 아들이 없어서는 아버지가 있을 수 없으므로 아들이 원인이고 아버지가 결과일 수 있다. 아버지는 원인이면서 동시에 결과이고, 아들은 결과이면서 동시에 원인이다. 같은 계단이 아이에게는 너무 높을 수 있고 어른에게는 너무 낮을 수 있다. 따라서 동일한 계단이 높으면서 동시에 낮을 수 있다.

화엄 사상은 이처럼 유기적, 통전적 세계관이다. 이런 사상이 줄 수 있는 철학적, 실제적 유익은 말로 다할 수 없다. 우선 이런 생각을 가지면 편견이나 옹고집에서 해방된다. 모든 것이 관계에서 결정된다는 것을 알기 때문에 독단이나 독선적인 주장이 있을 수 없다. 둘째 나와 남의 구별이 없어지므로 남이 아파할 때 나도 아파하는 참된 자비의 태도가 현실화된다. 셋째 만사가 상입·상즉하므로 구도의 단계에서 첫 단계가 곧 완성의 단계가 된다. 화엄의 용어로 하면 신만성불信滿成佛 혹은 일념성불一念成佛이다. 믿음이 생기는 순간 이미 성불한 것이고, 한순간 이미 부처님인 것이다.[24]

| **정토종**   정토종淨土宗은 정토를 말하는 『아미타경阿彌陀經(Sukhāvativyūha-

sūtra)』을 믿음의 근거로 삼는 종파이다. 이 경에 따르면 다르마카라Dharmakara (法藏)라는 젊은이가 우주 서방에 있는 정토(西方淨土)를 관장하는 붓다가 되기로 마음먹는다. 대승 불교에서 성불을 향한 보살의 길에서는 반드시 서원을 하기로 되어 있다. 이 청년은 48개(혹은 46개)의 서원을 했다. 그 중 제18번이 가장 중요한 왕서원으로서 누구든지 절대적인 믿음과 정성스런 마음으로 자기의 이름을 부르면 그를 서방 정토의 극락세계에 다시 태어나게 하겠다는 것이었다. 이른바 '극락왕생極樂往生'이다.

『아미타경』에 따르면 이 젊은이는 정말 보살의 길을 완성해서 결국 '아미타 부처님阿彌陀佛'이 된다. 산스크리트어로는 Amitābha 혹은 Amitāyus 인데, 각각 '무한한 빛', '무한한 목숨'이라는 뜻이며 한문으로 무량광無量光 불, 무량수無量壽 불이라고도 한다.

이제 인간이 할 일은 그가 약속한 '서원의 힘(願力)'을 믿고 그의 이름을 열심히 부르는 것뿐이다. '나무아미타불南無阿彌陀佛'이란 이렇게 "아미타불님께 귀명합니다"라는 뜻을 모아 그의 이름을 부르는 것이다. 이렇게 그의 이름을 부르는 것을 염불念佛이라고 한다. '염불'이라는 말이 좀 이상하지만, 처음에는 아미타불을 '생각(念)'하는 것이었는데, 나중 그의 이름을 반복하여 부르는 것으로 바뀌었기 때문이다. 보통 염주를 돌리거나 목탁을 두드리면서 한다. 속도도 여러 가지로 바꾸어서 부른다.

정토에 있는 아미타불은 좌우로 관세음보살觀世音菩薩(Avalokiteśvara)과 대세지보살을 거느린다. 이를 정토 삼존三尊이라고 한다. 그 중 특히 관세음보살, 혹은 '관음' 보살은 세상에 괴로움을 당하는 이들을 찾아보기 위해 동서남북과 그 사이 네 방향과 위와 아래 모두 합해 열 가지 방향을 다 보아야 하므로 본래의 얼굴에 다시 열 개의 얼굴을 더 갖는다. 뿐만 아니라 고통당하는 사람들을 돕기 위해 천 개의 손을 가지고 있다. 그래서 이 보살을 '11면 面 관음' 혹은 '천수千手 보살'이라고도 한다. 아미타불을 부를 때 이 보살의 이름을 함께 부르기도 하고, 많은 경우 그의 이름만 부르기도 한다. '나무아미타불 관세음보살'이라 하기도 하고 그냥 '관세음보살'이라 하기도 한다.

명대의 그림으로
천수관음을 묘사했다.

한 가지 재미있는 것은 관세음보살이 인도에서는 남성 보살이었는데, 중국에 와서는 8세기경부터 남성 보살뿐 아니라 많은 경우 여성 보살로 등장하는 것이다. 이는 당나라 시대 그리스도교 네스토리안파인 경교景教에서 행하던 마리아 숭배에서 영향을 받았을지 모른다고 주장하는 사람도 있지만, 그보다는 종교사적으로 볼 때 신적 존재의 완벽과 균형을 상징하기 위해 신적 존재를 '남녀 양성구유androgynous'로 표현하는 경우가 많은데 이것도 그 한 가지 예가 아닌가 생각해 볼 수 있다.

다른 한 가지 주의할 것은 적어도 이론적으로는 극락왕생이 정토 신앙의 최종 목표는 아니라는 점이다. 불교에서는 궁극 목표가 열반에 들어 존재가 소멸되는 것이다. 정토에서 사는 것은 아직도 존재를 가진다는 뜻이기에 최종 종착지가 될 수 없다. 정토는 모든 조건이 좋아 조만간 열반에 이르는 것이 보장된 상태라 볼 수 있다. 그러나 그리스도인에게 천국에 가는 것이 최종 목표이듯 일반 정토종 신도도 극락 왕생을 궁극 목표로 여기는 것

일본 교토역 부근에 위치한 서본원사(니시혼간지).
정토신앙의 본산지로 1292년에 세워졌다. 1911년 예불 풍경.

이 현실이다.

정토종은 '믿음(信)'만을 강조하는 셈이다. 그리스도교 개혁자 마르틴 루터의 '믿음으로만sola fide'을 연상하게 한다. 정토종은 아미타의 원력에 의지하는 불교이므로 이를 '타력他力' 불교라 하여 자기 힘으로 깨달음에 이르려 하는 '자력自力' 불교인 선 불교와 대비된다. 불교를 이행도易行道와 난행도難行道로 나눌 때 정토종은 물론 전자에 속한다.

일본의 경우 불교 신도의 절대 다수가 정토종 신도이다.[25] 그 중에서도 불교의 마르틴 루터로 알려진 친란親鸞(일본어 발음은 신란, 1173년~1262년)에 의해 개혁된 정토진종淨土眞宗(조도신슈)이 우세하다. 친란은 일본에서 최초로 승려의 결혼을 스스로 실천하고 다른 이에게 권장한 사람이다. 이 종파는 일본 이민자들과 함께 하와이에도 들어오고, 제2차 세계대전 이후 일본 사람이 모여 사는 북아메리카 서해안에 퍼지면서 이름도 '미국 불교회Buddhist Churches of American'로 바꾸고, 일요일 모임에도 찬송이나 설교 등 그리스도교 형식을 많이 채택했다.

│ **선종** '선禪'의 완전한 말인 '선나禪那'는 '명상'이라는 뜻을 가진 산스크리트어 '디아나dhyāna'를 중국 발음으로 음역한 것이다. 중국 발음으로는 '찬나'이다. 여기서 '나'가 생략되고 '선'만 남게 되었다. 선 불교를 서양에 소개한 스즈키 다이세쓰(鈴木大拙)가 선 불교 용어를 일본식 발음으로 표기해서 서양에서는 현재 선 불교 용어를 주로 일본식 발음으로 표기한다. 그래서 선을 '젠Zen'이라 한다. 불교 종파 중 서양에서 가장 인기 있는 종파이다. 한때 "서양 사람을 두 부류로 나누는데, 한 부류는 스즈키를 읽은 사람, 다른 한 부류는 읽지 않은 사람"이라는 농담이 나올 정도로 선 불교가 서양에 알려진 것은 서양 정신사에 하나의 중요한 사건이었다. 독일 철학의 거장 하이데거Martin Heidegger(1889년~1976년)는 스즈키의 책을 보고 "내가 그를 정확하게 이해했다면 그는 내가 지금까지 하려 했던 말을 그대로 하고 있다"라고 했다. 지금 서양의 웬만한 도시에는 어디나 젠 센터가 있어서 참선에 열중하는 서양 사람을 볼 수 있다.

전설에 따르면 붓다가 한번은 영취산(독수리산)에서 설법을 하는데 아무

말도 하지 않고 조용히 연꽃 한 송이를 청중에게 들어 보였다. 청중에서 아무런 반응이 없다가, 오로지 마하가섭摩訶迦葉(Mahākāśyapa)만이 그 뜻을 깨닫고 얼굴에 웃음을 띠었다. 붓다는 그 꽃을 마하가섭에게 주면서, "이것으로 '올바른 진리의 눈(正法法眼)'을 그대에게 맡기노라"고 했다. 이것이 이른바 염화시중拈華示衆, 염화미소拈華微笑라는 고사성어의 근원이다. 이렇게 가섭을 시조로 '말없는 가르침'으로서의 선이 시작되어 전해 내려오다가 28대 조로 보디다르마Bodhidharma(菩提達磨, 약 470년~534년)라는 사람이 나타났다. 그는 인도 남쪽 어느 왕국의 셋째 왕자였는데, 스승의 명을 받들고 인도를 떠나 중국을 향해 동쪽으로 왔다. 중국에서는 보통 '달마達磨'로 알려졌다. 여기서 "달마가 동쪽으로 간 까닭은?"이라는 화두가 생겼다.

달마가 중국에 온 것을 대략 520년경으로 본다. 그때는 이미 중국에 불교가 화려한 꽃을 피우고 있었다. 그는 지금의 남경에서 양나라 무제를 만난다. 무제는 "나는 왕위에 오른 이후 절도 많이 세우고, 불경도 많이 필사하고, 스님도 많이 도왔는데, 이런 것의 공덕이 어떠하오"라고 물었다. 달마는 "무공덕"이라는 한 마디로 그의 말을 일축했다. '쓸데없는 짓'이라는 것이다. 이 만남이 역사적 사실인지 아닌지 모르지만 겉치레나 행사 중심의 종교는 종교일 수 없다는 선의 기본 가르침을 말해 준다 하겠다.

그 길로 달마는 양자강을 건너 (오늘날 중국 무술로 서양에도 유명한) 오대산 소림사로 들어가 벼랑을 마주 보고 앉아 9년 동안 참선에만 정진했다. 이것이 이른바 '면벽面壁' 참선이다. 그는 한 번도 눕지를 않았다. 잠이 오는 것을 막기 위해 눈꺼풀을 뜯어 던졌는데, 거기서 풀이 나와 지금의 차茶가 되었다는 전설도 있다. 아마 그때 중국 사람들이 인도 사람 달마의 큰 눈을 보고 눈꺼풀이 없는 것으로 착각한 데서 이런 이야기가 나오지 않았나 하는 생각도 든다. 아무튼 앉아서 참선만 하느라 팔다리가 마르고 몸통만 남았다. 이 이야기에서 유래한 일본에서 만드는 '다루마'라는 인형은 팔다리가 없고 넘어뜨려도 언제나 다시 앉기만 하는 오뚝이 모양을 하고 있다.

달마를 중국 선의 시조로 하고 2대 혜가를 거쳐 5대 홍인에 이르렀다. 그에게는 신수神秀(605년~706년)와 혜능慧能(638년~713년)이라는 제자가 있었는데, 각각 북종선北宗禪과 남종선南宗禪의 처음이 되었다. 남종선은 돈오頓悟(sudden awakening)를 강조하므로 '돈오선'이라고도 하는데, 역사적으로 이것이 동아시아 선의 주종을 이룬다. 글도 읽을 줄 모르던 혜능이 절간 부엌에서 쌀이나 찧고 있다가 어떻게 제6조가 되었던가 하는 이야기와 가르침의 내용은 그 유명한 책 『육조단경六祖壇經』에 잘 나와 있다.

선의 핵심은 '깨침'이다. 붓다가 보리수 아래에서 이룬 깨침의 체험, 그 후 많은 조사祖師가 한 체험을 나도 하겠다는 것이다. '깨침'을 서양에서는 한문 '오悟'의 일본 발음에 따라 '사토리satori'라 부른다. 깨치지 않은 우리의 일상적 의식으로는 사물을 있는 그대로 보지

17세기경 조선의 화원 김명국이 그린 달마도.

18세기경 일본의 승려 하쿠인 에카쿠(白隱)가 그린 달마도.

못하므로, 사물을 여실如實하게, 여여如如하게 보기 위해서는 반드시 깨침을 얻어야 한다. 이렇게 깨침을 통해 진리를 보게 될 때 우리는 아무것에도 거침이 없는 무애의 사람, 참된 자유인이 된다.

그런데 이런 깨침은 교리나 경전 연구 같은 이론적 탐구라든가 염불이나 예불 같은 종교적 의례만으로는 얻어지지 않는다. 달마가 가르쳤다고 전해오는 그 유명한 구절─불립문자不立文字(문자에 얽매이지 않음), 교외별전敎外別傳(경전을 떠나서 별도로 전해짐), 이심전심以心傳心(마음에서 마음으로 전해짐), 직지인심直指人心(사람의 마음에 직접 다가감), 견성성불見性成佛(내 본성을 보고 깨침을 이룸)─은 모두 깨침의 체험이 말로서가 아니라 마음을 다스려야 이루어진다는 선의 기본 정신을 드러낸다.

문자나 의례 등은 '달을 가리키는 손가락' 역할을 할 때는 가치가 있지만 달을 가릴 경우 잘라버려야 한다. 비록 부처나 조사라 하더라도 우리가 달을 보려는 그 한 가지 목적에 걸림이 되면 부처도 조사도 '죽여야 한다'는 것이다. 이른바 '살불살조殺佛殺祖'이다. 종교에서 말하는 모든 것이 자체 속성에 따라 성聖과 속俗으로 구분되는 것이 아니라 우리를 깨침으로 인도하면 그것은 그대로 성이요, 방해하면 속이 된다.

그러면 깨침을 얻기 위해 구체적으로 어떻게 해야 하는가? 좌선坐禪해야 한다. 앉아서 명상하는 것이다. 가부좌跏趺坐(lotus posture)를 하고 몸과 마음을 함께 가라앉힌다. 선종 중에서 한국이나 일본에 많이 알려진 임제종(일본어 발음은 린자이)에서는 공안公案이나 화두話頭라는 방법을 함께 쓰는데, 참선하면서 '무無'라든가 '한 손으로 치는 손뼉소리' 같은 비논리적이고 수수께끼 같은 말에 정신을 집중하는 방법이다. 처음에는 이런 것을 논리적으로, 이성적으로 해결하려 하지만, "손뼉소리의 색깔이 무엇이더냐?" 하는 등

선사와의 엉뚱한 문답을 통해, 어느 순간 논리적으로나 이성적으로 풀 수 없는 경지가 있음을 깨닫는다. 이처럼 논리나 이성이 스스로에게 한계가 있다고 자각하여 뒷전으로 물러나는 순간, 논리나 이성을 넘어서는 새로운 의식의 경지가 확 트인다. 이것이 깨침이다. 선의 용어로 하면 본마음, 불성을 찾은 것이다. 우주와 내가 하나됨을 느낀다. 꽃을 보아도 꽃과 내가 분리된 것이 아니라 내가 꽃으로 살고 꽃이 나로 피어난다. 이런 것은 어떤 상태일까?

선은 동아시아의 문화에 지대한 영향을 끼쳤다. 시, 미술, 건축, 정원, 활쏘기, 연극, 차도, 검도 등 많은 분야에 선적인 요소가 가미되었다. 예를 들어 활쏘기를 할 때 일상적인 의식을 넘어서는 의식 상태에서 무의식적으로 쏠 수 있는 경지에 도달하도록 노력하였는데, 이것은 좌선과 맞먹는 마음 수련이다.[26]

이런 깨침이 무엇일까 심리학 용어로 설명해 보려는 사람이 많았다. 그중 몇 가지만 소개해 본다. 첫째 에리히 프롬Erich Fromm은 그의 책 『불교와 정신 분석』[27]에서 깨침은 '우리의 무의식을 의식화하는 것'이라고 했다. 우리는 경험하는 것의 극히 일부만 의식하고 나머지 대부분은 의식 영역 밑으로 넣어 둔다고 한다. 의식되는 부분은 빙산의 일각이고 그 아래 의식되지 않는 부분이 훨씬 더 크다는 것이다. 이런 무의식 영역에 속한 것은 언어나 논리나 가치관 같은 '사회적 필터' 때문에 의식의 영역으로 올라올 수 없다. 참선은 이 필터를 얇게 하거나 제거하는 작업으로서 이것을 통해 '무의식을 의식으로 만드는 것making the unconscious conscious'이 가능해진다고 본다.

둘째 로버트 온슈타인Robert E. Ornstein은 『의식의 심리학』[28] 등을 통해 깨침이란 '우리 두뇌의 좌반구와 우반구 기능이 균형을 되찾는 것'이라고 설명했다. 그는 뇌의 좌우반구가 기능이 다른데, 주로 좌반구는 이성적이고 분석적이고 언어적이고 평면적인 면과 관계되고 우반구는 직관적이고 종합적이고 심미적이고 입체적인 면과 관계된다는 설을 받아들여, 우리는 지금껏 주로 좌반구의 기능만 중요시하고 사용해 왔다고 한다. 문자 그대로 '일방적'인 삶이다. 참선이란 왕성한 좌반구의 이성적 기능을 줄이고 우반구의 직관적인 면을 북돋는 일로서 이것이 가능하면 양쪽을 모두 사용하는 균형 있는 삶을 살 수 있다고 본다.

셋째 켄 윌버Ken Wilber는 『에덴으로부터 올라감』 등 많은 저술을 통해[29] 참선 같은 명상을 통한 깨침이란 결국 '초이분법적 의식으로 들어감'이라고 주장한다. 우리의 의식은 개인적으로나 인류 전체의 의식 발달사로나 세 가지 단계를 거치는데, 첫째가 주객이 아직 분리되지 못한 미이분법적 의식, 둘째는 주객을 나누어 보는 이분법적 의식, 그리고 셋째로 주객을 뛰어넘어 통전적으로 보는 초이분법적 의식이다. 아담과 하와가 에덴동산에서 선악과를 따먹는 이야기에 나타나듯 선과 악, 나와 세계, 주와 객을 구별하지 못하던 동물적인 의식 상태가 있었다. 그때에는 개 팔자 상팔자라는 말처럼 근심걱정이 없었다. 그러다가 자의식이 생기면서 나 스스로를 의식하고 제약된 나, 열등한 나를 확대하려는 자아 확대 작업이 시작되면서 인생이 고달파진다. 이것이 우리가 지금 사는 모습이다. 그러다가 이를 뛰어넘어 해방되는 삶을 그리워하게 되는데, 이것을 가능하게 해 주는 의식이 초이분법적 의식이고 참선은 이런 의식을 가능하게 해 주는 기술이라는 것이다.

해석이 어떠하든 간에 선 불교를 비롯한 명상법은 믿어지지 않는 이론이나 교리를 믿어야 한다고 강요하는 종교에 식상한 많은 젊은이, 좀더 직접적인 종교적 체험을 갈구하는 많은 이에게 크게 어필하는 것이 현실이다.

한국과 일본에서의 불교 전개

한국으로 불교가 들어온 것은 삼국 시대 고구려 소수림왕 2년인 372년이라고 본다. 그 뒤를 이어 384년에 백제, 534년 신라에도 불교가 전해지고, 불교의 힘으로 삼국을 통일한 통일 신라는 불국사, 석굴암 등 찬란한 불교문화를 꽃피운다. 신라 시대의 위대한 스님은 앞에서도 잠깐 언급한 원효(617년~686년)와 의상(625년~702년)으로 이들은 학문적으로 중국과 일본의 불교에도 크게 공헌했다.

통일 신라에 이어 고려도 불교국으로 훌륭한 스님을 많이 배출했는데, 그 중에서 대각국사 의천義天(1055년~1101년)과 보조국사 지눌知訥(1158년~1210년), 태고화상 보우普愚(1301년~1382년) 등을 들 수 있다. 의천은 고려왕 문종의 아들로 중국 송나라에서 선을 비롯한 여러 종의 가르침을 배우고 고려로 다시 돌아와 천태종을 전파하고 한편으로 송, 요, 일본 등지로부터 불경을 모아 편찬하는 큰일을 이루었다. 지눌은 화엄에 통달하고 선을 깊이 깨달은 다음 '돈오점수頓悟漸修' 원리에 따라 당시의 선을 개혁하는데 힘써, 지금 조계종曹溪宗의 기초를 놓은 셈이다. 보우는 선종 중에서 임제종 계통을 실천하였는데, 지금 태고종은 태고 보우를 시조로 삼고 있다. 고려 시대에도 팔만대장경을 조성하는 등 불교는 문화적으로도 큰 유산을 남겼다.

앞에서 말한 중국 불교 종파는 삼국 시대나 고려 시대 한국으로 거의 다 들어왔다. 그러나 고려 말 승려들이 정치에 너무 깊이 관여하여 물의를 일으키는 것을 본 조선조는 불교를 억제하고 유교를 받드는 억불숭유抑佛崇儒 정책을 채택하였다. 그리고는 전에 들어온 여러 종파를 크게 두 가지로

고려 후기의 승려 지눌은 당시의 세속적인 불교를 반성하고 선 불교를 부흥시키기 위해
'정혜결사'를 결성했다. 모임의 이름이자 사찰의 이름이기도 했던 '정혜사'는 '수선사'로,
고려 말기에 이르러서는 '송광사'로 이름이 바뀌었다.

통합했다. 하나는 선禪이고 다른 하나는 교敎로서, 한국에는 현재 정토종
이나 화엄종이라는 종파가 따로 독립해 있지 않다. 선을 하는 이도 염불을
할 수 있고, 화엄경이나 법화경을 연구한다. 이런 식으로 종파를 별로 따
지지 않는 태도 때문에 한국 불교를 두고 '통불교通佛敎'적 특성을 지닌다
고도 한다.

조선 시대 말에는 억불 정책이 더욱 강화되어 심지어는 승려의 서울 성
안 출입을 금지하기도 하였다. 조선 말기 일제가 조선을 침략하면서 일본
불교가 들어오기 시작했다. 정토종 계통의 불교가 들어오면서 결혼을 하는
대처승 제도가 도입되었고, 이것은 해방 후 대처승과 비구승 사이에 불화
의 씨앗이 되기도 했다. 현재 한국 불교는 그 동안의 여러 가지 어려움을 지
나 대중 불교 운동이나 불교 정화 운동 등을 통해 새로운 시대에 부응하는
새로운 불교로 거듭나기 위해 애쓰고 있다.

이와 대조적으로 일본 불교는 6세기 백제로부터 도입된 이래, 도쿠가와德
川 시대 신도 보호 정책으로 약간 주춤하기는 했지만, 끊이지 않고 이어 내
려오면서 종파들을 그대로 유지했고, 일본 고유 문화와 섞여 새로운 종파
가 생기기도 했다. 일본에서 생긴 불교 종파 중 가장 대표적인 것이 일련
종(日蓮宗, 니치렌슈)이다. 이 종파의 창시자 일련(1222년~1282년)은 불교에서
말하는 말법末法의 암흑 시대가 1050년부터 시작되었다고 계산하고, 이 시
대를 위해 받들어야 할 특별한 가르침이 바로 『법화경』의 진리라고 주장
했다. 정토나 선 같은 다른 모든 종파는 마귀나 지옥이라고 보았다. 『법화
경』의 진리는 그 경의 '이름' 자체에 담겨 있으므로 경의 이름을 외우는 것
이 중요하였다. 이 경의 완전한 이름은 『묘법연화경妙法蓮華經』이므로 앞에
'귀의한다'는 뜻의 '나무南無'를 붙여 일본 발음으로 '나무묘호렌게교'를 외
우도록 했다.

일련은 붓다가 『법화경』을 설한 것이 사실 후지산이었다고 주장하고, 새
롭게 정화된 참된 진리가 일본에서 세계로 나가므로 일본을 대일본大日本이
라 부르기 시작했다. 일련종의 평신도 운동인 '창가학회創價學會(소카각카이,

일본 일련종의 대본산인
지바현의 청징사(세이초지).

새로운 가치를 창조한다는 뜻)'가 생겨서 정당 활동까지 하는데, 공명당公明黨(고메이도)가 바로 그것이다. 얼마 전에 갈등으로 인해 창가학회가 니치렌슈에서 분리되었다. 창가학회는 미국이나 한국 등지로도 퍼졌고, 미국 가수 티나 터너는 스스로 창가학회 신도라고 공언한다.

티베트 불교

최근 서양에서는 달라이 라마Dalai Lama의 책이 베스트셀러에 오르고, 티베트 불교를 주제로 한 영화도 나오는 등 티베트 불교가 많은 사람의 주목을 받고, 이를 신봉하는 사람도 많다. 가장 두드러진 예가 미국의 영화배우 리처드 기어 같은 사람이다.

티베트 불교를 주로 바즈라야나Vajrayāna라고 하고, 밀의密意(Tantric) 불교, 라마교喇敎(Lamaism)라고도 한다. 티베트에 불교가 들어온 것은 기원후 7세기였다. 이때 인도와 중국에서 티베트로 들어온 불교는 대승 불교의 일종이지만, 이것은 '봉'이라는 티베트 전래의 토속 종교와 어울려 티베트 특유의 불교를 형성했다.

티베트 불교에서 가장 두드러진 특징은 주술을 많이 이용하고 '주문(만트라)'을 많이 외우는 것이다. 가장 많이 외우는 주문은 '옴 마니 파드메 훔Om mani padme hum(한국어 발음은 옴마니반메훔)'이다. 문자적인 뜻은 "옴, 연꽃 속에 있는 보석이여, 훔"으로 티베트인의 수호신 격인 관세음보살을 부르는 것이다. 그러나 일반인은 이런 뜻과 상관없이 그냥 많이 외우기만 하면 그 자체로 영험을 얻을 수 있다고 믿는다. 심지어 입으로 외우는 것만으로는 부족하다 생각하여, 납작한 깡통에 이 주문을 많이 써넣고 깡통 가운데를 뚫어 손잡이를 끼워서 깡통 한쪽에 추를 단 다음 손잡이를 잡고 깡통을 돌리기도

라싸의 포탈라궁과 조캉 사원은 티베트인들이 가장 신성시하는 곳이다.
포탈라궁은 과거에는 정부 청사이자 달라이 라마의 거처였으나, 지금은 중국의 오성홍기가 걸려 있다.
조캉 사원 앞에는 오체투지 순례자들의 발길이 끊이지 않는다.

제14대 달라이 라마.

하는데, '기도 바퀴prayer wheel'라고 한다. 이렇게 휴대용뿐 아니라 옛날 한국의 연자매 같은 큰 통을 만들어 돌리거나 냇가에 물레방아를 만들어 돌리기도 한다.

티베트 불교 지도자를 '라마'라고 한다. 14세기경에는 라마가 왕보다 더 큰 권력을 가지므로 왕이 자연히 사라지고, 라마가 종교와 정치 모두를 관장하는 티베트 최고의 지도자가 되었다. 라마는 크게 두 파로 나뉘었는데, 일반적인 용어로 '노란 모자 학파Yellow Hat school'와 '빨간 모자 학파Red Hat school'이다. 빨간 모자 학파 전통에서 내려오는 책 중에 8세기경에 쓰였으리라 생각되는 『티베트 사자의 서The Tibetan Book of the Dead(Bardo Thodol)』가 있다. 이 책에 따르면 사람이 죽으면 의식이 49일간 '바르도bardo'라는 꿈꾸는 것과 비슷한 상태에 머문다고 한다. 생전에 어떤 삶을 살았느냐에 따라 이 기간 동안 열반에 들게도 되고, 여러 다른 형태로 다시 태어나게도 된다. 예를 들어 평소 왕자처럼 산 사람은 다시 그런 조건이나 보다 더 훌륭한 형태로 태어나기를 바라지만, 돼지처럼 산 사람은 깨끗한 궁궐보다는 돼지우리 같은 상태를 더 좋아하므로 결국 돼지나 그 비슷한 모양으로 다시 태어나길 원한다는 것이다. 물론 이렇게 과거 업에만 의존하는 것은 아니다. 스님이 외우는 독경 소리를 듣고 선택을 바꿀 수도 있다고 믿는다.

노란 모자 학파의 최고 라마를 '달라이 라마Dalai Lama'라고 하는데, 노란 모자 학파가 수적으로 더 커서 달라이 라마가 실제 티베트의 최고 지도자가 된다. '달라이'란 '바다'라는 뜻으로 그 인격의 넓이와 깊이를 상징한다. '달라이 라마'가 죽으면 다시 환생한다고 믿고, 그 환생한 아이를 찾는 작업이 진행된다. 우여곡절을 거쳐 결국 달라이 라마의 환생으로 여겨지는 아이를 찾으면 오랜 기간 철저히 훈련을 시킨 후 지도자로 삼는다. 티베트 사람들은 현재의 지도자 달라이 라마가 관세음보살의 14번째 환생이라 믿는다. 그의 보통 이름은 텐진 갸쵸Tenzin Gyatso이다.

1950년 중국이 티베트를 점령하자 1959년 달라이 라마를 비롯한 많은 라마가 망명하였다. 달라이 라마는 인도 북부 담살라에 임시 본부를 정하고, 기타 많은 라마는 서양으로 갔는데, 이는 티베트 불교를 서방에 널리 전하는 계기가 되었다. 달라이 라마는 티베트 문제를 불교 원칙에 따라 평화적으로 해결하려는 입장을 견지하여 1989년 노벨 평화상을 받았다. 2011년 달라이 라마는 정치 은퇴를 선언하고 인도 다르질링에서 태어나 하버드 로스쿨에서 박사학위를 받은 43세의 롭상 상가이Lobsang Sangay에게 정치 지도자의 자리를 물려주었다.[30]

· 불교의 오늘 ·

앞에서 잠깐 언급한 대로 불교는 오늘날 서양에서 크게 주목받는 종교가 되었다. 18세기 유럽에서 쇼펜하우어, 니체, 와그너 같은 사람이 불교에 심취하고 그 후 많은 사상가와 신학자가 불교를 연구했다. 특히 제2차 세계대전 이후 동서양의 접촉이 잦아지면서 서양 사람 중 불교에 관심을 가

법회 중인 미국의 한 선 센터의 모습이다.

지는 사람이 더 많아졌다. 서양 사람이 불교에 관심을 갖는 이유에는 불교의 평화주의적인 태도나 참선처럼 깨달음을 강조하는 입장에 호감을 가지기 때문이라 볼 수 있다.[31] 서양 사람이 수행하는 불교는 주로 명상과 경전 연구에 중점을 두고, 또 최근에 '참여 불교engaged Buddhism'를 말하는 사람 중에는 평화 운동이나 환경 보호 운동 등을 위해 힘쓴다. 동양 불교나 서양의 동양 이민자가 신봉하는 불교가 주로 예불, 초파일, 연등, 방생, 기복 등 일상생활과 밀접한 것과는 대조적이라 할 수 있다. 학자 중에는 이런 점에 착안하여 동양인이 신봉하는 불교를 '민족 불교ethnic Buddhism'라고 하고 서양에서 유행하는 불교를 '엘리트 불교elite Buddhism' 혹은 '백인 불교White Buddhism'라 분류하기도 한다.

이제 그리스도교가 서양인만의 종교가 아니듯 불교도 동양인만의 종교가 아니다. 이처럼 그리스도교와 불교의 접촉은 세계 종교사에서 발견되는 여러 예와 같이 흥미로운 종교 현상을 빚어내리라 생각된다.

읽으면 좋을 책

- Rahula, Walpla. *What the Buddha Taught*. New York : Publisher Resource, 1978.
  (한국어판) 전재성 옮김.『붓다의 가르침과 팔정도』한국빠알리성전협회, 2002.
  붓다의 기본 가르침인 '사성제 팔정도'에 대해 잘 해설한 책.
- Ch'en, Kenneth K. S. *Buddhism in China: A Historical Survey*. Princeton : Princeton University Press, 1964.
  중국 불교에 대한 역사적 개괄로 아직까지 널리 읽힘.
- Kapleau, Philip. *The Three Pillars of Zen*. Boston : Beacon Press, 1967.
  선을 이해하는 데 가장 좋은 안내서 중 하나.
- Mitchell, Donald W. *Buddhism: Introducing the Buddhist Experience*. Oxford : Oxford University Press, 2002.
  새로 나온 간략하고 포괄적인 불교 안내서.
- Robinson, Richard H. and Willard L. Johnson. *The Buddhist Religion*. Belmont. CA : Wadsworth, 1997.
  불교를 역사적으로 개괄한 책.
- 오강남.『불교, 이웃종교로 읽다』현암사, 2006.

자이나교와
시크교

Jainism · Sikhism

유교, 도교 등 동북아시아 종교로 넘어가기 전에 인도에 있는 두 개의 종교를 간단히 알아보도록 하자. 첫째는 자이나교Jainism, 둘째는 시크교Sikhism이다.

· 자이나교 ·

자이나교는 현재 인도에 약 370만 명의 신도를 가진 비교적 규모가 작은 종교로, 마하비라Mahāvīra(기원전 599년~기원전 527년경)가 창시하였다. '마하비라'는 '위대한 영웅'이라는 뜻이다. 그는 철학자 야스퍼스가 주장하는 이른바 '차축 시대車軸時代(axial age)' 중에서 그 유명한 '기원전 6세기' 사람으로, 붓다 · 공자 · 노자 · 예레미야 · 피타고라스 등과 비슷한 시기에 태어나고 활동했다. 그의 생애는 특히 붓다의 생애와 유사한 점이 많다. 붓다와 비슷한 가문으로 비슷한 시기에 비슷한 지역에서 태어났다.

마하비라는 아힘사(不殺生)를 통해 해탈에 이를 것을 가르쳤다. 인도 종교는 시크교를 제외하면 대체로 불살생의 가르침을 받들지만, 자이나교는 이

고대 인도인의 의례서인 『칼파 수트라Kalpa Sūtra』에는 마하비라의 생애가 기록되어 있다.
〈침대에 누워 있는 트리샬라 왕비〉로 불리는 세밀화는 트리샬라 왕비가
24번째 '지나'인 마하비라를 낳았다는 자이나교 경전의 이야기를 뒷받침한다.
또한 열반에 드는 마하비라의 모습을 담은 삽화도 있다.

를 가장 철저하게 실천한다. 길을 갈
때도 길에 있는 곤충을 쫓거나 쓸고
지나고, 공기에 있는 곤충을 마시는
일이 없도록 마스크를 쓰고 다닌다.
심지어 농사지을 때 벌레를 죽일 수
밖에 없기에 농사를 피하고 상업에
종사한다. 마하비라는 또 고행을 강
조하여 걸식은 물론, 추울 때는 가장

자이나교 승려의 모습.

추운 곳에, 더울 때는 가장 더운 곳에 머무는 등, 스스로 힘든 일을 다 골라
했다. 결국 그는 이 윤회의 삶에서 벗어나는 지나Jina(승리자)가 되었고, 여기
서 자이니즘이 나왔다.

　자이나교에는 크게 두 종파가 있는데, 하나는 스베탐바라(백의파白衣派)요
다른 하나는 디감바라(천의파天衣派)이다. 백의파는 문자 그대로 흰옷을 입고
다니고, 천의파는 하늘이 옷이니 별도의 옷이 필요 없다 하여 나체로 다닌
다. 백의파는 여자도 해탈에 이를 수 있다고 믿는 데 반해 천의파는 여자는
유혹자일 뿐 해탈에 이를 수 없다고 주장한다.

　이들의 철저한 아힘사 사상은 힌두교에도 크게 영향을 주었고, 간디도 자
이나교의 가르침과 실천에서 크게 감명을 받았다고 한다. 슈바이처 박사의
'생명 경외' 사상도 연원을 따지면 아힘사에서 비롯하였다. 그는 1930년대
에 『인도 사상과 그 발전』을 쓰기도 했다. 자이나교인들은 정직한 상인으
로 인정을 받아 인도에서 가장 부유한 층에 속한다. 유명한 '장님 코끼리 만
지는 이야기(군맹무상群盲撫象)'와 톨스토이를 통해서 널리 알려진 '사자 이야
기'─어느 사람이 사나운 짐승을 피해 도망가다가 넝쿨을 잡고 달려 있는

딜와라 사원군은 인도에서 가장 아름다운 자이나교 사원으로 꼽힌다.
특히 하얀 대리석으로 된 내부가 인상적인데, 바닥 외의 부분이 모두 섬세하게 조각되어 있다.

데 입에 달콤한 꿀물이 흘러들어 좋아하다가 위를 보니 흰 쥐, 검은 쥐가 번 갈아 가며 그 넝쿨을 갉아먹는다는 이야기—도 자이나교에서 나온 이야기 라 한다.

▪ 시크교 ▪

16세기 인도 서북부 펀자브 지역에서 생긴 종교로서, 현재 약 2,300만의 신도를 가지고 있다. 창시자 구루 나나크Guru Nanak(1469년~1538년)는 펀자브 지역 힌두 가정에서 태어났지만 학교 선생님을 비롯하여 주위에 이슬람 사람이 많이 있었다. 35세가량 되었을 때, 목욕을 하다가 신으로부터 일종의 계시를 받았다. 그때 받은 기별은 "힌두교인이 따로 있는 것도 아니고 이슬람교인이 따로 있는 것도 아니다"라는 것이었다. 이때부터 힌두교와 이슬람교를 통합하는 일에 헌신하였다. 그를 따르는 사람이 생기고, 이들을 '시크'라고 불렀는데 펀자브어로 '제자'란 뜻이었다.

나나크가 죽으려 할 때 제자들은 그의 시신을 힌두교식으로 화장해야 하는지 이슬람교식으로 매장해야 하는지 토론하였다. 나나크는 자기 옆에 한쪽은 힌두교인이, 다른 한 쪽은 이슬람교인이 꽃을 놓고, 다음날 꽃이 시들지 않고 싱싱하게 남아 있는 편의 방식대로 장례를 치르라고 했다. 제자들이 양옆으로 꽃을 놓자, 나나크는 포대기를 뒤집어 쓴 다음 숨을 거두었다. 다음날 포대기를 벗겨 보니 양쪽 꽃은 모두 싱싱한데, 나나크의 시신은 사라지고 없었다고 한다. 죽으면서도 힌두교와 이슬람교의 평화와 화합을 염원한 나나크의 삶을 나타내는 이야기라 할 수 있다.

구루 나나크의 모습.

나나크의 가르침은 힌두교와 이슬람교를 조화시키는 것이었다. 예를 들어 신은 힌두교에서 말하는 것처럼 여러 형태로 나타나지만 결국 이슬람교인이 말하는 것처럼 궁극적으로는 하나라고 가르치는 식이었다. 이런 궁극적 신을 '참이름The True Name'이라고 했다.

다른 한 가지 특이한 가르침은 신이 창조한 것 중에서 인간은 최고의 창조물이므로 다른 동물을 잡아먹을 수 있고, 이에 따라 인도 전통에서 그렇게 강조되는 아힘사의 원칙을 반드시 따를 필요는 없다고 한다.

힌두교로부터 환생 사상을 받아들여 나나크가 죽은 후 다음 구루(지도자)로 다시 태어난다고 하였고, 나나크 이후 열 명의 구루가 있었다. 제4대 구루 람 다스(1534년~1581년)는 암리차르Amritsar에 황금사를 지어 본사로 삼았다. 제10대 구루인 고빈드 싱Guru Govind' Singh(1675년~1708년)를 마지막 지도자로 하고 이후부터는 그들의 경전 『그란트Granth』를 구루로 삼았다. 고빈드 싱은 정당방위를 위해 군대를 조직하고 이를 '싱Singhs'이라고 했는데, '사자獅子'라는 뜻이다.[1] 이들은 머리와 수염을 기르고 머리에 터번을 쓰고 짧은 바지를 입고 쇠로 된 팔찌를 끼고 단검을 차고 다녔는데, 이 전통은 심지어 캐나다에서까지 계속되어, 시크교인으로서 캐나다 연방경찰(RCMP) 훈련생이 터번을 그대로 쓰고 훈련을 받을 수 있다는 허락을 받아낼 정도

인도 암리차르의 황금 사원은 시크교의 대표 성지이다.
5대 구루인 아르잔 시기인 17세기 초에 지어졌다. 당시 동쪽에만 문이 있는 힌두 사원은
선택된 계급만이, 서쪽에만 문이 있는 이슬람 사원은 무슬림 남성들만 출입할 수 있었다.
그에 비해 네 방향에 네 개의 문이 설치된 황금 사원은
카스트나 성별에 관계없이 모든 사람이 자유롭게 드나들 수 있었다.

이다.

 시크교인은 인도에서 가장 훌륭한 군인으로 인정받는다. 그들은 군사력에 힘입어 19세기 초엽 편자브 지역을 통제하게 된다. 영국이 이 지역에 진출했을 때 시크교인들은 유혈 투쟁으로 반항했지만 결국 항복하고, 영국이 인도를 통치하기 위해 가장 선호한 용병으로 인정받았다. 심지어 홍콩에서도 시크교인이 큰 건물의 보초로 서 있는 모습을 볼 수 있다. 인도의 전 수상 인디라 간디의 경호원으로 일하다가 그녀를 암살한 사람도 시크교인이었다.

 시크교인은 인도 내에서 힌두교인도 이슬람교인도 아니므로 종교적으로 뿐만 아니라 정치적으로도 언제나 소수에 속한다. 이런 불리한 입장에서 벗어나려고 현재 편자브를 인도로부터 독립시키려는 움직임이 계속되고 있어 인도 정부와 무력 충돌을 빚기도 한다. 시크교인은 물론 대부분 편자브 지역에 살지만, 현재 캐나다와 특히 밴쿠버 일대에는 편자브 지역 다음으로 시크교인이 많이 거주한다. 그들이 머리에 두르는 터번 때문에 더욱 눈에 잘 띈다. 캐나다 밴쿠버 지역 시크교인 사이의 파벌이 무력행사로 나타나는 경우가 종종 있어 매스컴의 관심이 되기도 한다.

읽으면 좋을 책

- Cort, John E. ed., *Open Boundaries: Jain Communities and Cultures in Indian History*. Albany, N.Y.: State University of New York Press, 1998.
- Dundas, Paul. *The Jains*. Londan: Routledge, 1992.
- Cole, W. Owen. *The Sikhs*. London: Routledge, 1978.
- McLeod, W. H. *The Sikhism*. London: Penguin, 1997.

유교

Confucianism

중국, 한국, 일본 등 동아시아 사람들에게 지대한 영향을 끼친 종교는 이른
바 유불선儒佛仙, 즉 유교 · 불교 · 도교 세 종교이다. 중국 · 한국 · 일본에서
공통으로 발견되는 세 종교 중 불교는 이미 살펴보았고, 이제 도교와 유교
를 살펴보기로 한다.

▪ 동아시아 종교의 기본 성격 ▪

여러 종교를 하나로 보는 경향

동아시아 종교를 다룰 때 한 가지 주목할 것이 있다. 예부터 동아시아에서
는 서양에서와 달리, 어느 한 종교를 '배타적'으로 따르지 않았다. 동아시아
사람들은 유교, 불교, 도교 등 여러 종교를 필요에 따라 하나 혹은 그 이상
을 자유롭게 선택할 수 있었다. 그 단적인 예를 1886년 한국에 선교사로 왔
던 헐버트Homer B. Hulbert의 다음과 같은 관찰에서 감지할 수 있다.

　독자들은 한국인들이 사물을 전체적으로 뒤섞어 본다는 사실, 그리고 서로

다른 종교들 사이에 적대감이 전혀 없다는 사실을 염두에 두어야 한다. ……
일반적으로 한국인 대부분은 사회생활을 할 때는 유교인, 철학적 사색을 할 때
는 불교인, 그리고 문제에 부딪혔을 때는 영혼숭배자(무속인)가 된다.[1]

이것은 물론 한국이나 중국만의 경우는 아니다. 일본인들도 불교인이면
서 동시에 신도를 신봉하는 데 아무런 모순을 느끼지 않는다. 동아시아 사
람들은, 마치 환자가 다리가 부러지면 외과 전문의를 찾고 심장이 이상하
면 심장 전문의를 찾는 것처럼, 그때그때 자신의 영적 필요에 따라 여러 종
교에 동시에 속할 수 있다고 생각해 왔다. 동아시아의 종교는 사진 찍을 때
쓰는 삼발이에 비유할 수 있다. 이른바 삼교일치三敎一致 사상이다. 아랫부
분은 유교, 불교, 도교 셋으로 나뉘어 동아시아의 '종교들'이라는 복수형을
쓸 수 있지만, 윗부분은 하나로 통합되어 사람들의 종교적 필요에 함께 공
헌하므로 이 경우 동아시아의 '종교'라는 단수형으로 이해될 수 있다.

기본적인 종교 개념들

동아시아의 종교를 다룰 때 유교인이든 불교인이든 도교인이든 무속인이
든 공통으로 갖는 기본 생각이 있음을 염두에 두어야 한다. 각각의 종교를
살피기 전에 모든 동아시아인이 공유하는 '기본적인 종교 개념'에 대해 알
아보기로 한다.

| **귀신과 상제**   다른 고대 사회와 마찬가지로 동아시아 사회에서도 세상은
여러 가지 정령이 가득하다고 생각했다. 사람에게는 신神과 귀鬼가 있다고
믿어, 죽으면 신은 하늘로 가고 귀는 땅으로 되돌아간다고 보았다. 죽은 시

중국 북경에 있는 천단(天壇)의 기년전.
명나라와 청나라 황제가
하늘에 제사를 올리던 곳이다.

신을 잘못 다루면 귀는 땅으로 가지 못하고 시신 주위에서 돌다가 사람들에게 좋지 못한 일을 한다고 생각했다. 하늘에 있는 조상의 신은 살아 있으므로 그 신에게 제사를 지냈다.

기원전 18세기~기원전 12세기의 상대商代나 은대殷代에는 가장 위대한 조상신을 부족의 신으로 모셨는데, 이를 상제上帝라고 했다. 상제는 하늘에서 자연 현상을 관장할 뿐만 아니라 인간의 생사화복에 영향을 주는 '인격적인' 존재로 여겨졌다. 훗날 민간 신앙에서 받든 옥황상제도 이 상제 개념의 변형이라 볼 수 있다.

│ 천과 천명   기원전 13세기~기원전 12세기의 주대周代에 오면 인격적인 존재인 상제 대신에 비인격적 존재인 천天(하늘)이 등장한다. 주시대 중반에 살았던 공자孔子는 상제 대신에 천이란 말만 썼다. 비인격적이긴 하지만 천도 인간사를 주관하는 존재로 생각했다.

천과 관련해서 발달한 가장 중요한 개념은 '천명天命'이다. 주공周公이 주나라를 세우고 손문이 중화민국을 수립하기까지 중국 전 역사를 통해 정치적으로 지대한 영향을 미친 개념이다. 영어로는 'the mandate of heaven(하늘의 위임)'이라 번역한다. 백성을 통치하는 사람은 반드시 하늘의 권한을 위임받은 것이라 생각한 것이다. 천명은 지도자가 윤리적으로 덕이 있을 때 주어지며, 그렇지 못할 때는 하늘이 거둬간다고 믿었다. 가뭄이나 수해나 전염병 같은 재난은 하늘이 천명을 거둬가 버린 표시라 생각했다. 이럴 경우 새로운 왕조가 나타나 자기들은 백성을 도탄에서 건져내도록 천명을 받았다고 주장하였다. 하늘의 명을 받들어 나라를 다스리는 사람이 바로 천자天子였다.

| **도**　　도道는 도가의 전유물만이 아니다. 도는 물론 '길'이라는 뜻이지만, 윤리적으로는 인간이 살아가면서 반드시 따라야 할 행동 규범이라는 뜻이고, 형이상학적으로는 우주가 움직이는 기본 원리 혹은 근원이라는 뜻이기도 하다. 나중에 유가에서는 주로 도의 윤리적인 면을 강조하고, 도가는 도의 형이상학적 측면에 관심을 기울였다. 그러나 모두 인간이 도에 의해 산다는 생각은 같았다.

| **음양**　　우주가 음陰과 양陽의 상관 관계로 이루어졌다는 믿음이다. 음은 여성스러움, 피동성, 차가움, 어둠, 무거움, 습함, 부드러움 등으로 대표 되는 원리이고, 양은 남성다움, 능동 성, 더움, 밝음, 가벼움, 건조함, 강함 등으로 대표된다. 가장 음적인 것은 땅과 달이고 가장 양적인 것은 하늘 과 해라 할 수 있다. 세상은 서로 떨 어질 수 없는 이 두 가지 보완적 원리

음양과 음양에서 분화된, 3효로 구성된 8괘.

가 상호 작용하여 이루어 낸 결과이다. 둘이면서도 하나이고 하나이면서도 둘인 음양의 원리가 조화를 이루면 모든 것이 순조롭고 평화롭지만, 조화 가 깨질 때 온갖 문제가 생긴다.

　음양의 원리는 형이상학적 원리로서 뿐만 아니라 인간의 삶 구석구석을 지배하였다. 예를 들어 국가에서 음을 대표하는 문인과 양을 대표하는 무인이 조화를 이루지 못한다든지, 가정에서 음을 대표하는 어머니와 양을

중국 북경 자금성의 태화전.

대표하는 아버지가 조화를 이루지 못한다든지, 몸에서 콩팥처럼 음을 대표하는 기관과 심장같이 양을 대표하는 기관이 조화를 이루지 못할 때 각각 나라의 변란, 가정의 불화, 육체적 질환이 온다고 보았다. 이런 배경을 알면 황제가 머물던 중국 북경 고궁에 황제가 집전하던 곳을 태화전太和殿, 중화전中和殿이라는 이름을 붙이면서 화和를 강조한 것도, 가화만사성家和萬事成이라 하여 가정의 화목을 강조한 것도 이해할 만하다. 한의학에서 병이 나면 약한 기를 보충해서 음양의 조화를 회복하도록 약을 처방하거나 침을 놓는 것도 마찬가지다. 초기 음양 사상에는 음과 양 중에 어느 한 쪽이 좋고 나쁘다는 식으로 우열이나 선악과 연결시켜 생각하지 않았다.

| **복점**　고대 중국인은 쌀을 바닥에 던지거나 손금을 보거나 관상을 보는 등 여러 방법으로 개인이나 집단의 미래를 점치곤 했다. 그 중 제일 잘 알려진 것이 상대商代에 거북의 배 무늬를 보고 점을 치는 것이었다. 거북의 등이나 소의 뼈에 물어보고 싶은 질문을 간단하게 쓰고 그 옆에 한 줄로 홈을 파고 옆에 구멍을 뚫어 불 위에 올려서 뜨거워져 '폭' 하고 홈과 구멍 주위로 금이 가면 그 금을 보고 질문에 대한 답을 얻어냈다. 점을 'ㅏ'이라고 쓰고 그 발음이 '복'인 것은 그 홈과 구멍의 모양과 그것이 터질 때 나는 소리를 나타낸 것으로 본다. 이렇게 뼈 위에 새겨진 문자가 그 유명한 '갑골문자甲骨文字'이다.

점치는 방법 중 가장 발달한 것이 『주역周易』이다. 주역은 보통 『이경易經』이라 하며, 서양에서는 중국 발음을 따서 '이칭I-Ching'이라 부르고 '변화의 책the Book of Changes'이라 번역한다. 가는 나무 막대나 동전 등을 바닥에 던져서 그 조합을 보고 음이나 양의 괘를 정한다. 이렇게 나온 괘를 여섯 개 쌓아 올려서 그 모양에 따라 64괘 중 어느 한 가지를 얻고, 『주역』에서 그 괘가 말해 주는 말의 뜻을 풀어 미래를 예견하기도 하고 그에 대처하는 지혜를 얻기도 한다. 『주역』은 훗날 점치는 역할을 뛰어넘어, 공자가 주석을 달기도 하고 중국 철학사에서 우주의 원리를 캐는 데 도움을 주는 가장 중요한 문헌이 된다.

| **효와 조상 숭배**　동아시아에서는 전통적으로 부모를 공경하고 돌보는 일을 가장 중요하게 생각해 왔다. 효孝의 근본은 부모가 '언제나 계시도록 하는 것'이라 할 수 있다. 부모가 살아 계실 때에는 육체적으로 부모를 편안하게 모시고, 나를 부모의 연장이라 여기고 나의 몸을 훼손하지 않으며, 또 부

효를 주제로 한 송대의 그림.

모의 존재가 이어지도록 자식을 낳아드려야 한다.

부모가 돌아가셨으면 제사를 통해 부모가 내 기억 속에 살아 계시도록 해야 한다. 부모가 남긴 유업을 받들고, 사회적으로 나를 통해 부모의 이름이 빛나도록 하는 것도 중요하다. 효와 조상 숭배를 통해 돌아가신 부모와 살아남은 자식과의 유대가 지속된다고 보았다.

위에 말한 것은 동아시아 사람이라면 특별한 종교에 관계없이 모두 알고 있고, 그대로 따르려고 힘쓰는 것들이다. 이제 구체적으로 유교와 도교에 대해 알아보자.

▪ 공자 ▪

공자의 출생

유교는 일반적으로 공자孔子(기원전 551년~기원전 479년)가 창시했다고 알려져

1687년 파리에서 출간된 『중국인 철학자 공자와
중국 학문Confucius Sinarum Philosophus, sive Scientia Sinensis』에 수록된
공자의 모습을 담은 삽화.
이 책은 예수회 신부 필립 쿠플레의 선교 보고서이자,
『논어』·『대학』·『중용』의 기존 번역과 주석을 엮은 책이다.

있지만, 유교 전통은 공자 시대에 갑자기 나타난 것이 아니다. 공자 자신도 겸손하게 '술이부작述而不作'이라 하여 옛날부터 내려오던 것을 그대로 전수할 뿐 새롭게 창작한 것은 없다고 했다. 요·순의 임금으로부터 문왕과 주공을 통해 내려오는 가르침을 전수하는 사람일 뿐이라는 뜻이다. 그러나 분명 공자는 '창조적 전수자'였다. 그때까지 내려오던 전통이 공자에 의해 집대성되어 완전히 새로운 모습으로 태어난 것이다. 그런 의미에서 공자를 유교의 창시자로 보는 것이다.

'공자'를 영어로 Confucius라고 하는데, 공부자孔夫子의 라틴어식 표기다. 이 이름을 따서 서양에서는 유교를 'Confucianism'이라고 한다. 초대 중국에 온 예수회 선교사들이 중국 사상가의 이름을 모두 라틴어식으로 옮겼는데, 그 후 모두 중국 발음으로 다시 바꾸었지만 공자와 맹자Mencius만은 라틴어식 이름을 그대로 가지고 있다. 공자의 본래 이름은 공구孔丘이다. '구'는 언덕이라는 뜻인데, 이마가 언덕처럼 튀어나왔기 때문이라고 한다. '공자'라는 이름에 들어간 '자子'는 공자, 노자, 맹자의 경우와 마찬가지로 위대한 스승을 일컫는 말이다.

『논어論語』에 "내가 열다섯에 학문에 뜻을 두고, 삼십에 일어서고, 사십에 흔들림이 없어지고, 오십에 하늘의 뜻을 알게 되고, 육십에 하늘의 뜻을 쉽게 따를 수 있게 되고, 칠십에 하고 싶은 바를 해도 올바름에서 벗어나지 않게 되었다"(「위정」편, 4)[2]고 했는데, 이는 그의 삶을 집약하는 말이다. 한대漢代 사마천이 기록한『사기』 47장과 기타 문헌에 따르면 공자는 춘추전국 시대 노나라에 지금의 산동성 곡부曲阜(중국어 발음은 츄후)에서 태어났다. 세 살쯤에 아버지는 죽고 어머니가 아들을 홀로 키웠다. 19세 때 결혼해서 아들 하나와 딸 하나나 둘을 얻었다. 딸은 공자보다 먼저 죽고, 아들은 대를 이어 지금 79대가 대만에 산다. 공자는 19세쯤 관리로 일했는데, 23세에 어머니가 죽어 3년 동안 곡을 하느라 관리직에서 물러났다. 26세쯤 다시 공직을 잡았지만 무엇이었는지 분명하지 않다. 아마 선생님으로 일하지 않았을까 짐작된다.

전설에 따르면 37세에 당시 주나라 수도에 가서 주나라 문화에 깊은 감명을 받았다. 거기서 도서를 관장하던 노자老子를 만났는데, 노자가 공자를 보고 "그대의 건방진 태도와 욕망을 버리고, 겉치레와 감각적 취미를 멀리 하시오. 그대에게 도움이 되지 않는 것이오"라고 하였다. 공자는 밖으로 나와 제자들에게 "새는 날다가 화살을 맞고, 고기는 헤엄치다 낚시에 걸리고,

산동성 곡부에 있는
공자의 무덤.

짐승은 달리다가 덫에 걸리지만 용은 바람과 구름을 타고 하늘에 오른다. 오늘 나는 노자를 만났는데, 얼마나 위대한 용인가!" 하고 말했다 한다. 노자의 꾸지람을 듣고도 노자를 용으로 본 공자의 대인다운 풍모를 드러내는 이야기가 아닐까?

50세쯤에는 노나라에서 법무장관이나 재상 비슷한 벼슬에 올라 2~3년 성공적으로 임무를 수행했는데, 임금이 이웃 나라에서 보낸 미인계에 넘어가 공자의 간언을 듣지 않고 정사를 게을리 하므로 할 수 없이 그 자리에서 물러났다. 그 후 14년 동안 제자들과 함께 여러 나라를 다니며 생각을 펴다가 68세쯤 다시 노나라로 와서 가르치는 일과 글쓰기에 전념하다가 72세에 죽어 지금의 산동성 곡부에 있는 공림孔林에 묻혔다. 필자가 1983년에 방문했을 때 무덤에 잔디가 벗겨져 쓸쓸한 마음을 금할 수 없었는데, 지금은 잘 손질되었으리라 생각한다. 여기서 한 가지 기억해야 할 것은 이런 전기가, 고대 성현의 전기가 거의 그렇듯 철저한 역사학적·과학적 고증을 거친 '사실史實'은 아니라는 점이다.

『논어』와 사서오경

공자가 죽은 다음 그의 말, 제자들과 나눈 대화, 제자들의 말을 모아서 엮은 책이 『논어論語』이다. 영어로 *The Analects of Confucius*라고 번역한다. 공자와 제자들의 사상을 가장 잘 말해

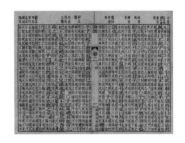

주는 자료로서, 동아시아에서 노자의 『도덕경』과 함께 가장 중요한 책으로 인정받는다. 『논어』는 훗날 『대학大學』, 『중용中庸』, 『맹자孟子』와 함께 유교 가르침의 바탕을 이루는 '사서四書' 중 하나가 되었다.

유교 전통에서는 『논어』 외에 공자가 편집했다고 믿는 『서경書經』, 『시경詩經』, 『예기禮記』, 『역경易經』, 『춘추春秋』 다섯 권을 '오경伍經'이라 하여, 사서와 함께 '사서오경'이라 한다.

공자의 기본 가르침

| **정명** 공자의 가르침을 한두 마디로 요약할 수는 없다. 여기서는 가장 중요하다고 생각되는 몇 가지를 택해서 생각해 보는 것으로 만족할 수밖에 없다. 첫째가 '정명正名'이다. 공자는 주나라의 중앙 집권 세력이 약해지면서 여러 개의 나라로 갈라져서 서로 싸우던 이른바 춘추전국春秋戰國 시대 사람이다. 공자뿐 아니라 당시 의식 있던 사람이라면 누구나 혼란한 사회 질서를 바로 잡을 방법을 생각했을 것이다. 제각기 나름대로의 해결책을 들고 나왔다. 공자도 이렇게 해결책을 제시한 이른바 '제자백가諸子百家' 중 한 분이었다.

공자가 들고 나온 해결책에서 가장 두드러진 것이 '정명'이다. 정명이란 '이름을 바르게 함'을 뜻한다. 당시 사회·정치적 혼란은 군주가 군주 노릇을 못하고, 신하가 신하 노릇을 못하고, 아버지가 아버지 노릇을 못하고, 아들이 아들 노릇을 못하기 때문이라는 것이다. 신하가 신하 노릇을 하지 않고 임금이 되려는 것이 대표적인 예다. 따라서 누구나 주어진 이름에 맞도록 바르게 행동하면 문제가 해결될 것이라고 보았다. "임금은 임금이 되고, 신하는 신하가 되고, 아버지는 아버지가 되고, 아들은 아들이 되라"(『논어』「안연」편. 11)[3]고 했다.

| **인**   인仁은 『논어』에서 가장 많이(105번) 나오는 글자이다. 우리말로 '어질' 인이라고 하므로 '어짊'이라 번역해야겠지만, '어짊'이 구체적으로 무엇을 말하는가? '어지러움'은 아닐 것이고 그 뜻이 명백하지 않다. 영어로도 'human heartedness, benevolence, goodness, love' 등 여러 가지로 번역한다. 한문으로 보면, 人과 二를 더한 것이다. '두 사람이 관계를 맺을 때 있어야 할 도덕적 특성' 혹은 '한 사람이 다른 사람을 고려하는 마음'이라 풀이할 수도 있다. 아무튼 사람에게 '인'이 없으면 사람이라 할 수 없을 정도로 사람을 사람답게 해 주는 요소이다. 그런 의미에서 '사람됨'이라 번역할 수 없을까? 영어로도 'humanity'라는 번역을 선호한다.

'인'은 한마디로 정의할 수 없다. 제자가 공자에게 인이 무엇이냐고 물으면 그때마다 공자의 대답이 달랐다. 인을 '직直'과 '예禮'로 설명하는 경우를 보자. 인에는 두 가지 요소가 있는데, 하나는 '솔직함(直)'이고 다른 하나는 '예의바름(禮)'이다. 솔직함이란 자신이나 남을 속이지 않고 마음을 거짓 없이 그대로 표현하는 것이다. 그러나 솔직하더라도 남에게 실례가 되어서는

안 된다. 그렇다고 예만 떠받들어서도 곤란하다. 솔직함이 지나치면 조야(野)하고 예가 지나치면 좀생이(史)처럼 되므로 둘을 균형 있게 유지해야 인이라 할 수 있다. 물론 '인'이 무엇이냐고 물어 보면 솔직함이 지나친 사람에게는 예가 인이라고 할 것이고, 예가 지나친 사람은 솔직함이 인이라 할 것이다. 이처럼 인이란 그때그때 정황에 따라 내용이 달라질 수밖에 없지만, 사람이 참으로 사람답기 위해 갖추어야 할 필수 덕목이라는 점에는 틀림이 없다.

| **의** '의義'는 '이利'와 대조를 이루는 덕목이다. 보통 사람은 무슨 일을 할 때 그것이 나에게 이익이 되는지 따지는데, 군자는 그것이 "옳은 일인가?" 물어 보고 옳은 일이라고 생각되면 이익이 올지 말지 결과와 상관없이 그대로 추진한다. 이것이 바로 '의'를 추구하는 태도이다. 공자는 "군자는 의에 밝고 소인은 이에 밝다"(『논어』 「헌문」편, 41)[4]고 했고, 공자 자신도 옳은 일이라면 '성공할 수 없는 것을 알면서도 계속하려는 사람'이라는 평가를 받았다.

의에 대한 이런 태도는 독일 철학자 칸트Immanuel Kant(1724년~1804년)의 '단언명령斷言命令(categorical imperative)'이라는 개념을 연상케 한다. 칸트는 '공부를 열심히 하라. 그러면 성공할 것이다'라와 같이 결과를 가정한 명령을 '가언명령假言命令(hypothetical imperative)'이라 하고, 이에 반해 결과와 상관없이 순수이성에 따라 반드시 지켜야 할 명령을 '단언명령'이라고 했다. "사람의 인격을 언제나 목적으로 대하고 수단으로 대하지 말라"처럼 보편적 원칙에 따르는 절대적인 명령을 말한다. 공자도 칸트도 어느 의미에서 "Do for nothing(뭘 바라고 하지 말라)"의 원리를 이야기하고 있는지 모른다.

| **충과 서**　인이나 의가 구체적인 인간관계에서 나타날 때 충忠과 서恕가 된다. 충은 적극적으로 다른 사람을 생각하는 마음이다. 이에 반해 서는 다른 사람에게 폐를 끼치지 않겠다는 마음, 곧 "자신이 바라지 않는 것을 남에게 하지 말라"(『논어』 「위령공」 편. 23)[5]는 것이다. 이것은 "남에게 대접을 받고자 하는 대로 너희도 남을 대접하여라"라는 예수의 말, 이른바 황금률과 비교할 수 있다.[6]

이 밖에도 '하늘'이라든가 '귀신' 같은 종교적인 것에 대한 언급을 『논어』 여기저기에서 발견할 수 있다. 그러나 이런 것에 대한 공자의 기본 태도는 "사람도 잘 섬기지 못하는데 어찌 귀신 섬기는 일을 이야기하겠는가?" "이 생도 알지 못하는데 어찌 죽음을 알 수 있겠는가?"(『논어』 「선진」 편, 12)[7]와 같은 구절에 잘 나타나 있다. 공자는 "괴상한 것(怪), 마술(力), 난잡한 것(亂), 신 같은 것에 대해 이야기하지 않았다"(『논어』 「술이」 편, 21)고 말한다. 이런 태도는 회의주의나 불가지론으로 여길 수도 있겠지만, 그보다는 우리 삶에서 무엇보다 먼저 '지금 여기'를 중요하게 생각하라는 뜻으로 받아들일 수 있다. 말하자면 실존주의에서 주장하듯, "실존이 본질에 우선한다"는 말과 비슷하다고 할까.

▪ 맹자 ▪

맹자의 위치

공자의 가르침에 반대하고 나온 사람들이 있었다. 모든 사람을 똑같이 사

맹자의 초상(위)과 등나라 문공과
함께 걸어가는 모습(아래).
문공은 맹자의 왕도정치 사상을
실천한 왕으로 전해진다.

랑해야 한다는 겸애설兼愛說을 들고 나온 묵자墨子(약 기원전 468년~기원전 390년)와 무슨 일이 있어도 나의 즐거움을 희생할 수 없다는 쾌락설快樂說을 강조한 양주楊朱(약 기원전 440년~기원전 360년)였다. 그러나 맹자孟子(약 기원전 371년~기원전 289년)가 나타나 이들의 사상을 논박하고 공자의 사상을 널리 펴고 계승하는 데 크게 공헌했다. 맹자는 공자가 죽은 지 100년 후에 태어났으므로 직접 배운 제자는 아니었다. 공자의 손자 자사子思에게서 배웠지만, 자신의 사명이 공자의 가르침을 펴는 일이라고 생각했다. 그렇다고 물론 맹자가 공자의 가르침을 그대로 되풀이한 것만은 아니다.

맹자 자신도 훌륭한 가르침을 남겼는데, 그것은 그의 책『맹자』에 실려 있다. 『맹자』는 그가 여러 사람을 만나 생각을 펴는 이야기를 담은 것이다. 첫 장에 보면 그가 양혜왕梁惠王을 찾아가 나눈 이야기가 나온다. 양혜왕은 맹자를 보고 "이렇게 불원천리하고 찾아오셨으니 우리 나라에 이로움을 주시겠지요"라고 했다. 맹자는 이에 대답하여, "왕께서는 어찌하여 이로움을 이야기하십니까? 제가 말씀드리려는 것은 인의仁義밖에 없습니다. 왕께서 어떻게 내 나라를 이롭게 할까 하시면 대부들은 어떻게 내 집을 이롭게 할까 하고 서민들은 어찌 내 한 몸을 이롭게 할까 하여 나라는 온통 아래위로 이
利를 빼앗는 것으로 위태로워질 것입니다. …… 그러니 왕께서는 인의만을
말씀하실 일이지 어찌 이로움을 이야기하십니까?" 하고 말했다.

맹자는 왕이 천명을 잃고 백성에게 강권을 행사하면 왕이 아니라 패霸로
서 이런 '패권'을 잡은 이를 죽이는 것은 왕을 죽이는 것이 아니라 잡배를
죽이는 것과 같다는 식으로 '혁명'을 옹호하는 듯한 이론을 비롯하여 여러
사회 · 정치적 가르침을 남겼다. 여기서는 종교 사상을 중심으로 핵심적인
것 두어 가지만 살펴본다.

맹자의 기본 가르침

| **성선설**　　많은 사람에게 '맹자'하면 떠오르는 것이 '맹모삼천지교'와 '성선
설性善說'일 것이다. 맹모삼천지교란 맹자의 어머니가 아들에게 좋은 환경을
마련해 주기 위해 공동묘지 옆, 시장 옆, 학교 옆으로 세 번 이사를 갔다는
이야기다.

성선설은 인간의 본성이 본래 착하다는 주장이다. 주장의 근거로 맹자는
우물에 빠지려는 아이 이야기를 꺼낸다. 갑자기 어린 아이가 우물에 빠지
려 하면 아무리 나쁘다고 하는 사람이라도 놀라며 뛰어 가서 아이를 구하
려 할 것이다. 이렇게 하는 것은 아이의 부모로부터 무슨 대가를 얻어내려
는 것도 아니고 친구들의 칭찬을 받으려는 것도 아니고 구하러 가지 않았
을 경우의 비난이 무서워서도 아니다. 모든 사람에게 남의 고통을 보고 '견
딜 수 없는 마음(不忍之心)'이 있기 때문이고, 이로 미루어 인간의 본성은 본
래 선하다는 것이다.

성선설을 좀더 부연한 것이 이른바 사단四端이다. 인간이면 누구나 사지四

맹모삼천지교를 묘사한 그림이다.

肢를 가지고 태어나는 것과 마찬가지로 '사단', 곧 네 가지 끝 혹은 단서를 가지고 태어난다는 것이다. 그 네 가지 끝이란 '첫째로 측은히 여기는 마음, 둘째로 실수를 미워하고 부끄러워하는 마음, 셋째로 사양하는 마음, 넷째로 옳고 그름을 가리는 마음'이다. 인간이 천부적으로 가진 '가능성'을 이야기한다고 할 수 있다. 이런 네 가지 가능성을 계발하면 인의예지仁義禮智 네 가지 덕성이 형성되고 이를 극대화하면 성인의 경지에 이를 수 있다고 보았다.

소크라테스의 '산파술'과 비슷하다. 산파술이란 학생을 가르칠 때 지식을 주입하는 것이 아니고 산파가 아기를 받아내듯이 "학생 속에 이미 있는 가능성을 의식하게 하는 것"을 말한다. 영어의 교육을 뜻하는 'education'도 'e+ducare' 곧 '밖으로 끌어내다'라는 뜻이다. 아이 속에 이미 있는 것을 계발하는 것이 교육이란 뜻인가? 마치 대리석을 가지고 '절차탁마切磋琢磨'하여 그 속에 있는 형상을 끄집어내는 것과 같다. 그런 의미에서 교육은 절차탁마가 아닌가.

| **호연지기**   맹자는 인성 계발을 극대화하면 하늘을 알 수 있게 될 뿐 아니라, 하늘과 하나가 될 수 있다고 했다. "모든 것이 우리 속에 완전히 갖추어져 있다"(『맹자』「진심 상」편)고 했다. 어떻게 하면 하늘과 하나가 될 수 있는가? 우리가 가진 이기심을 줄이라고 한다. 이기심을 줄이고 줄여 나와 다른 사람과의 구별이 없어지고, 드디어 나와 우주와의 구별마저 없어지는 경지에 이르면 결국 나는 우주와 하나인 상태가 된다. 이런 사람은 인간의 가능성이 도달할 수 있는 최고의 경지에 이른 것이다. 이렇게 탁 트이고 자유스런 경지에 이른 사람이 바로 '호연지기浩然之氣'를 가진 사람, 완전한 자유인이다.

맹자는 인간이란 근본적으로 누구나 이런 경지에 도달할 가능성을 가지고 있다고 믿었다. 그래서 그는 길거리에 있는 사람들이 모두 요임금, 순임금이라고 보았다.(『맹자』「고자 하」편)

▪ 순자 ▪

기본 가르침

공자의 정신을 이은 사람들 중 맹자가 이상주의 쪽에 가깝다면 그 반대로 현실주의에 가까운 이는 순자荀子(약 기원전 298년~기원전 238년)이다. 순자는 '성악설性惡說'로 유명하다. 인간의 본성은 본래 악한데, 인간은 자라면서 엄격한 훈련을 통해 선한 성품을 키우고 얻어야 한다는 주장이다.

순자의 초상.

순자에 따르면, 인간의 본성은 악하지만 그래도 무엇이 선하고 바른지를 알 수 있는 지적 능력이 있다. 이 능력을 발휘해서 선한 일을 하도록 노력하면 이렇게 축적된 노력이 습관처럼 되고, 그것이 다시 자연스런 선행으로 이어질 수 있다. 따라서 길거리를 가는 모든 사람이 결국 성왕인 우왕이 될 수 있다고 보았다. 이런 가능성을 실현하는 데 필요한 가장 중요한 수단은 개인의 욕망을 통제할 수 있는 사회적 조직과 스스로 그런 욕망을 제한하기 위해 필요한 예禮다.

순자의 생각은 진시황秦始皇 정권의 정치 이념으로 채택되었지만 단명한 진나라의 멸망과 함께 더 영향력을 발휘하지 못하다가 수천 년이 지나 모택동이 좋아하는 사상으로 다시 각광을 받기도 했다.

성선설과 성악설

맹자의 성선설과 순자의 성악설 중에 어느 것이 옳을까? 물론 앞에서도 지적한 것처럼 중국 역사에서 순자의 성악설을 채택한 것은 극히 짧은 동안이었고 대부분 맹자의 성선설을 정설로 받아들였다. 우리는 어느 쪽 손을 들 수 있을까? 요즘 많은 심리학자는 인간의 '본성'이 단일하거나 균질하지 않다고 본다. 이를 받아들이면 맹자는 인간의 '본성' 중 밝은 쪽을, 순자는 어두운 쪽을 강조한 것이라 풀이할 수 있겠다. 중요한 것은 그들이 왜 이런 주장을 했느냐이다. 둘 모두 인간이 소인배의 상태에서 군자나 성인으로 '변화'하기를 바라서였다. 단 그렇게 되도록 하는 방법이 달랐다고 생각된다. 아이를 피아니스트가 되도록 하는데, 맹자는 "너는 피아노에 소질이 있으니 최선을 다해 훌륭한 피아니스트가 되라"고 타이르고, 순자는 "우리 모두와 마찬가지로 너도 천성이 게으르니 정신 차리고 열심히 연습해서 위대한 피아니스트가 되라"고 경고하는 셈이 아닐까. 물론 현대 교육자들은 맹자의 방법을 선호한다.

· 신유학 ·

한대漢代 이후 당대唐代까지는 불교나 도교가 성행해서 유교가 별로 빛을 보지 못했다. 그러다가 송대宋代(960년~1279년)에 들어오면서 일종의 유교 부흥 운동이 일어났는데, 이를 근래에 와서 학자들이 '신유학新儒學(Neo-

중국 강서성에 위치한 백록동서원은 남송 때 주희가 학문을 가르친 곳으로 유명하다.
서원의 춘풍루 앞에는 주희 동상이 세워져 있다.

Confucianism)'이라고 한다. 신유학은 사실 고전 유학의 부흥만이 아니라 그동안 성행했던 불교와 도교 사상을 포함하여 중국 전통 사상 전체를 아우르면서 나름의 새로운 사상을 체계화한 일종의 거대한 사상적 종합 체계라 할수 있다. 신유학을 전통적으로 '성학聖學'이라고 하는데, 성인에게서 온 가르침이라는 뜻도 있지만 성인이 되기 위한 배움이라는 뜻이 더욱 강하다.

신유학파는 크게 정호(1032년~1085년) · 정이(1033년~1108년) 형제와 주희朱熹(朱子, 1130년~1200년)로 대표되는 '이학理學'파와 육상산(1140년~1225년)과 왕양명王陽明(1472년~1529년)으로 대표되는 '심학心學'파 둘로 나뉜다. 이학을 주자학朱子學이라 하고 심학을 양명학陽明學이라고도 한다. 명대 말기에서 청대에는 이학과 심학의 번쇄한 이론보다는 실천적인 지식을 강조하는 실학實學파가 등장하기도 했다.

신유학은 성인이 되는 길을 가르쳐 주는 문헌으로 『대학』을 중요시하는데, 성인이 되기 위한 수단으로 여덟 가지 단계, 곧 격물格物(사물을 궁구함) ·

치지致知(앎의 정도를 극대화함) · 성의誠意(뜻
을 성실히 함) · 정심正心(마음을 바르게 함) ·
수신修身(인격을 도야함) · 제가齊家(집안을 꾸
림) · 치국治國(사회를 지도함) · 평천하平天下
(세계에 평화를 가져옴)를 이야기한다.

왕양명의 초상.

　그런데 두 학파는 처음 단계인 '격물'
에 대한 해석이 달랐다. 사물을 궁구하는
것을 두고 이학파는 여러 사물 속에 일
관되게 있는 '이理'를 찾아내는 것이라고
생각했고, 심학파는 내 마음이 곧 이이므
로 내 마음을 살피는 것이라고 했다. 두
학파 모두 이렇게 사물이든 내 마음이든 오랜 기간 깊이 추구하면 결국에
는 밝음(明)이나 깨침을 얻고, 이런 경지에 이른 사람이 궁극적으로 세계에
평화를 가져온다는 주장은 같았다.

　한국에서는 조선 시대에 주희의 성리학性理學이 주류를 이루었고, 심학파
는 빛을 보지 못했다. 조선조 유학의 대가 이퇴계李退溪(1501년~1570년)나 이
율곡李栗谷(1536년~1584년)은 다 같이 이학파 학자들로서 그 테두리 안에서
이理와 기氣의 관계를 논하고 밝혔다.

· 유교의 오늘 ·

한대漢代에 들어오면서 공자를 위한 사당인 공묘를 짓고, 그 안에 그의 상을

경상북도 안동에 있는 도산서원은
퇴계 이황이 세상을 떠난 후 그의 제자들이 건립했다.

모시고 정기적으로 제사를 지내는 등, 한때 공자가 숭배의 대상이 되기도
했다. 물론 서양 종교의 신처럼 신격화된 것은 아니다. 공자에 대한 생각은
시대에 따라 달랐는데, 근대에 오면서 '만세사표萬世師表'로 표현하는 등 위
대한 스승으로서의 면모를 강조하는 경향이 강해졌다.

　서양 문물이 동양에 전해지면서 유교가 이를 수용하고 대처하는 역할을
충분히 수행하지 못했다. 그 결과 서양에서 발생한 공산주의가 1949년 중
국 본토를 지배하게 되고, 그때까지 공자에게 드리던 제사가 금지되었다.
그 후 1966년에 시작한 문화혁명 당시에는 공자가 극심한 비판의 표적이
되어 공묘에 있던 공자상이 파괴되기도 했다. 필자가 1983년에 공묘를 방

문했을 때 공자상을 다시 복원하는 작업을 진행하고 있었고, 곡부에 있던 공자 연구소 소장의 말에 따르면 공자를 중국 역사에 큰 영향을 준 사상가로 인정하고 연구한다고 하였다.

한국에서는 물론 조선 시대를 통해 공자를 성인으로 모셨고 지금도 유교를 받드는 사람들에 의해 성인 대접을 받는다. 조선 시대 유학자들은 만주족이 세운 청나라보다 우리나라가 유교를 더욱 정통으로 유지 발전시키고 있다는 자부심을 가졌다. 조선의 종말과 함께 정부가 후원하는 제도로서의 유교는 없어졌다. 그러나 중국이나 일본에 비해서 한국은 의식적이든 무의식적이든 유교가 국민의 삶에 가장 큰 영향을 끼치는 나라라 할 수 있다. 2001년 가을, 퇴계 탄생 500주년 기념행사와 관련하여 대구 계명대학교와 안동 퇴계 연구소에서 개최한 두 번의 성대한 국제학술회의에 필자도 참석했는데, 이런 것도 현재 유교가 한국에서 차지하는 위치의 일면을 보여 주는 좋은 예가 아닌가 하는 생각을 하였다.

읽으면 좋을 책

- 금장태. 『유학사상의 이해』 집문당, 1996.
- 김승혜. 『유교의 뿌리를 찾아서』 지식의풍경, 2001.
- Berthrong, John H. *Transformations of the Confucian Way*. Boulder, CO: Westview Press, 1998.
- Ching, Julia. *Chinese Religions*. London: Macmillan, 1993.
- Creel, H. G. *Confucius and the Chinese Way*. New York: Harper, 1960.
- Fung, Yu-lan. *A Short History of Chinese Philosophy*. New York: Macmillan, 1958.
  (한국어 판) 정인재 옮김. 『중국철학사』 형설출판사, 1998, 한문판 2000.

도교

Taoism

동양 사상 전통에서 유교, 불교, 도교가 정신적 기둥이었다. 그 중에서 특히 유교와 도교는 대칭을 이루는 양대 산맥과도 같았다. 윤리와 실천을 강조하는 유교가 양陽에 해당한다면 좀더 신비한 내면을 강조하는 도교는 음陰에 해당한다고 볼 수 있다. 두 사상 전통은 서로 보완 관계를 유지하면서 동양 사회의 정신적 필요에 부응했다.

　'도교道敎(Taoism)'는 엄격하게 따져서 두 가지를 의미한다. 하나는 도가道家 사상이요 다른 하나는 도교道敎 신앙이다. 도가 사상은 정신적으로 누릴 수 있는 절대 자유와 초월을 추구하고, 이와 대조적으로 도교 신앙은 육체적으로 불로장생하는 것을 기본 목적으로 한다. 도가 사상은 노자老子와 장자莊子의 사상을 중심으로 하는 사상 체계이므로 후대에 와서 '노장 사상'이라 한데 묶여 불리기도 했다. 도교 신앙은 기원후 2세기경 장도릉張道陵(약 34년~156년)이 세운 종교 집단을 일컫는다. 여기서는 노자와 장자의 사상을 좀 자세하게 살피고, 도교는 그 역사적 문맥만 짚고 지나가기로 한다.

· 노자 ·

노자와 『도덕경』

노자는 전통적으로 기원전 570년에 태어났다고 알려져 있다. 어머니가 별똥이 떨어지는 것을 보고 임신한 후 82년이 지나 태어났는데, 태어난 아기의 머리는 뱃속에 오래 있어서 이미 늙은이처럼 하얗게 되었고, 이 때문에 노자, 곧 '늙은 아이'라는 이름이 붙었다는 전설이 있다. 물론 노자는 '존경스러운 스승'이라는 뜻의 존칭일 수도 있다. 한漢의 역사가 사마천이 『사기史記』에서 노자가 누구였는지 여러 이설을 들고, 주나라에서 도서를 관장하던 이이李耳라고 결론을 내렸다.[1]

노자가 나이 들어 사회에 환멸을 느끼고 "서쪽으로 갔다"는 기록이 남아 있다. 후대에는 이 기록에 따라 그가 인도로 갔으리라 해석하는 사람도 있었다. 『사기』에 따르면, 노자가 서쪽으로 가다가 함곡관이라는 재를 넘게 된다. 재를 지키던 사람 윤희는 전날 밤 꿈에 한 성인이 물소를 타고 재로 오는 것을 보았는데, 노자를 보고 분명 꿈에 점지 받은 성인이 틀림없다고 생각했다. 왜 세상을 등지려 하느냐고 말렸지만 쓸데없음을 깨닫고, 그러면 후세를 위해 글이나 좀 남기고 가시라고 간청했다. 노자는 이 간청에 따라 3일 동안 머물면서 간단한 글을 남겼는데, 그것이 바로 지금의 『도덕경道德經』 5,000자라고 한다.[2]

물론 현대 학자들은 이런 말을 곧이곧대로 믿지 않는다. 글의 성격이나 구성이나 나타난 사상 등으로 보아 어느 한 사람이 한 자리에 앉아서 쓴 글일 수가 없기 때문이다. 학자들 중에는 이런저런 이유로 노자의 『도덕경』이 『장자』보다 오히려 더 늦게 나타났을 거라고 보는 사람도 있다. 이런 문헌

명나라 후기 화가 장로가 16세기경에 그린 〈노자기우도(老子騎牛圖)〉.

사적 문제가 지금 우리에게 그렇게 중요한 것은 아니다. 중요한 것은 그 책이 동아시아 사상사에 끼친 영향력, 그리고 그 책에서 찾을 수 있는 깊은 사상이다.

1940년대 동양 사상을 서양에 소개하는 데 크게 기여한 임어당林語堂은 "전체 동양 문헌 중에 어느 책보다 먼저 읽어야 할 책이 있다면 그것은 바로 노자의 『도덕경』이라 생각한다"라는 말을 했다. 이 책이 쓰이지 않았다면 중국 문명이나 중국인의 성격이 완전히 달라졌을 거라고 단정하는 사람도 있다. 우리가 의식하든지 못하든지 『도덕경』에 나타난 사상은 중국·한국·일본 등 동양인의 마음을 움직여왔고, 또 종교·철학·예술·정치의 밑바탕에 자리 잡고 있다.

사실 『도덕경』은 근래 서양 사람들에게도 널리 읽히는 책이다. 나온 영어 번역만 해도 100종이 훨씬 넘는다. 서양에서 1788년 라틴어로 번역된 이후 여러 말로 번역된 것을 헤겔, 하이데거, 톨스토이 등 철학자나 사상가들이 많이 읽고 영향 받았음은 널리 알려진 사실이다. 현재 대학에서도 도가 사상을 수강하는 학생이 많을 뿐 아니라, 환경 문제나 여성 문제 등에 관련된 사람도 『도덕경』에 나타난 세계관이나 자연관, 여성관에 크게 관심을 보인다.[3]

『도덕경』의 가르침

『도덕경』은 '도덕'이라는 글자 때문에 상식적으로 생각하는 '도덕'이나 '윤리'를 가르치는 책으로 오해하기 쉽지만 사실은 '도와 덕에 관한 경'이다. '도'는 무엇이고 '덕'은 무엇인가?

『도덕경』 제1장 첫 문장에서 "'도'라고 할 수 있는 '도'는 영원한 '도'가 아닙니다"[4]라고 했다. 도는 정의되거나 논의될 성질의 것이 아니라는 뜻이다. 그러나 나름대로 이해해 보면, 영어로 "The Way things are"라 할 때 그 'The Way'와 비슷한 것이라고 하면 어떨까. 우주와 그 안의 모든 것이 그러하도록 하는 근원 혹은 기본 원리를 말하는 것이라 생각할 수 있다. 제1장은 그것이 '신비 중의 신비요, 모든 신비의 문'이라는 말로 끝낸다.

『도덕경』 여기저기에서 도에 대한 언급이 거듭된다. 예를 들면 제25장에 보면 "분화되지 않은 완전한 무엇, 하늘과 땅보다 먼저 있었습니다. 소리도 없고, 형체도 없고, 무엇에 의존하지도 않고 변하지도 않고, 두루 편만하여 계속 움직이나 (없어질) 위험이 없습니다. 가히 세상의 어머니라 하겠습니다"라고 했다. 제42장에도 "도가 '하나'를 낳고, '하나'가 '둘'을 낳고, '둘'이 '셋'을 낳고, '셋'이 만물을 낳습니다"라고 했다. 도는 만물의 근원, 존재의 근거라는 뜻이다. 『도덕경』의 용어를 따르면 모든 '유有'와는 너무도 다르므로 '무無'라고 할 수밖에 없고, 요즘 말로 고치면 보통 '존재being'와는 너무나 다르므로 '비존재non-being'라고 할 수밖에 없다. 보통 말로 '궁극 실재ultimate reality'라 할 것이다. 그러나 궁극적으로 도의 본질에 관한 논의는 불가능하다. 제56장에 언명한 대로 도에 대해 진정으로 "아는 사람은 말하지 않고, 말하는 사람은 알지 못한다".[5]

『도덕경』에서는 '도'에 대해 왈가왈부하는 대신 그 작용을 살피고 거기에 맞추어 살면서 '덕德'을 보라고 가르친다. '덕'은 이런 의미에서 '힘'이다. 또 '덕'은 '득得'과 같은 뜻으로서 도와 더불어 살면 '득'이 된다는 의미다. 도가 이렇게 저렇게 작용하니까 거기에 맞추어 사는 것이 득이라고 말한다. 인간에게 이상적인 삶이란 결국 도에 맞추어, 도와 함께 살아가는 것, 도와 함께 흐르고, 도와 함께 춤추는 것이다. 이렇게 살기 위해 어떻게 하여야 하

겸재 정선의 〈고사관폭〉. 1743년경에 그린 것으로, 한 권의 책과 거문고,
대자연과 하나가 되어 자유를 만끽하는 고사 한유를 묘사했다.

는가? 도의 작용이나 원리를 체득하고 그대로 따르면 된다. 몇 가지만 예로 든다.

| **되돌아감** 제40장에 "되돌아감(反·還·復)이 도의 움직임"[6]이라고 했다. 만물을 보라. 달도 차면 기울고, 밀물도 어느새 썰물이 되고, 낮이 밤이 되고 밤이 낮이 된다. 이 모든 것은 어느 한 쪽으로 가다가 극에 달하면 다른 쪽으로 가는 도의 원리에 따르는 운동이다. 인간사도 새옹지마이니 삶의 오르막길이나 내리막길에서 느긋한 마음, 의연한 태도로 대하는 것이 득이요 덕이다.

| **함이 없음** '함이 없다(無爲)'고 하여 아무 하는 일도 없이 가만히 있다는 뜻이 아니라, 그 함이 너무나 자연스럽고 자발적이고 은은하여 보통의 '함'과 너무도 다른 '함', 그래서 '함'이라고 할 수도 없는 '함'이다. 도가 이렇게 '함이 아닌 함'[7]의 원리이므로 우리 인간도 "인위적 행위, 과장된 행위, 계산된 행위, 쓸데없는 행위, 남을 의식하고 남 보라고 하는 행위, 자기 중심적 행위, 부산하게 설치는 행위, 억지로 하는 행위, 남의 일에 간섭하는 행위, 함부로 하는 행위 등 일체의 부자연스런 행위"[8]를 버리고 자연스럽게 살아가는 것이 득이요 덕이다.

| **다듬지 않은 통나무** 도가 아무런 꾸밈이나 장식이 없는 자연 그대로의 '통나무(樸)'인 것처럼 "물들이지 않은 명주의 순박함을 드러내고, 다듬지 않은 통나무의 질박함을 품는 것, '나' 중심의 생각을 적게 하고 욕심을 줄이는 것"(제19장), "완전한 비움에 이르고 참된 고요를 지키는 것"(제16장)[9]이 덕을

보는 삶, 득이 되는 길이다. 행복은 욕망을 충족시키는 것과 비례해서 증대하는 것 같지만 욕망을 충족시켜 봐야 욕망이 더 커지므로, 오히려 욕망 자체를 줄이는 것이 효과적인 길이다.

| **하루하루 없앰**   어떻게 도의 길을 갈 수 있는가? 『도덕경』에 따르면, "학문의 길은 하루하루 쌓아 가는 것, 도의 길은 하루하루 없애 가는 것(日損). 없애고 또 없애서 함이 없는 지경에 이르십시오. 함이 없는 지경에 이르면 되지 않는 일이 없"(제48장)[10]다는 것이다. 우리가 도에 대해 가진 잘못된 선입견이나 지식을 버리면 도와 하나됨의 경지에 이르고, 이렇게 될 때 모든 인위적 속박에서 벗어나 자유를 누리게 된다고 한다.

『도덕경』은 도의 상징으로 물, 여인(여인 중에서도 어머니), 통나무, 계곡, 갓난아기 등을 들고, 이들이 도의 그러함을 가장 잘 보여 주고 있다고 한다. 예를 들어 물은 구태여 무슨 일을 하겠다고 설치는 것이 아니라 그대로 자연스럽게 흐르면서 모든 것의 필요에 응하고, 그러면서도 자기 공로를 인정받으려 하지 않는다. 그 '부드러움'으로 강함을 이기는 것이 도의 모습과 닮았다는 것이다. 노자의 가르침은 여러 면에서 "온유한 자는 복이 있나니"라고 한 예수의 가르침을 연상시키는 점이 흥미롭다. 『도덕경』은 본래 다스리는 자를 위한 지침서였지만, 그 가르침의 보편성과 깊이 때문에 많은 사람의 사랑을 받았다.

▪ 장자 ▪

장자와 『장자』

장자莊子의 생존 연대를 보통 기원전 369년~기원전 286년으로 본다. 이 연대를 받아들인다면 맹자(기원전 371년~기원전 289년)와 같은 때 사람이다. 그러나 장자도 맹자를 몰랐던 것 같고, 맹자도 장자를 몰랐던 것 같다. 그들의 책에는 상대방에 대한 언급이 없기 때문이다. 장자는 전국 시대 송나라 옻나무 밭에서 일했다고 한다.

'장자'는 그가 남긴 책을 의미하기도 한다. 현재 내편 7편, 외편 15편, 잡편 11편, 모두 33편으로 되어 있는데, 일반적으로 내편 7편만 장자의 글이고 나머지는 장자의 후학들이 장자의 이름으로 덧붙였을 것이라고 보는데, 물론 확실한 증거는 없다. 내편마저도 모두 장자의 저작인지 아닌지도 확실히 모를 일이고, 『도덕경』보다 후에 쓰인 건지 아닌지도 확실하지 않다. 그러나 이런 역사적인 배경과 상관없이 거기에 실린 사상이 '우주와 인생의 깊은 뜻'을 일깨워 준다는 사실에 주목해야 할 것이다.[11] 이 책은 유대인 철학자 마틴 부버나 앞에서 말한 실존주의 대가 하이데거에게도 영향을 주었고, 최근 서양에서도 많이 읽힌다.

장자의 가르침

『장자』는 이래라 저래라 하는 교훈적인 가르침이 거의 없다. 거의 전부가 이야기로 되어 있어 읽는 이가 나름대로 필요한 깨우침을 얻도록 되어 있다. 사실 장자는 무엇을 가르치기보다 우리가 가진 상식적 고정 관념, 이분법적 사고방식, 거기에 기초한 인습적 세계관이나 종교관의 내적 모순을 우리 스스로 살펴보고 타파하여 자유로운 삶을 살도록 도와줄 뿐이다.

제1편 첫머리는 북쪽 깊은 바다에 살던 곤이라는 물고기 한 마리가 변해 그 등 길이가 몇천 리인지 알 수 없을 정도로 큰 붕이라는 새가 되고, 그 붕새가 구만리나 되는 하늘 길에 올랐다(鵬程)는 이야기로 시작된다. 이것은 인간이 생래적으로 지닐 수밖에 없는 실존의 한계에서 벗어나 자유로운 존재로 초월할 수 있다는 가능성과 그 가능성을 실현한 사례를 말해 주는 상징으로서, 장자의 전체 사상을 집약한 것이라 볼 수 있다. 『장자』는 어느 면에서 인간의 해방을 선언한 책이다.

장자는 우리가 모두 '우물 안 개구리'라고 한다. 실재를 있는 그대로 보지 못하고 우리가 가진 조그만 구멍을 통해서 그릇되게 인식할 뿐이라는 뜻이다. 이것을 다른 표현으로 하면 '원숭이' 같다는 것이다. 원숭이를 기르는 사람이 원숭이에게 먹이를 아침에 세 개, 저녁에 네 개를 주겠다고 했다. 원숭이들이 화를 내었다. 그래서 앞으로는 아침에 네 개, 저녁에 세 개를 주겠다고 했다. 그랬더니 원숭이들이 모두 기뻐했다. 사물을 양쪽으로 볼 수 있는 '양행兩行'의 길을 터득하지 못했기 때문이다. 우리 인간도 마찬가지다. 사물의 양면을, 전체를 보지 못하고 일면을 절대화하므로 사소한 것을 가지고 희비하거나 목숨을 건다. 세상은 '나비의 꿈'이라는 장자의 이야기에서처럼 나비와 장자 사이에 거침이 없이 넘나드는 유동적 변화의 장이다. 사물의 진실을 더욱 깊이 볼 때 그만큼 더욱 자유스러워진다는 이야기다.

어떻게 해야 사물을 더욱 깊이, 있는 그대로 볼 수 있는가? 장자는 여러 이야기를 하지만, 결국은 우리가 지금 가진 일상적이고 상식적인 의식을 바꿔야 한다고 말한다. 그리하여야 '아침 햇살 같은 밝음(朝撤)'을 얻어 '하

어느 날 장주가 나비가 된 꿈을 꾸었다. …… 문득 깨어 보니 다시 장주가 되었다.
장주가 나비가 되는 꿈을 꾸었는지 나비가 장주가 되는 꿈을 꾸었는지 알 수가 없다.
장주와 나비 사이에 무슨 구별이 있기는 있을 것이다. 이런 것을 일러 '사물의 변화(物化)'라 한다.
―『장자』 제2편 「제물론」 32절

청대 말 화가 주양림의 〈호계삼소도(虎溪三笑圖)〉.
동진의 고승 혜원과 유학자 도연명과 도학자 육수정이 시냇가에서 함께 웃는다는
고사를 묘사한 그림이다. 유불도의 진리가 심층에서는 서로 통한다는 것을 상징한다.

나를 보는(見獨)' 체험이 가능하다. 장자가 되풀이하여 강조하는 '마음을 굶김(心齋)', '나를 잊어버림(吾喪我)', '앉아서 잊어버림(坐忘)' 등은 이렇게 일상적인 의식을 바꾸기 위한 구체적 방법이다. 이렇게 의식의 변화가 있게 되면 죽음과 삶마저도 초월하게 된다. 장자 스스로 자기 부인이 죽었을 때 장단에 맞추어 춤을 춘 것과 같다. 죽음과 삶이 두 가지 개별적인 것이 아니라 동일한 사물의 양면일 뿐임을 알게 되었기 때문이다. 이런 마음가짐을 갖춘 사람은 사회를 위해 일을 하더라도 효과적으로 할 수 있다고 하였다.

장자의 사상은 나중 당대唐代에 와서 선 불교를 꽃피우는 데 직접적인 계기가 되었다. 특히 9세기 유명한 선승 임제臨濟야말로 장자의 참된 계승자라 일컫는다. 선 불교는 사실 인도 불교를 아버지로 하고, 중국 도가 사

상을 어머니로 하여 태어났다고 해도 무방할 정도로 도가 사상에 크게 영향을 받았다.

▪ 민간 종교로서의 도교 ▪

일종의 민간 종교로서의 도교는 노자와 장자의 글을 인용하지만 그 목적은 노장 사상과 정반대라고 해도 과언이 아니다. 앞에서 지적한 것과 마찬가지로 도가 사상이 죽음과 삶의 문제에서마저도 초월하는 참자유를 추구하는 것에 반해 민간 종교로서의 도교는 육체적 생명을 최대한 연장하고 죽음을 맛보지 않는 육체적 불멸을 최고의 가치로 여기는 종교 전통이다. 이렇게 건강과 장수를 얻으려는 열망은 인간이 자의식과 더불어 생겨난 이후 계속 있어 왔지만, 중국에서 구체적인 운동이나 단체로 시작된 것은 2세기 동한東漢 사람 장도릉에 의해서다.

장도릉은 어릴 때 노자의 『도덕경』을 읽고 그 뜻을 터득한 다음 이어 오경과 기타 도참 서적을 섭렵했다. 시대가 험악하여 벼슬할 생각을 버리고 명산대천을 주류하며 도를 닦았다. 드디어 단약丹藥을 계발하고 사람들의 병을 고쳐주기 시작했다. 주위에 사람들이 모여들기 시작하자 지금의 사천 성으로 옮겨가 '도교'를 창립했다. 『노자상이주老子想爾注』 등의 글을 지었는데, 여기에는 노자의 사상뿐 아니라 오행五行, 신선神仙, 양생養生, 무술巫術, 치병治病 등에 관련된 사상이 포함되었다. 장도릉은 이런 사상을 종합하여 종교적 목표가 '불로장생'하는 신선이 되는 것이라 하였다. 장도릉은 노자를 '태상노군太上老君'이라 하여 교주로 받들고, 『도덕경』을 『노자오천문』

중국 도교의 대표 성지는, 양사언의 시조
"태산이 높다하되 하늘 아래 뫼이로다"의 바로 그 태산이다.
최고봉인 옥황봉에 있는 옥황정을 비롯해서
태산의 여신인 벽화원군을 모신 벽화사 등 도교 사원이 모여 있다.

이라 하여 경전으로 삼고, 자기는 태상노군에 의해 봉함을 받은 '천사天師'라 칭했다. 이렇게 생겨난 것이 '천사도天師道'이고, 신도들에게서 쌀 다섯 말을 받았으므로 '오두미도伍斗米道'라고도 한다.

태극 팔괘가 눈에 띄는 도교 사원.

그 후 태평도太平道 등 그 비슷한 신행을 가지고 나타난 도파들이 역사를 통해 많이 있었다. 하나하나 열거할 필요는 없지만, 단 4세기의 갈홍葛洪(283년~363년)을 언급하지 않을 수 없다. 그는 당시까지 내려오던 민간 종교로서의 도교를 유명한 책『포박자抱朴子』에 종합 정리했다. 이 책에서는 신선이 되는 방법으로, 올바른 음식물과 약초의 섭취, 한번 들이마신 숨을 오래 지속하고 천천히 내보내는 호흡 조절, 될수록 많은 젊은 여인과 성교를 하되 사정을 하지 않고 그것을 온몸으로 순환하게 해 정신을 맑게 하고 몸을 가볍게 한다는 방중술, 연금술로 만든 금단 등 선약 복용, 기를 보존하기 위한 선행의 실천 등을 제시한다.

민간 종교로서의 도교는 중국에서는 계속 맥을 이어오고, 지금 대만과 홍콩에서는 큰 사원들을 가지고 있는 괄목할만한 종교가 되어 있다. 한국에는 독립된 종교 단체로서의 도교는 없다. 한국에 전통적으로 내려오는 무속 신앙(샤머니즘)이 중국 도교의 역할을 대신했기 때문일 것이다. 한국 사찰에 삼신각이 있는 것처럼 불교가, 최근에는 기도원에서 보이는 것처럼 그리스도교가, 어느 정도 도교 색채를 띠고 있어 도교적 욕구를 충족시켜 준 것도 한국에 도교가 따로 존재하지 않는 이유 중 하나일 것이다.

읽으면 좋을 책

- 오강남. 『도덕경』 현암사, 1995.
- 오강남. 『장자』 현암사, 1999.
- Chan, Wing-tsit. Tr., *The Way of Lao Tzu*. Upper Saddle River, N. J. : Prentice Hall, 1963.
- Watson, Burton. Tr., *Complete Works of Chuang Tzu*. New York : Columbia University Press, 1968.
- Welch, Holmes. *Parting of the Way: Lao Tzu and Taoist Movement*. Boston : Beacon Press, 1966.
  (한국어판) 윤찬원 옮김. 『노자와 도교 - 도의 분기』 서광사, 1988.

신도
Shinto

신도神道는 일본인이 받드는 전통 신앙이다. 근대 일본 군국주의에서 초강성 민족주의ultra-nationalism 이념의 근간이 된 것도 바로 신도이다. 현재 일본에서 신도 신자라고 공식 선언한 사람은 전체 인구의 3∼4%(400만 명)에 불과하지만, 신도는 일본인의 정체성과 정신을 꼴 지우는 데 지대한 역할을 했고, 아직도 어느 정도는 그렇다. 어느 면에서 신도를 이해해야 일본이 보인다 해도 과언이 아닐 만큼 일본 정신의 뿌리가 되는 종교이다.

신도란 '신의 길'이라는 뜻으로, 일본어로는 '가미노미치'라고 한다. 이름 그대로 신도에는 신이 많다. 뭔가 예사롭지 않아 경외감을 불러일으키고 숭배의 대상이 될 수 있다고 생각되는 것은 모두 가미神로 받들었다. 하늘도, 바다도, 바람도, 산천초목도, 역사 인물도 모두 가미가 될 수 있다. 전통적으로 일본에는 800만의 가미가 있다고 한다. 신도에서는 가미와 조화롭게 사는 것을 삶의 목표로

여우 형상의 이나리(稻荷) 신.
일본인이 가장 널리 믿는
농경의 신이다.

교토 남쪽의 후시미 이나리 신사의 도리이. 도리이는 속세와의 경계를 알리는 문으로 이나리 신사는 그 입구에서 신사까지 도리이들로 된 길이 나 있다.

삼는다. 신도는 이런 면에서 기본적으로 정령 숭배animism에 기원을 둔 종교라 할 수 있다.

· 신도의 유래 ·

건국 신화

모든 가미가 한결같이 중요한 것은 아니다. 이 많은 가미 중에 중요한 가미의 이야기는 신도의 건국 신화에 잘 드러나 있다. 712년에 편찬되기 시작한 『고지키古事記』와 720년에 쓰인 『니혼쇼키日本書紀』의 건국 신화를 종합해 보면, 부부이면서 남매이기도 한 '이자나기'와 '이자나미'라는 가미가 있었는데, 이들이 일본열도를 만들었다. 창으로 걸쭉한 진흙 물을 찍어 올리자 창 끝에서 그 물이 뚝뚝 떨어지고, 이것들이 굳어져 일본의 여러 섬이 되었다고 한다. 이들은 또 다른 가미도 만들었는데, 그 중에서 이자나기의 왼쪽 눈에서 나온 태양의 여신인 '아마테라스天照'가 제일 중요한 가미였다. 이 태양의 여신 아마테라스는 너무도 중요한 가미이므로 보통 '아마테라스오미가미天照大御神'라 한다. 그는 손자를 보내 세상을 다스리게 하고, 그 손자의 증손자가 최초로 일본 천황이 되었는데, 그가 진무神武 천황이다. 전통적으로 기원전 660년에 왕위에 올랐다고 본다. 물론 역사적인 사실과는 무관한 이야기다. 아무튼 이때부터 천황의 가계는 끊이지 않고 계속되어 오늘의 일본 천황까지 이른다고 한다. 따라서 천황은 아마테라스 신의 직계손이고, 살아 있는 가미인 셈이다. 이렇게 신이 다스리는 나라는 세상 다른 모든 나라보다 우수할 수밖에 없다고 믿었다.

아마테라스를 그린 19세기 목판화.

양부 신도

'신도'라는 이름은 6세기에 생겼다. 불교, 도교, 유교가 들어오면서 토속 종교를 차별화하기 위한 이름으로 채택되었다. 6세기 중순 한국에서 불교가 들어오면서 불교와 신도가 혼합되기 시작했다. 이런 혼합적 경향으로 나타난 것을 '양부兩部 신도'라 한다. 신도 측으로서는 불교의 여러 부처나 보살이 가미의 현현이고, 또 불교 측으로서는 신도의 여러 가미가 불교의 부처나 보살의 현현이라는 생각이었다. 예를 들어 태양의 여신 아마테라스는

태양을 대표하는 부처 비로자나라고 본 것이다. 이런 식으로 두 종교의 경계가 흐려지다가 몇 세기가 지난 후 신도는 하나의 독립적인 종교가 아니라 불교의 일부가 되다시피 했다.

무사도

그러다가 17세기 도쿠가와 막부德川幕府 시대에 불교와 그리스도교 등 외국 문화의 영향으로부터 스스로를 보호하기 위한 수단으로 신도를 부흥시키려는 노력이 일기 시작했다. 신도의 부흥과 함께 무사 계급의 행동 강령으로 유교 윤리를 받아들였다. 이때 신도와 유교의 윤리 덕목이 습합하여 일본 무사 계급 사무라이를 위한 '무사도武士道'가 생겨났다. 도쿠가와 시대에 주자학파였던 야마가 소코(山鹿素行, 1622년~1685년)에 의해 체계화되었다. 무사도의 덕목은 충성,
생사를 넘어서는 용기, 명예, 공손, 정의감 등이었다. 이 중에서 가장 두드러진 것이 충성과 명예라 할 수 있다. 사무라이는 영주에 대해 절대적으로 충성할 뿐 아니라, 무엇보다 명예를 생명보다 중요시하였다. 사무라이는 긴 칼과 짧은 칼을 가지고 다니는데, 긴 칼은 물론 적과 싸울 때 쓰고, 짧은 칼은 불명예스럽게 사느니 명예롭게 생명을 끊기 위한 할복자살용이었다. 이렇게 배를 자르는 것을 셉부쿠(切腹)라 하는데, 서양에서는 '하라키리'라는 말로 더 잘 알려져 있다.

1862년 유럽으로 파견된,
무사 복장을 한 대사들.

한 가지 특이한 사실은 사무라이 사이에서 선 불교가 유행했다는 것이다. 선 불교의 정신 집중, 무아無我에 근거한 생사의 초월, 자기 훈련, 순발력 있는 무의식적 행동 등이 무사의 삶과 부합하는 면이 많았기 때문이다.

일본 사회는 아직도 이런 무사도 윤리가 눈에 띈다. 재벌이나 회사가 거의 봉건 영주의 성처럼 운영되는 것이 그 예이다. 아직도 많은 회사원은 사무라이처럼 보스에게 절대 충성을 바친다. 지금은 많이 달라졌지만 많은 회사원이 회사의 번영이 개인의 이익에 우선한다고 생각하고 과로하다가 '과로사'로 쓰러지기까지 한다. 조직 폭력 단체인 야쿠자는 이런 무사도 윤리 체계를 유지하는 가장 전형적인 예라 하겠다.

• 신도의 종류 •

| 신사 신도   신도는 크게 신사神社 신도, 교파敎派 신도, 민속民俗 신도로 나눌 수 있다. 신사 신도Jinja Shinto란 국가가 직접 주관하던 형태의 신도를 말

한다. 영어로는 'State Shinto'라고 한다. 도쿠가와 막부가 끝나고 1868년 메이지 시대에 들어오면서 일본 정부는 국민을 결속시키는 통치 이념 내지 정신적 기반으로 신도를 채택하고 이를 국민에게 강요하기 시작했다. 새로 제정한 헌법에 신도 신화에 나오는 이야기를 따라 일본 천황이 신성불가침의 가미임을 명시했다.

일본 정부는 메이지유신 초기에 불교와 그리스도교 등을 금지하고 오로지 신도만 받아들이게 하려 했으나 그것이 불가능하다는 것을 깨닫고 정책을 바꾸어 신도를 국가 의례나 국민 도덕으로 받들게 했다. 이세伊勢에 있는 최고 신사에는 아마테라스 신을 모시고, 전국 각 지방 신사에는 지방 신이나 영웅이나 특별 사건과 관련된 신을 받들고, 황국신민은 누구나 국가에 대한 충성의 표시로 신사에 가서 참배를 하도록 의무화했다. 1890년 교육칙어를 제정하고 신도의 기본 가르침을 교육의 기본으로 삼았다. 학생들도 정기적으로 신사에 가서 참배를 해야 했다. 신사 참배를 할 때는 누구나 '자신에게는 죽고 국가와 하나가 됨'을 다짐하게 했다.

이렇게 정치 이념으로서의 신도 신앙으로 무장한 많은 사람은 국가와 천황을 위해 목숨을 버리는 것을 영광으로 생각하게 되었다. 제2차 세계대전 말기 일본으로 접근하는 연합군 전함을 침몰시키기 위해 비행기를 탄 채 연합군 전함과 충돌하는 가미카제神風 자살 특공대를 모집할 때 많은 지원자가 차례를 기다릴 정도였다는 사실도 크게 놀랄 일이 아니다.[1]

일본 제국주의 식민지 시대 한국에도 군 단위로 신사를 지어 놓고 한국인 모두에게 신사참배를 강요했다. 그리스도인 중에는 이를 거절하다가 박해를 받는 일도 있었다. 뿐만 아니라 천황을 살아 있는 가미로 존경하는 표시로서 천황이 있는 궁전을 향해 깊이 허리 숙여 절하는 동방요배를 강요하

기도 했다. 나중에는 한국 젊은이
도 전쟁을 위해 강제 징집되고 처
녀들은 정신대로 끌려가 성 노리
개가 되었는데, 이 모두가 살아 있는 가미 천황과 그의 나라에 대한 충성이
라는 이름으로 자행된 것이다.

1945년 제2차 세계대전에서 일본이 패배하고, 연합군의 요구로 작성된
'신도지령'에 따라 천황이 살아 있는 가미라는 주장이 공식적으로 폐기되었
고, 신도 신화가 교육의 기초가 되는 일도 금지되었다. 국가와 신도와의 유
착 관계가 끝나고, 그와 함께 국가 종교로서의 신사 신도도 끝장이 났다.

| **교파 신도**   교파 신도란 일본에 내려오던 재래 종교 전통을 기반으로 19

세기 말부터 생겨난 13개의 신도 계열 종파로서 메이지 정부의 공인을 받은 13개 교단을 말한다. 영어로는 'Sectarian Shinto'라고 한다. 서민 계층에서 민간 신앙 형태로 유행하던 것이 특정한 교조를 중심으로 교파로 조직된 것이다. 산악 신앙에 기초하여 후지산을 가미로 숭배하는 파라든지 개인적으로 단식, 호흡 조절, 냉수욕, 주문 등을 통한 심신의 단련을 목적으로 하는 파라든지 무속 신앙에 기초하여 병 고침을 강조하는 파 등이 있다. 특히 나카야마 미키(1798년~1887년)가 세운 종파로서 치병을 강조하는 천리교天理教(덴리쿄)가 유명하고, 한국에도 들어왔다.

| **민속 신도** 교단 조직이나 교리 체계도 없이 민간에서 일반적으로 받들어지는 민간 신앙이다. 가장 두드러진 표현은 가정에 가미다나神棚를 설

교토의 기온마쓰리.
일본의 축제(마쓰리)는 신을 받들고
봉사하는 제례에서 유래했다.

치하는 것이다. 이렇게 가정을 중심으로 하는 신도이기 때문에 영어로는 'Domestic Shinto'라고 한다. 가미다나는 조상의 신위나 조그만 신상이나 기타 종교적으로 의미가 있다고 생각되는 상징물을 모시는 조그만 제단이다. 가정의 은인이 남기고 간 신발을 귀히 여기면 그것도 거기 모시고 그 신발의 주인을 생각하기도 하고 거기에서 나오는 어떤 힘이 집안에 도움이 된다고 믿기도 한다.

예배 형식은 간단하다. 매일 정결례의 일종으로 먼저 손을 깨끗이 씻고, 제단에 꽃이나 향이나 음식을 갖다 놓고, 영혼과의 교신을 위한 상징으로 손뼉을 치고, 합장한 다음 간단한 소원을 아뢴다. 집안에 졸업식이나 결혼 같은 경사나 기념할 일이 있으면 더 많은 것을 갖다놓고 가미에게 사연을 아뢴다. 그러나 장례식의 경우 가미다나와는 관계없이 불교 스님이 맡아서 하도록 부탁한다. 보통 신도는 삶을 위한 것이고 불교는 죽음을 위한 것이라고 믿으므로 죽은 사람을 위해서는 불단佛壇을 새로 설치하기도 한다.

· 신도의 오늘 ·

제2차 세계대전 후 신사 신도가 사라진 다음 일본은 일종의 종교적 공백 상태에 빠지고 이런 상태에서 이른바 '신흥 종교'가 우후죽순처럼 나타났다. 이런 신흥 종교 중에는 민간 신앙으로서 신도가 가진 요소를 혼합한 종교가 많다. 일본 사회가 산업화되고 교육 수준이 높아지면서 신도 같은 종교는 없어질 것 같지만, 놀랍게도 일본인 상당수는 평소에는 종교와 무관한 것처럼 살다가 곤란한 일을 당하면 가미를 찾기도 하고 중요한 일을 결정

오미쿠지(왼쪽)는 신사나 사찰에서 길흉을 점치려고 뽑는 종이 쪽지이다.
에마(오른쪽)는 소원을 빌면서 신사나 사찰에 말을 바치던 것에서 유래했다.

하거나 처리할 때 가미에게 빌곤 한다. 예를 들면 고속도로를 내기 위해 산
허리를 잘라야 할 때 가미에게 제사를 지낸다. 물론 직접적인 효험이 있을
거라 믿는 사람도 있지만, 상당수 사람은 '밑져야 본전'이라는 태도인 것이
사실이다. 거의 모든 일본 자동차나 전차에 붙은 부적이나 신사 나무에 하
얗게 걸린 부적 종이는 일본인의 신도적 심성을 보여 주는 예라 할 수 있다.

읽으면 좋을 책

- Ellwood, Robert and Richard Pilgrim. *Japanese Religions*. Princeton : Princeton University Press, 1985.
- Kitagawa, Joseph M. *On Understanding Japanese Religion*. Princeton : Princeton University Press, 1987.
- Reader, Ian T. *Religion in Contemporary Japan*. Honolulu : University of Hawaii Press, 1991.

조로아스터교
Zoroastrianism

지금부터 이른바 '서양 종교'를 살펴볼 차례이다. 대개 '서양 종교'로 분류되는 것은 유대교, 그리스도교, 이슬람교이다. 그러나 근원지를 가지고 이야기하면 이 종교들도 '서양 종교'일 수가 없다. 유대교와 그리스도교는 지금의 팔레스타인에서 생겼고, 이슬람교는 사우디아라비아에서 나왔다. 모두 서양이 아니라 중동 지역이다. 그러나 유대인이 유럽 여러 나라로 가서 살게 되었고, 그리스도교도 유럽에 가서 유럽 사람이 신봉하는 종교가 되었으며, 이슬람교도 근본적으로 이 두 종교를 기초로 하여 생긴 종교라는 의미에서 이들을 서양 종교라 분류할 수도 있다.[1] 그러나 현재 이상한 일이 일어나고 있다. 그리스도교의 경우 지금 서양보다는 아시아 · 아프리카 · 남아메리카 여러 나라에 더 많은 신도가 있다. 여기서 길게 논할 문제는 아니지만, 머지않아 그리스도교는 서양 사람의 종교라기보다 비서양인의 종교가 될 것이라는 점만은 분명한 사실이다.

이 세 종교를 다루기 전에 한 종교를 간단하게나마 살펴봐야 한다. 고대 페르시아 제국의 종교였던 조로아스터교이다. 이 종교는 현재 신도수가 고작 25만 명 정도에 불과한 아주 작은 종교이지만 세계 종교사에 끼친 영향력 때문에 세계 종교를 이야기하면서 결코 빼놓을 수 없다. 이 종교에서 가

〈아기 예수를 경배하는 동방박사〉.
이탈리아 화가
지오토가 그린 프레스코화이다.

르치는 많은 것이 유대교로 들어갔고, 유대교를 통하여 그리스도교로, 그리고 그 후 이슬람교로 들어갔다. 그리스도교「마태복음」에 보면 아기 예수가 태어났을 때 '동방 박사들Magi'이 아기 예수를 찾아 왔다는 이야기가 나오는데, '동방 박사들'은 바로 조로아스터교 제사장들을 가리킨다. 조로아스터교는 불을 신성시하므로 배화교拜火教라고도 한다. 현재 많은 신도가 인도 봄베이 지역에 살고 있고 인도에서는 이들이 페르시아에서 왔다고 하여 파르시Parsis라 부른다.

■ 창시자 조로아스터 ■

조로아스터교의 창시자는 조로아스터Zoroaster이다. 독일 철학자 니체Friedrich Nietzsche(1844년~1900년)의 저서『자라투스트라는 이렇게 말했다』에 나오는 주인공이 바로 이 조로아스터이다. 그의 출생 연대는 극히 불확실하다. 전

라파엘로가 그린
〈아테네 학당〉의 조로아스터.
수염을 기르고 천구를 들고 있다.

통적으로 기원전 660년에 출생한 것으로 보는 것이 보통이지만, 기원전
1000년~기원전 600년, 심지어는 기원전 1400년~기원전 1000년에 살았
다고 보는 학자도 있다. 본래 이름은 자라투스트라 스피타마였다. '자라투
스트라'는 '낙타를 가진 이'라는 뜻이다.

그의 생애에 대해서도 알려진 것이 거의 없다. 여러 전설적인 자료에 의
하면, 그가 성인이 되어 여러 가지 삶의 문제로 고민하다가 그 해답을 얻으
려고 방랑의 삶을 시작한다. '그 중요한 나이 서른'에 이르러 어느 날 크기가
사람의 아홉 배나 되는 거대한 천사장archangels을 만났다. 그 천사장은 세상
에 오로지 한 분 참된 신이 계시는데, 그 분이 바로 아후라 마즈다Ahura Mazda
이고 조로아스터는 그의 예언자라고 일러주었다. 그 후 8년 동안 아후라 마
즈다의 나머지 다섯 천사장들이 하나씩 나타나 그에게 진리를 전해 주었다.

조로아스터가 그 진리를 전하기 시작했지만, 모두 그를 미친 사람이라 생
각하고 그 말을 듣지 않았다. 마침내 그의 사촌 중 하나가 그를 믿고 제자가
되었다. 조로아스터와 사촌은 왕에게 진리를 전하러 갔다. 투옥으로 2년을

보내는 등 우여곡절 끝에 결
국 왕과 온 조정이 조로아스
터의 가르침을 받아들이게 되
었다. 그 후 조로아스터교는
전국으로 급속히 퍼졌다. 전
쟁을 통해서 퍼져나가기도 했
는데, 이러한 전쟁 중 적군이
쳐들어와 성화聖火 앞에 서 있

페르시아 제국의 유적지인
페르세폴리스에 남아 있는 아후라 마즈다의 형상.

는 조로아스터를 발견하고 살해했다. 그때 그의 나이가 77세였다.

・ 조르아스터의 기본 가르침 ・

조로아스터의 기본 가르침과 그 가르침에 기초한 조로아스터교의 신앙 내
용은 대략 다음과 같다.

| **신관** 이 세상에는 한 분의 참신이 있는데, 그가 바로 아후라 마즈다로서
세상을 창조한 창조주이다. 아후라는 '주主'라는 뜻이고, 마즈다는 '지혜'라
는 뜻이므로 아후라 마즈다는 '지혜의 주님'이라는 뜻이다. 조로아스터는
아후라 마즈다 외에 당시 사람들이 섬기던 다른 잡신은 모두 거짓 신이라
고 선언하였다. 그 주위에 있던 모든 종교가 많은 신을 섬기는 다신론적 종
교였음을 감안하면 이렇게 철저한 유일신관을 선포한 것은 당시로서는 실
로 놀라운 일이었다.

이란 고원 중부에 위치한 야즈드 시내에 자리한 아테슈카데 사원.
페르시아어로 '불의 집'이라는 뜻을 지니기에, 영어로는 'Fire Temple'이라고 표기한다.
1934년 인도 조로아스터교도들이 건립했다.

여기서 중요한 종교학적 사실을 하나 지적하고 지나가자. 세계 여러 종교는 보통 창조신을 주신 혹은 최고신으로 받든다. 그러나 이상하게도 창조신은 창조를 거의 끝내거나 완전히 끝낸 다음에는 전면에서 사라지는 것이 보통이다. 사람들은 가까이 있는 산의 신이나 강의 신, 바다의 신, 부엌 신 등 아래 신을 섬기며 살아간다. 이렇게 최고신이지만 사라지고, 잊히고, 외면된 신을 라틴어로 데우스 오티오수스deus otiosus라고 한다. 힌두교 삼신 경배에서 본 것처럼, 브라흐마가 창조신이지만 그를 섬기는 사람이 거의 없는 것이 좋은 예이다. 아프리카 여러 부족도 하루하루 살아갈 때는 최고신이 아니라 주위에 있는 잡신을 섬기다가 홍수나 지진이나 전염병 등 큰 재난이 닥칠 때는 최고신을 찾는다. 한국에서 옛날에 보통 때는 하늘님 대신에 주위의 잡다한 신을 섬긴 것도 비슷한 현상으로 볼 수 있다.

조로아스터가 한 일은 이렇게 최고신이지만 잊혀진 신, '데우스 오티오수스'를 다시 전면으로 모시고 나와 이 신만이 참된 신이라고 선언한 것이다. 이것은 세계 종교사에서 아주 중요한 사건이다. 유대교, 그리스도교, 이슬람교에서 발견되는 유일신관의 근원이라고 볼 수 있기 때문이다.

아후라 마즈다는 사람들에게 나타날 때 직접 나타나지 않고, 여섯 가지 불사不死의 존재, 혹은 천사장을 통해 나타나는데, 여섯 중 셋은 남성적이고 다른 셋은 여성적이다. 이 여섯 가지 존재는 지혜, 사랑, 봉사, 경건, 완전, 불멸 등으로서, 아후라 마즈다의 여섯 가지 속성을 대표한다.

이런 여섯 천사장 외에도 아후라 마즈다의 보좌를 둘러싸고 있는 천군천사의 무리가 있다. 그 중에서 특히 잘 알려진 세 천사는 아후라 마즈다의 율법에 순종하는 사람을 돌보는 수호천사 스로샤Sraosha, 그의 누이로서 착한 일을 한 사람에게 상을 주는 아시 반구히Ashi Vanguhi, 그리고 가장 힘이 세어

아테슈카데 사원의 '꺼지지 않는 불'.
470년경부터 1500년이 넘도록
보존되어 지펴 있는 불씨이다.

전사들의 이상인 미드라Mithra이다. 미드라는 나중 로마에서 크게 유행한
미드라 숭배의 대상이 되었다.

| **악령**   조로아스터에 따르면 아후라 마즈다에서 두 영靈이 나왔는데, 하나
는 선한 영 스펜타 마이뉴Spenta Mainyu이고 다른 하나는 악령 앙그라 마이뉴
Angra Mainyu이다. 마치 태극에서 음양이 나왔다는 생각과 비슷하다. 물론 음
양 사상은 앞에서 보았듯이 본래 선악 개념이 없다는 점이 다르다. 악령 앙그
라 마이뉴는 몇 가지 이름으로 불렸는데, 그 중 가장 많이 불리는 이름은 샤
이틴Shaitin 혹은 사탄Shaitan이다. 그의 주위에는 악마의 무리가 있어 명령에
따라 사람을 시험하거나 괴롭히는 일을 수행한다. 조로아스터교는 세계에서
최초로 악마에 대한 계보를 체계화한 종교라고도 할 수 있다. 조로아스터교

는 이른바 악의 문제에 있어서 종교사적으로 지대한 공헌을 한 셈이다.

| **대쟁투**　조로아스터교에 따르면 세상은 선한 세력과 악한 세력이 싸우는 대쟁투의 현장이다. 인간은 이 두 세력 중에서 어느 한 쪽에 가담해야 한다. 인간은 타고난 이성과 자유 의지를 활용하여 선한 길을 택하므로 이 생애에서 완전함에 도달할 수 있도록 노력해야 한다. 결국 이런 이분법적 양자택일에서 어떤 쪽을 택하느냐에 따라 인간의 운명이 결정된다.

| **종말관**　사람이 죽으면 영혼이 3일 동안 몸에 그대로 남아서 한평생 행한 일을 돌이켜보고, 제4일이 되면 심판대로 간다. 거기서 천사 미드라가 우리의 지난 행위를 저울에 올려놓고 심판을 한다. 악 쪽으로 기울면 그 영혼은 지옥으로 가고, 약간이라도 선한 쪽으로 기울면 그 영혼은 낙원으로 간다. 영혼은 계곡을 가로질러 놓인 '분리의 다리'를 지나는데, 다리 밑은 지옥이고 다리 저편은 낙원이다. 선한 영혼은 넓고 편안한 다리를 건너서 낙원으로 가고, 악한 영혼은 칼날보다 더 예리한 다리를 건너다가 결국 지옥으로 떨어진다.

　낙원과 지옥에 간 영혼은 거기서 영원히 사는 것이 아니다. 아후라 마즈다가 예정해 놓은 세상 끝에 이르면 그는 이 세상을 완전히 쓸어서 창조 때의 새 하늘과 새 땅으로 회복해 놓는다. 이때 영혼들이 부활을 하고, 악한 영혼은 순화되어 선한 영혼과 합류한다. 그러나 사탄과 그의 악귀들은 유황불에 완전히 소멸되어 새 세상에는 더 이상 악이나 악의 흔적이 없게 된다. 늙는 일도 죽는 일도 없어, 어른은 40세, 아이들은 15세의 상태를 유지하며, 아후라 마즈다의 뜻이 실현되는 나라에서 영생 복락을 누리며 살게 된다.

야즈드 변두리에 있는 다크메에. 낮은 언덕들 위의 원형 벽돌탑은
조장(鳥葬) 풍습을 따랐던 조로아스터교도의 장지이자 묘지이다.
왼쪽 더 높은 언덕에 있는 탑은 남자의 장지이고, 오른쪽은 여자의 장지이다.
'침묵의 탑'으로도 불린다.

▪ 조로아스터교의 공헌 ▪

기원전 586년 유대 왕국의 멸망으로 유대인은 바빌론 포로가 되어 바빌론으로 끌려가 살았다. 기원전 538년 고레스Cyrus 왕이 일어나 바빌론을 멸망시키고 메도-페르시아 왕국을 건설했다. 히브리어 성경에 따르면 고레스 왕은 유대인을 해방시키고 유대인에게 예루살렘으로의 귀환을 허락한 '메시아'였다. 조로아스터교는 바로 고레스 왕과 그 제국이 신봉하던 종교였다.

자연히 유대인은 조로아스터교의 영향을 받았다. 어느 정도로 어떻게 받았을까? 정확하게 알 수는 없지만, 기원전 586년 포로로 가기 전 유대교와 기원전 539년 포로에서 풀려난 이후 유대교에 엄청난 변화가 온 것만은 분명하다. 포로 이전에는 천사장, 사탄, 육체 부활, 심판, 낙원, 지옥, 세상 종말 등의 개념이 없었는데, 포로 이후에 쓰이거나 편찬된 문헌에는 이런 것이 등장한다. 그러다가 예수 당시에는 이런 개념이 유대교 신학의 근간을 이루게 되고, 초기 그리스도인도 이런 개념을 그대로 도입했다. 이슬람교도 유대교와 그리스도교를 통해 무리 없이 이런 교리를 그대로 받아들인다. 현재 유대교, 그리스도교, 이슬람교에서 이런 것을 빼면 무엇이 남을까 할 정도로 조로아스터교가 이들 종교에 기여한 공로는 긍정적이든 부정적이든 가히 획기적이었다.

읽으면 좋을 책

▪ Boyce, Mary. *Zoroastrians: Their Religious Beliefs and Practices*. 3rd ed., London : Routledge & Kegan Paul, 1988.
▪ Zaehner, R. C. *The Dawn and Twilight of Zoroastrianism*. London : Weidenfeld & Nicolson, 1961.

유대교

Judaism

서양 정신사를 지배해 온 그리스도교 사상의 근원은 유대교와 그리스 철학이었다. 종교적으로는 예루살렘에서, 철학적으로는 아테네에서 흘러나온 두 줄기 강이 합류하여 그리스도교라는 종교가 이루어졌다고 볼 수 있다. 특히 유대교는 그리스도교뿐 아니라 이슬람교의 근원이 되므로 유대교를 이해하는 것은 이들 종교를 이해하는 데 중요하다.

· 유대교의 시작 ·

출애굽

유대인에게 유대교의 시발점이며 동시에 중심점이 되는 사건이 무엇이냐 묻는다면 두말할 것도 없이 '출애굽' 사건이라고 대답한다. 애굽(이집트)에서 노예로 살던 유대인(그때는 히브리인이라고 했다.)들이 애굽에서 나와 자유로운 민족으로 해방된 사건이다. 유대인이 섬기는 야훼 신은 바로 '애굽 땅 종 되었던 집에서 인도해 낸 너의 하나님 여호와'라고 표현되고, 유월절 · 장막절 · 무교절 같은 유대인의 큰 명절도 출애굽 사건을 기념하기 위한 것이라 할

정도로 중요한 사건이었다. 이 위대한
사건이 이집트 역사 문헌에서는 전혀 언
급되지 않고 오로지 히브리어 성서[1]에만

기록되어 있어서 그 역사성에 의문을 제기하기도 하지만, 중요한 것은 이
것이 역사적이든 아니든 상관할 것 없이 역사적으로 유대인의 종교 의식意
識에서 가장 중요한 자리를 차지하고 있다는 사실이다. 히브리어 성서의 기
록을 그대로 받아들인다면, 여러 정황으로 보아 기원전 13세기 초, 바로 왕
람세스 2세 치하(기원전 1307년~기원전 1237년)에서 일어났으리라 본다.

그 당시 이집트에서 계속된 피라미드나 여러 거대한 토목 공사에 동원되
어 고생하던 히브리인들을 야훼 신의 명령에 따라 인도해 낸 지도자는 모
세였다. 히브리어 성서 두 번째에 나오는 책 「출애굽기」[2]에 따르면 모세는
레위족에 속한 히브리인이었으나 히브리인 가정에서 태어난 모든 남자 아
이는 죽이라는 이집트 왕의 명에 따라 그 부모가 아기를 바구니에 넣어 나
일강에 띄워 놓은 것을 이집트 공주가 강에 나갔다가 발견하고 주워 키우
게 되었다. 모세는 이집트 공주의 양아들로 자라면서 왕자로서 받아야 할
교육과 훈련을 받았다. 하루는 이집트인이 히브리인을 심하게 때리는 것을

〈이집트를 떠나는 이스라엘인〉.
19세기 스코틀랜드 화가
데이비드 로버트의 작품이다.

보고 이집트인을 살해하게 되었는데, 결국 이 살인 사건이 탄로나 미디안 광야로 피신해 양을 치며 살았다. 이때 야훼 신이 '떨기나무 불꽃 가운데' 나타나 모세에게 이집트에서 고통당하는 히브리 백성을 구출하여 '아름답고 광대한 땅, 젖과 꿀이 흐르는 땅'으로 인도할 것을 명하였다. 모세가 그의 이름을 물으니 '나는 스스로 있는 자(I am that I am)'라 하라고 했다. 여기서 '야훼'라는 이름이 나왔으리라 본다.

렘브란트의 〈십계 판을 든 모세〉.

　모세는 마음이 내키지 않았으나 형 아론과 함께 이집트로 가서 이집트 왕 바로(파라오)를 만났다. 바로는 물론 토목 공사에 필요한 인력을 그냥 내줄 수는 없는 처지라 모세의 청을 거절했다. 그러자 모세는 이집트에서 처음 난 모든 것을 죽이는 재앙 등 열 가지 재앙으로 야훼 신의 능력을 보인 후 히브리인들과 함께 탈출하는 데 성공했다. 그때 함께 나온 히브리인의 인구가 남자 어른만 60만이라고 했으니 여자와 아이를 합하면 약 200만 명 정도 되었으리라 본다.[3]

　기적적으로 홍해를 건넜지만 야훼 신이 지정한 '젖과 꿀이 흐르는 땅' 가나안으로 곧장 들어갈 수가 없었다. 이미 사람들이 살고 있었기 때문이다. 할 수 없이 시내 광야에서 야훼 신으로부터 내려오는 만나를 받아먹으면서 '40년'을 헤매게 되었다. 그러나 이 기간 동안 모세가 시내산 꼭대기에 올라가 돌비에 새긴 십계명을 직접 받아오고, 이런저런 시련을 통해서 노예

근성을 씻어내고 자주 민족으로 살아가는 훈련도 쌓게 되었다. 헌법과도 같은 십계명과 그 후 받은 여러 율법이나 행동 강령을 기초로 하여 새로운 민족, 새로운 국가로 거듭나게 된 것이다. 그뿐 아니라 야훼 신과 맺은 '언약'을 통해, 자신들이야말로 야훼 신이 '택한 백성'이라는 정체성을 더욱 공고히 하게 되었다. 이때 이른바 '언약의 법궤the Ark of the Covenant' 혹은 줄여서 '언약궤'가 야훼 신의 함께 하심과 언약의 상징으로 주어졌다. 이처럼 출애굽은 유대인에게 새로운 법, 새로운 민족, 새로운 자의식, 새로운 신관, 새로운 종교를 제공한 최고 중요 사건인 셈이다.

출애굽의 배경 창세기 이야기

| **아브라함과 그 자손**　　출애굽 사건이 유대인에게 절대적인 의미를 갖는 사건이므로, 자연히 이 사건 이전의 배경이 무엇이고 그 이후에 어떤 일이 있었는지 의문이 따른다. 히브리어 성서 처음에 나오는 「창세기」 이야기는 출애굽 사건의 배경으로 등장한다.

「창세기」는 아주 재미있는 이야기이지만 지면상 상세하게 말할 수는 없고 논의하려는 맥락과 관계되는 것만 간략하게 적는다. 「창세기」에 따르면 지금 시리아 지방에 해당하는 메소포타미아 지방 갈대아 우르에 아브라함이라는 사람이 살았다. 그곳은 다신론 신앙이 주류를 이루었는데, 야훼 신은 아브라함을 불러 아버지의 땅, 아버지의 신앙을 떠나 그가 '지시할 땅'으로 가면 거기에서 장차 그를 통해 큰 민족이 일어나게 하겠다고 약속했다.

아브라함은 이 약속을 믿고 부인 사라와 함께 고향을 떠나 '알지 못하는 곳'으로 향했는데, 그곳이 지금의 팔레스타인인 가나안 땅이었다. 그때 아브라함의 나이 75세였다. 약속을 들은 지 10년이 지나도 아브라함과 사라

카라바조의 〈이삭의 희생〉.

사이에는 대를 이을 아들이 없었다. 조급해진 사라는 이집트인 여종 하갈을 남편에게 들여 임신하게 하고 아들을 얻었는데, 그가 이스마엘이다.

그 후 아브라함이 100세가 되고 사라가 90세가 되었을 때 사라도 아들을 낳았는데 그가 이삭이다. 아기를 낳자 사라는 이스마엘이 이삭을 '희롱'한다는 이유로 아브라함에게 부탁하여 이스마엘과 그 어머니 하갈을 집에서 내쫓게 하였다. 지금 이슬람교를 받드는 아랍족은 이렇게 쫓겨나 일가를 이룬 이스마엘이 자신들 종족의 조상이라 생각한다.

이삭이 열몇 살쯤 되었을 때 하느님이 아브라함을 시험하여 이삭을 번제燔祭로 바치라고 하였다. 아브라함은 하느님의 명령에 순종하여 이삭을 모리아산 꼭대기 번제단에 올려놓고 칼을 드는 순간 하늘에서 아이에게 손을 대지 말라는 음성이 들렸다. 팔을 내리고 주위를 살펴보니 수풀에 뿔이 걸린 숫양이 있어서 가져다가 번제로 드렸다.

이삭은 아버지의 고향 메소포타미아에 있던 친척 처녀 리브가를 아내로 삼고, 그 사이에서 에서와 야곱이라는 쌍둥이를 얻었다. 이삭은 사냥꾼이었던 큰아들 에서를 좋아했고, 리브가는 집에서 심부름하던 막내 야곱을 좋아했다. 이삭이 늙어 눈도 어둡고 곧 죽게 되었을 때에 에서를 불러 죽기 전에 마지막으로 축복을 할 터이니 들에 가서 짐승을 잡아 별미를 만들어

오면 먹고 마음껏 축복하겠다고 했다. 이 말을 리브가가 엿듣고 에서가 사냥을 간 사이에 야곱에게 집에 있는 염소 새끼를 잡아오게 하고 그것으로 별미를 만들어 야곱이 들고 아버지에게 가게 했다. 눈이 어두운 이삭은 야곱이 에서인 줄 알고 축복을 해 주었다.

야곱은 에서의 분노를 피해 메소포타미아에 있는 외삼촌 라반의 집으로 도망가서 외삼촌의 두 딸 레아와 라헬을 위하여 각각 7년, 그리고 양떼를 위하여 6년, 모두 20년을 살면서 아내가 된 사촌 동생들과 이들의 몸종들에게서 모두 열두 명의 아들을 얻었다. 다시 고향으로 돌아오는 길에 얍복 강 기슭에서 천사와 씨름하고 그를 이기므로 '하나님과 겨루어 이김'이라는 뜻을 가진 '이스라엘'이라는 이름을 얻었다.

형 에서와 화해하고 고향에 정착한 야곱은 아들들 중에서, 특히 사랑하던 아내 라헬에게서 얻은 요셉과 베냐민에게는 채색 옷을 입히는 등 매우 편애하였다. 요셉을 시기한 형제들이 요셉이 들로 심부름 나온 틈을 타서 그를 이집트로 가는 대상들에게 팔았다. 요셉은 이집트 바로 왕의 시위 대장 보디발의 집에 팔려갔다. 보디발 아내의 유혹을 물리친 죄로 무고하게 감옥에 가고, 그 인연으로 이집트 왕의 꿈을 해석해 주게 되는데, 앞으로 7년 대풍년과 7년 대흉년이 들 것이니 흉년에 대비해 풍년 동안 양식을 비축할 것을 권고했다. 이 일로 그는 이집트의 총리가 되었다.

예언대로 7년 풍년이 있고 7년 가뭄 때 가나안 땅에도 흉년이 들었다. 요셉의 형제들이 양식을 구하러 이집트로 오고, 마침내 야곱을 비롯하여 70명이 되는 온 식구가 이집트로 이주하여 고센 땅에 정착하게 되었다. 야곱의 열두 아들에게서 이스라엘 열두 지파가 생겼다. 이들이 이집트에 정착한 이후 400년이 흘러 요셉을 기억하지 못하는 왕이 등장하여, 이스라엘 백성을 노예로 삼고 그 고역을 시킬 때 모세가 등장했다는 이야기다.

| **천지 창조**　물론 아브라함과 그 자손의 이야기로 모든 것을 다 설명할 수는 없다. 아브라함이 어디에서 왔는지를 이야기하자면 아담 하와 및 천지 창조 이야기까지 거슬러 올라간다. 「창세기」 제일 처음에 나오는 이야기다. 창조 이야기는 사실 두 가지다. 「창세기」 1장 1절에서 2장 4절 전반부와 2장 4절 후반부부터 그 이후에 나오는 두 가지 이야기가 후대 편집 과정에서 겹쳐진 것이다. 처음 이야기에 따르면 하느님은 말씀으로 6일 만에 아담과 하와를 포함하여 우주 안에 있는 모든 것을 다 창조하시고 제7일에는 쉬셨다. 둘째 이야기에서는 인간을 만드는 과정이 상세하게 나타나 있다.[4]

아무튼 하느님이 지으신 세계가 창조주가 보시기에도 '좋았더라'고 할 만큼 훌륭했지만, 아담과 하와가 '선악을 알게 하는 나무의 과일'을 따먹고 에덴동산에서 쫓겨난 다음, 또 그 아들 카인이 동생 아벨을 죽여 살인자가 되는 등 세상은 점점 나빠져서 나중에는 죄악이 천지에 가득하게 된다. 결국

브뤼헐의 〈바벨탑〉.

당대의 의인 노아를 시켜 방주를 만들게 하고 노아의 식구 여덟 명과 각종 동물과 새와 곤충 몇 쌍씩만 방주를 타고 살아남게 하고 나머지는 다 멸망시켰다. 방주에서 나온 다음 하느님은 노아에게 다시는 물로 멸망시키는 일이 없으리라 약속했다.

그 이후 인간은 다시 번성하기 시작하고 하느님의 약속을 잊은 채 물로 멸망당하는 일은 면하겠다고 하늘에 닿을 수 있는 탑을 짓기 시작했다. 그 당시는 파랗게 보이는 하늘이 땅의 지붕이고 그것이 동시에 하늘의 바닥이라고 생각했으므로 거기에 닿을 탑만 쌓으면 홍수를 피할 수 있다고 믿었다. 이것이 바벨탑이다. 히브리어 성서에 따르면 하느님은 이를 좋게 여기지 않으시고, 이들의 말을 혼란하게 하여 의사소통이 불가능하도록 했다. 할 수 없이 탑 쌓는 일을 포기하고 말이 통하는 사람들끼리 어울려 땅에 널리 퍼져 살게 되었다. 노아로부터 10대에 해당되는 것이 바로 아브라함이다.

▪ 사사 시대 ▪

광야에서 40년을 헤매던 이스라엘 백성은 새로운 지도자 여호수아의 인도로 요단강을 건너가 원주민과 피비린내 나는 전쟁을 하여 가나안을 정복하고 열두 지파가 나누어 차지한다. 전쟁을 하는 동안에는 언제나 언약궤를 메고 다니면서 야훼 신의 지도를 받았다. 가나안 정복 후 처음 200년은 열두 지파를 통괄해서 다스리는 왕이 없었다. 적군이 침입하면 그때그때 임시로 지도자가 나와서 이들을 물리쳤는데, 이런 지도자를 '사사士師(Judges)'라 하였다. 이들 중 유명한 사람은 '삼손과 데릴라'의 삼손, 그리고 북아메리카 호텔이나 모텔에 비치된 '기드온' 성서를 통해 많이 알려진 기드온 같은 사사들이다.

▪ 이스라엘 왕국 시대 ▪

사울과 왕국의 건설

이렇게 왕이 없이 하느님이 직접 다스리는 신정 정치에 불만이 생기기 시작했다. "우리도 모든 이방 나라들처럼, 우리의 왕이 우리를 다스리"도록(「사무엘상」 8:20) 하겠다고 했다. 하느님의 지시를 받은 선지자 사무엘에 의해 '기름 부음을 받은' 사울이 이스라엘의 처음 왕이 된다. 이때부터 이스라엘에서 왕이 될 사람의 머리에 올리브유(감람유)를 붓는 것은 전통이 되었고, '기름 부음을 받은 자'라는 말은 왕이 되었음을 의미하게 되었다. '기름 부음을 받은 자'라는 말의 히브리어가 '메시아'이고 그리스어가 '그리스도'이다.

아무튼 이렇게 기름 부음을 받고 왕이 된 사울은 결국 실패한 왕이 되고 말았다. 사람들이 아직 왕권 정치에 익숙하지 못했기 때문이었는지 모른다. 남쪽 베들레헴 목동 출신으로 침입자 블레셋 군대의 대장 골리앗을 돌팔매로 죽이고 백성의 인기를 모았던 다윗이 결국 사울 다음으로 왕이 되었다.

다윗과 왕국의 전성기

다윗의 재위 기간(약 기원전 1000년~기원전 961년)은 이스라엘 왕국의 전성기였다. 예루살렘을 점령하고 이스라엘의 수도로 삼았다. 그는 야훼 신을 위해

성전을 지으려고 했지만 피를 너무 많이 흘린 손으로 지을 수 없다고 하여 포기했다. 다윗에 얽힌 많은 이야기 중 가장 잘 알려진 것은 그와 밧세바에 관한 것이다. 하루는 다윗이 왕궁 지붕 위를 거닐다가 멀리서 목욕을 하는 아름다운 여인을 보고, 사람을 시켜 그 여인을 데려오게 하고 그를 취했다. 집에 돌아간 여인이 임신을 하였다는 소식을 전했다. 다윗은 여인의 남편 우리아를 전투 최전방에 배치하고 다른 군사들은 모두 후퇴하게 하여 그가 전사하도록 지시했다. 우리아가 죽자 다윗은 밧세바를 궁으로 들여 많은 왕비 중에 가장 사랑하는 왕비로 삼았다.

그때 선지자 나단이 하느님의 명을 받들고 다윗에게 갔다. 나단은 "어느 성에 양과 소가 많은 부자와 암양 새끼 한 마리를 딸처럼 애지중지 키우는 가난한 농부가 있었는데, 부자에게 손님이 오니 그는 자기 양과 소를 아껴두고, 가난한 농부의 암양 새끼를 빼앗아다가 손님을 대접했습니다. 이를 어떻게 보십니까?" 하고 왕에게 물었다. 다윗은 "주께서 확실히 살아 계심을 두고서 맹세하지만, 그런 일을 한 사람은 죽어야 마땅하다"고 하였다. 그때 나단은 "임금님이 바로 그 사람입니다"(「사무엘하」 12:5~7)라고 하였다.

처음 임신해서 낳은 아이는 야훼 신이 쳐서 곧 죽었다. 다윗은 이 일로 통회의 눈물을 흘렸다. 그때 지은 노래가 「시편」 51장에 나오는 것이라 한다.

"하나님, 주의 한결같은 사랑으로 내게 자비를 베풀어 주십시오.

주의 긍휼을 베푸시어 내 반역죄를 없애 주십시오. ……

우슬초로 내 죄를 정결케 해주십시오. 내가 깨끗하게 될 것입니다.

나를 씻어 주십시오. 내가 눈보다 더 희게 될 것입니다. ……

아, 하나님, 내 속에 깨끗한 마음을 새로 지어 주시고

내 안에 정직한 새 영을 넣어 주십시오."

솔로몬과 왕국의 분열

그 후에 밧세바에게서 난 아들이 그 유명한 솔로몬이다. 왕위 쟁탈을 위한 왕자들의 난이 극심했지만 결국 솔로몬이 다윗을 이어 왕이 되고 다윗이 축적한 엄청난 부도 물려받았다. 그는 재위 기간(기원전 961년~기원전 922년)에 화려한 성전을 건립하고 그 지성소에 '언약궤'를 봉안했다. 야훼 신을 경배하는 형식은 주로 제사장이 짐승을 잡아 불태워 드리는 번제였다. 솔로몬은 스스로를 위해서, 그리고 부인이 된 이집트의 공주를 위해서도 아름다운 왕궁을 지었다. 300명의 왕비와 600명의 후궁과 셀 수 없이 많은 궁녀를 거느렸다. 이른바 '솔로몬의 영광'이었다.

그러나 솔로몬 재위 기간에 생긴 종교적·정치적·군사적 실책으로 여기저기 민란이 일어나는 등 나라의 기초가 흔들리다가 결국 그의 죽음과 함께 남북으로 두 동강 나고 말았다. 열두 지파 중 열 지파가 뭉쳐 예루살렘에 반기를 들고 북방 '이스라엘'을 세우고, 유다와 베냐민 두 지파가 남아 예루살렘을 지키며 남방 '유대'를 이루었다.

바빌론 포로

나라가 남북으로 갈라진 후 200년쯤 지난 기원전 722년 북방 이스라엘은 아시리아 왕국의 침입을 받아 멸망당하고, 아시리아 왕국의 인구 분산 정책에 따라 열 지파는 뿔뿔이 흩어졌다. 이것이 이른바 '디아스포라diaspora(이스라엘 사람들의 흩어짐)'의 시초가 된 셈이다. 후대에 이들을 두고 '잃어버린 열 지파ten lost tribes'라고 하는데, 재미있는 현상은 역사적으로 자기들이 이렇게 행방불명된 열 지파의 후예라고 주장하는 사람들이 영국, 인도, 미국 등 세계 여기저기에서 나타난 것이다. 한국에서도 '단군'이 '단목' 밑에서 세운 나라가 잃어버린 열 지파 중 하나인 '단' 지파가 세운 나라라 주장하는 사람들이 더러 있다.

남쪽 유대는 좀더 있다가 기원전 586년 바빌론 왕 네부카드네자르의 침략을 받아 멸망했는데, 이때 유대인 10만 명이 포로로 끌려가 바빌론에서 함께 살았다. 이 기간을 유대인의 바빌론 포로 혹은 수인囚人 기간이라고 한다. 영어로는 'Babylonian Exile'이다. 북방 이스라엘인은 사라지고, 유대인만 남았으므로 아브라함과 이삭과 야곱의 자손을 그때 이후 유대인이라 부르게 된 것이다.

유대인들은 바빌론 포로로 있을 동안 자기들의 처지를 생각하며 '울었도다'(「시편」 137:1)의 심정이었다. 무엇보다도 야훼 신이 자기 민족만을 보호하는 신이라고 믿던 부족신으로서의 신관을 더 이상 지탱할 수가 없었다. 이제 신은 만국을 지배하는 보편신이어야 한다는 생각으로 바뀌었다.[5] 그뿐 아니라 조로아스터교를 이야기할 때 언급한 것처럼, 조로아스터교의 가르침에 영향을 받고, 많은 것을 유대교 신앙에 도입하였다.

▪ 예언자 운동 ▪

여기서 '예언자預言者'에 관한 이야기를 빼놓을 수 없다. 북방 이스라엘의
멸망이나 남방 유대의 포로 기간을 전후해서 이른바 예언자들이 많이 등장
한다. 유대교가 성전을 중심으로 하는 종교가 되면서 제사장 제도가 발달
하고 동시에 신과의 직접 소통을 강조하는 예언자 제도도 함께 생겨난다.
예언자 학교가 있었기에 직업적으로 훈련을 받아서 되는 예언자도 있었지
만 대부분은 '야훼 신이 내게 임하시매'라는 영적 체험을 통해 예언자가 되
었다. 샤머니즘에서 말하는 일종의 '강신무'나 '접신무'와 비슷한 경험이라
볼 수도 있다. 그러나 일반적으로 말하는 샤먼과 다른 것은 샤먼에 비해 예
언자는 '윤리적'인 면을 매우 중요시한다는 점이다.

'예언자'라고 하면 보통 앞일을 미리 말하는 '예언자豫言者'를 생각하기 쉬
우나 당시 예언자의 주 기능은 미래를 점치는 것보다 야훼 신의 말을 받들
어 대변하는 '예언자預言者'였다. 그리스어 어원으로 보아도 예언자는 '미리
말하는 이'라는 뜻의 'pre-phetes'가 아니라 '위하여 말하는 이'라는 의미의
'pro-phetes'이다.

이들 예언자는 하느님의 대변인으로 부패한 왕권과 사회를 위해 경고와
질책의 말을 전했다. 가장 대표적 예언자 몇을 든다면, 포로 이전의 아모스
(기원전 750년경), 호세아(기원전 740년경), 제1이사야(약 기원전 742년~기원전 690년),
예레미야(기원전 600년경), 그리고 포로 기간의 에스겔, 제2이사야 등을 들 수
있다.

아모스는 당시 형식화되어 무기력한 종교를 질타하고 "너희는, 다만 공
의가 물처럼 흐르게 하고, 정의가 마르지 않는 강처럼 흐르게 하여라"(「아모

클라우스 슬뤼터르의 〈모세의 샘〉. 다윗과 예레미야, 다니엘과 이사야의 모습이다.

스」5:24)라고 명했다. 하느님의 정의, 사회의 정의가 실현되지 않는다면 번 제나 찬송이나 악기 연주 같은 것이 의미가 없다는 것이다.

호세아는 하느님이 정의를 요구하는 하느님임과 동시에 용서와 사랑의 하느님임을 강조했다. 이런 사실을 호세아는 계속 바람을 피워 집을 나가는 부인 고멜을 찾아 집으로 데리고 오는 상징적인 이야기로 표현했다.

「이사야」 1장에서 39장의 저자로 알려진 제1이사야는 "소도 제 임자를 알고, 나귀도 주인이 저를 어떻게 먹여 키우는지 알건마는"(「이사야」 1:3) 이스라엘은 야훼 신을 알지 못한다고 경고하고, 자신이 직접 체험한 야훼 신과의 만남에 대해서 타는 숯으로 입술이 정결함을 받았다는 등 극적으로 표현하고 있다.(「이사야」 6:1~7)

예레미야는 '눈물의 선지자'로 특히 "아버지가 신포도를 먹었기 때문에, 자식들의 이가 시게 되었다는 말을 하지 않"(「예레미야」 31:29)는 것처럼 '신과 민족'이 아니라 '신과 각 개인'의 관계를 강조하여 '단독자'를 강조하는 '실존주의의 아버지'라는 별명을 얻기도 한다.

포로 기간에 활동했던 에스겔은 예언자로 부름 받을 때에 본 이상異像을 생생하게 묘사한다. 마치 하늘에 떠다니는 우주선의 휘황찬란함을 그대로 이야기하는 것처럼 생생하다.

제2이사야는 「이사야」 40장 이후의 저자로서 전에 말한 대로 '승리주의적' 야훼 신에서 보편신, 사랑과 긍휼의 신을 강조한다. 페르시아 해방자 고레스를 하느님의 기름 부음을 받은 자, '메시아'라고 부르기도 했다.

이런 예언자들의 한결같은 경고는 나라가 야훼 신을 멀리하여 부패하면 결국 망할 것이라는 기별이었다. 이렇게 종교인으로서 사회 정의와 공의를 외치는 예언자적 전통은 유대교가 인류에게 남긴 큰 공헌 중 하나라고 할 수 있다.

· 포로 시기 이후의 유대교 ·

성전 재건과 『토라』의 편집

조로아스터교를 이야기할 때 지적한 대로 기원전 539년 페르시아 왕 고레스가 유대인을 해방시키고 고향으로 돌아가도록 허락했다. 5만 명 이하 소수의 유대인이 예루살렘으로 돌아오고, 상당수 유대인은 그대로 바빌론에 주저앉아 유대인 '디아스포라'를 더욱 확대시킨 셈이다. 포로에서 돌아올 당시 지도자는 에스라와 느헤미아였다. 이들의 지도 아래 유대교는 재건 사업을 시작했다.

기원전 520년~기원전 516년에 제2성전을 건축하고, 성전에서 제사장이 사용할 목적으로 『토라』[6]를 편집하는 일에 착수했다. 안식일, 음식에 관한 규례, 할례, 유월절 등의 의식이 『토라』
에 모두 담기게 되었는데, 예를 들면 안
식일 제도는 창조 이야기와 연결되고, 유
월절은 출애굽 이야기에 편입된 것과 같
다. 성전에서 부를 노래로 「시편」이 편집
되어 나오기도 했다.

그리스의 영향

페르시아 제국도 기원전 333년 알렉산
더 대왕이 이끄는 그리스 제국에 망했다.

『토라』 두루마리.

알렉산더 대왕은 이집트로 가는 길에 유대를 점령해서 자기의 세력권 안에
두었다. 이때 이후 유대를 비롯한 중동 지역에 그리스 문화가 풍미하기 시
작하여 그리스의 말, 의복, 건축, 사상 등이 유행하게 되었다. 특히 그리스
어(희랍어)는 그 일대에서 통용된 국제어 역할을 하였다. 이 때문에 히브리어
로 된 성서가 기원전 250년경 알렉산드리아에 살던 유대인에 의해 그리스
어로 번역되었는데, 이것이 이른바 '70인역Septuagint'이다.[7]

　물론 전적으로 그리스 문화와 사상의 영향이라고는 할 수 없지만, 아무튼
그 영향 아래 지금 히브리어 성서에 있는 「잠언」, 「전도서」, 「욥기」 등 이른
바 '지혜문학서Wisdom Literature'에 속하는 책들이 나왔다. 「잠언」은 『카네기
처세술』 같은 말들을 모은 책이고, 「전도서」는 세상이 덧없음 내지 '헛됨'을
읊은 책이며, 「욥기」는 왜 의로운 사람이 고난을 겪는가 하는 문제를 가지
고 씨름하면서, 인간이 겪는 고난의 문제가 통속적인 의미의 인과응보 법
칙 같은 것으로 간단히 이해될 성질이 아님을 항변하는 책이다.

마카비 반란과 『다니엘』

그리스는 초기에 유대인에게 대체로 유화 정책을 썼지만 기원전 168년 안티오크 4세가 유대를 지배하면서 강경책으로 돌아섰다. 유대인들이 『토라』를 읽을 수 없게 하고, 성전에서 제사 드리는 것도 금했다. 심지어는 예루살렘 성전을 제우스를 위한 신전으로 만들고 유대인이 제일 금기시하는 돼지를 잡아 제사를 지내기도 했다. 기원전 164년 12월 하스몬가家의 이른바 마카비('망치'라는 뜻) 형제가 주동하는 군대가 폭동을 일으켜 예루살렘 성전을 탈환했다. 그 후 100년 간 이들이 유대를 차지하였다. 현재 유대인이 크리스마스와 비슷한 때 지키는 하누카Hannukah는 예루살렘 성전을 탈환할 때 등불에 기름이 모자랐지만 기적적으로 불이 꺼지지 않았음을 기념하는 '빛'의 절기다.

이렇게 세월이 험악해지면서 한국의 『정감록鄭鑑錄』 같이 말세를 예언하는 도참서 형식의 책들이 많이 나타났다. 그 대표적인 것이 「다니엘」로서, 거기에는 장차 구름 타고 올 '사람의 아들(人子)'이라든가 하는 종말론적 이

하누카를 기념하는 모습.

야기가 많이 나온다. 이 책은 바빌론 포로 시기의 인물 다니엘이 미래를 예언하며 쓴 형식을 취하고 있지만, 사실은 바빌론·페르시아 제국도 다 지나고 그리스가 세력을 잡고도 한참이 지난 후 마카비 반란(기원전 164년)이 있은 다음에 쓰인 것으로, 히브리어 성서에 포함된 책 중에서는 가장 나중에 쓰인 책이다. 다니엘이 들어간 사자굴이나 풀무불은 마카비 반란 당시 유대인이 겪은 고통을 상징하는 것으로서 이런 어려움을 견디면 하느님의 왕국이 곧 도래하리라는 믿음을 나타낸다. 마카비 전쟁에서 죽은 억울한 군인들도 그때가 오면 죽음에서 부활한다는 부활 사상이 이 책에서 처음으로 확고하게 표현되기도 했다.

· 로마 식민지 시대의 유대교 ·

유대교 당파들

마카비 시대 전후로 유대에는 종교 및 정치 이념의 차이에 따라 여러 종파 내지 당파가 생겨나게 되었다. 규모가 큰 것으로 사두개파the Sadducees, 바리새파the Pharisees, 에세네파Essenes 등이 있다. 사두개파는 제사장과 부자 상인들로 이루어져 정치적으로는 개방적이었지만 신학적으로는 보수적이라 『토라』만 정경正經으로 받아들이고, 천사나 부활 같은 것을 믿지 않았다. 바리새파는 사회 각층의 사람으로 구성되었는데, 정치적으로는 보수적이지만 신학적으로 개방적이어서 『토라』 이외에 구전도 받아들이고 천사나 부활 같은 것을 믿었다. 에세네파에 대해서는 별로 알려진 것이 없다가 1947년 사해 서북쪽 기슭 쿰란에서 발견된 사해사본死海寫本에 의해 그

윤곽이 드러났다. 이들은 부패한 사회와 격리되어 '의의 선생the Teacher of Righteousness'의 지도 아래 공동생활을 하며, 채식과 독신 생활과 안식일을 철저하게 지키고, '임박한 세상의 종말'이 오면 '빛의 자식들'이 '어둠의 자식들'을 이기게 되리라 기대하고 있었다.

드디어 사두개파와 바리새파 사이의 갈등이 내전으로 확대되고, 이로 인해 시리아에 주둔하던 폼페이 장군이 이끄는 로마 군대가 이를 평정한다는 구실로 기원전 63년 유대에 진주해 유대를 식민지로 삼고, 그 후 심한 세금으로 유대인을 수탈하기 시작했다. 로마 통치자들은 유대교를 받아들이지도 않던 안티파터Antipater를 왕으로 삼고, 그가 죽자 그 아들이 왕이 되었는데, 그가 바로 예수의 탄생 이야기와 관련되어 잘 알려진 헤롯 왕이다.

메시아주의

식민지 시대 유대인 사이에서는 메시아가 나타나 자신들을 식민지 정치에서 해방시키리라고 믿고 기다리는 메시아주의messianism가 점점 팽배하게 되었다. 아브라함과 모세에게 한 야훼 신의 언약에 따라 유대가 세계를 지배하는 나라가 되리라고 믿었고, 또 야훼 신이 다윗에게 한 언약에 따라 유대를 그런 나라로 인도할 메시아가 다윗의 후손 중에 나타나리라 확신했다. 이제 유대인이 이렇게 어려움을 당하고 있으니 야훼가 그 약속을 지킬 때가 되었다 믿고 기다렸다. 여러 사람이 스스로 메시아라고 하며 나타나기도 했다. 예수를 믿고 따르는 사람들은 예수가 바로 그 대망의 메시아(그리스어로는 그리스도)라고 믿었다. 그러나 나머지 사람들은 여전히 메시아가 오길 고대하고 있었다.

예루살렘 멸망

기다리던 메시아가 나타나지 않자 유대인 중 열성당Zealots이라 불리는 사람들은 66년 로마에 반기를 들었다. 그리고 결국 70년 로마 황제의 아들 티투스가 이끄는 군대에 의해 예루살렘은 제2성전의 기초가 되었던 벽만 남고 완전히 파괴되고 말았다. 그 후 중건되지 않고 기초 벽만 지금까지 서 있는데, 이것이 바로 '통곡의 벽'으로 지금도 유대인 순례자들이 찾아가 눈물의 기도를 드리는 곳이다. 예루살렘 멸망 당시 많은 유대인은 바빌로니아, 아라비아 사막, 시리아, 소아시아, 이집트, 스페인, 북아프리카, 이웃 여러 나라로 피난을 가고, 그 중 아직도 미련을 버리지 못한 열성당 일부는 예루살렘에서 사해 쪽으로 내려가다가 있는 마사다Masada 산정으로 도망가 끝까지 저항했지만 로마 군은 산꼭대기에 이르는 비탈을 만들어 올라갔고, 약 900명 유대인은 항복하는 대신 집단 자결로 저항을 마무리 지었다. 이 사건은 지금도 이스라엘 군인이 본받아야할 저항 정신으로 여겨져 입대할 때 방문하는 곳이 되었다.

로마는 파괴된 예루살렘을 재건하기로 하고 우선 그 전 지성소가 있던 곳에 제우스를 위한 신전을 세웠다. 그때까지 팔레스타인에 남아 있던 유대인들이 132년에 다시 봉기를 일으켰는데, 3년 반 동안 계속된 이 봉기로 유대의 전 도성이 완전히 파괴되어 팔레스타인은 실제로 유대인이 거의 살지 않는 곳이 되고 말았다. 그나마 조금 남은 유대인은 『토라』를 읽을 수도, 안식일을 지킬 수도, 할례를 받을 수도 없었다. 로마인이 재건하고 앨리아 카피톨리나Aelia Capitolina라는 새로운 이름을 붙인 예루살렘에는 유대인의 출입이 금지되고 오로지 1년에 한 번 '파괴 기념일'에 많은 입장료를 내고 들어가 통곡의 벽에 기대어 통곡할 수 있을 뿐이었다.

예루살렘 성전의 서쪽 벽, '통곡의 벽'.

이때 이후 유대인들은 완전히 흩어지게 되고, 이후 유대인은 종교적·민족적 중심지가 없이 모두 디아스포라 상태에서 떠돌며 살게 되었다. 이제 성전이 없어진 이상 물론 제사장 계급도 없어지고, 그것을 중심으로 갈라져 싸우던 사두개파도, 바리새파도, 에세네파도 없어졌다.

시너고그와 『탈무드』

유대인들이 디아스포라에 의해 바빌론 등지에 뿔뿔이 흩어져 살게 되고, 팔레스타인에 살던 이들도 멀리 떨어져 있어서 예루살렘 성전에서 올 수도 없고, 또 결국 성전이 파괴되고 없어진 다음에는 성전에서 모이는 것이 완전히 불가능하게 되었다. 이때 등장한 것이 시너고그Synagogue로서 지난 2,000년 동안 유대교의 중심이 되었다. '시너고그'는 그리스어로 그냥 '모임'이란 뜻인데 한국말로 '회당'이라 번역된다. 유대인이 모여 사는 곳이면 어디나 세워졌는데, 시너고그를 세울 수 있는 두 가지 조건은 13세 이상 되는 남자 열 명과 『토라』의 사본을 갖추는 것이다. 시너고그의 지도자는 '랍비'로서, '나의 선생'이라는 뜻이다. 그러니까 시너고그는 제사 드리는 곳이 아니라 『토라』를 읽고 기도하는 장소요, 랍비는 제사장이나 목사가 아니라 『토라』를 읽고 가르치는 선생님이었다. 그러나 시너고그는 유대교를 위한 중심 기관이었고, 지금 랍비는 유대교를 이끄는 중심인물로서 실질적으로 신부나 목사 같은 역할을 한다.

랍비들은 더 이상 야훼 신으로부터의 계시가 없는 것으로 믿고, 이제부터 할 일은 주어진 말씀을 깊이 해석하고 실생활에 적용하는 일이라고 생각했다. 아브라함이나 모세 시대 유목민에게 주어진 율법이 그때와 완전히 다른 환경에 살고 있는 자신들에 적용될 수 있도록 성서를 재해석하기 시작

체코 프라하 유대인지구의 마이셀로바 시너고그. 현재 유대박물관으로 사용 중이다.

했다. 따라서 특수한 해석 방법이 계발되고, 그것을 이용한 주석이 생겨나고 그 주석에 다시 주석이 생기고, 그러면서 여러 가지 새로운 상황을 반영하는 새로운 사상들이 생겨나기도 했다. 예를 들어 '영혼'이라는 개념이 히브리어 성서에는 없지만 이런 주석을 통해 유대교의 일부가 되는 식이다. 역사적으로 이런 주석을 집대성한 것이 바로 6세기 초 바빌론에 있던 랍비들에 의해 편집된 『탈무드 *Talmud*』이다. 이후 『탈무드』는 유대인에게 히브리어 성서와 함께 최고의 권위를 가지는 종교 서적이 되었다.

▪ 중세 유대교 ▪

그리스도교의 등장과 함께 유대교는 없어진 것으로 생각하는 그리스도인이 있다. 초대 그리스도인들도 그렇게 생각했다. 그리스도교가 유대교의 완성이라고 보고 유대인은 모두 그리스도인이 되어야 한다고 생각한 것이다. 초기 그리스도인들의 노력에도 불구하고 유대인 중에는 예수를 그리스도로 받아들이는 사람이 소수에 불과했다. 신자가 모두 유대인으로 시작된 유대인의 종교였던 그리스도교는 바울의 전도 활동 등으로 점점 그리스 문화에 젖은 비유대인 사이에 퍼져서 예수를 그리스의 종교나 철학으로 교리화하였다. 특히 그리스도인이 되는 데는 할례나 기타 유대인의 규례를 지키지 않아도 된다고 가르치는 등 유대교 뿌리를 떠나 그리스화하면서 유대인이 전혀 받아들일 수 없는 이방 종교가 되었다.

이런 상황에 이르자 그리스도인 중에서 유대인에 대한 적대감이 커지기 시작했다. 잘 알려진 바와 같이 예수는 로마인의 손에 의해 죽었는데도 결국 유대인 때문에 죽은 것으로 보고 유대인을 '그리스도를 죽인 자들'이라 불렀다. 이런 반유대인 감정을 영어로는 'anti-Semitism'이라고 하는데, 이런 감정은 그리스도교 경전인 '신약'에 그대로 반영되어 있다. 예를 들어 돈을 받고 예수를 유대 관헌에게 넘겨준 배반자를 일부러 '유다'라는 이름으로 등장시켜 유대인 전체가 예수의 배반자라는 인상을 남기는 식이다.

이렇게 그리스도인들이 품고 있던 적대감이 특히 312년 그리스도교가 로마의 공식 종교가 되면서 여러 행동으로 옮겨지고, 이에 따라 유대인의 입지는 더욱 불리하게 되었다. 이슬람교가 생기면서 이슬람교 국가에 많이 정착하게 되었는데, 그리스도교 국가보다는 이슬람교 국가가 유대인을 '책을 가진 백성'이라는 이유로 더 관대하게 대하였기 때문이다. 유대인과 이슬람교인이 이루어 낸 문화가 그 당시 여러 면에서 유럽 문화를 훨씬 능가하였다.

그리스도교 국가에 있던 유대인은 여러 모로 박해를 받았는데, 예를 들면 11세기 그레고리 7세는 그리스도인이 유대인을 고용하지 못하게 하였다. 심지어 1215년 공의회에서는 유대인에게 그리스도를 죽인 수치의 상징으로 색깔 있는 천을 가슴에 붙이고 다니라는 명령까지 내렸다. 특수한 모자를 쓰고 다니도록 하는 곳도 있었다. 십자군이 생기면서 독일을 시발점으로 전 유럽에 걸쳐 있던 유대인을 '불신자infidels'로 지목하고 무더기로 살해하였고, 살아남은 유대인에게는 추방령을 내렸다. 독일을 위시하여 1290년에는 영국에서, 1306년에는 프랑스에서 유대인의 거주권을 박탈했다. 이리저리 떠밀려 다니던 유대인은 스페인에 가서 살았는데, 거기서도 1492년 그리스도교로 개종을 하든지 떠나든지 하라는 명령이 내려졌다. 그 밖에도 유대인은 땅이나 가옥 등 부동산을 소유하지 못하였고, 자연히 돈이 있으면 빌려주는 일이나 보석을 취급할 수밖에 없었다. 도시에 거주하던 유대인은 높은 벽으로 둘러싸인 일정한 지역에 따로 살게 하고 저녁에 일정한 시간이 되면 문을 걸어 통행을 금지시켰다. 이런 곳을 게토ghetto라고 하는데, 14세기~15세기경에는 유럽 여러 도시에서 의례적으로 볼 수 있는 현상이었다.

이런 박해 중에도 유대인은 학문에 힘써서 여러 학파도 생기고 스페인 출신으로서 이집트 왕을 위한 의사 겸 학자로서 아랍어로 책을 써 유대인과 이슬람교인의 존경을 한꺼번에 받았던 그 유명한 모세 마이모니데스Moses Maimonides(1135년~1204년)와 같은 이도 나왔다.

그뿐만 아니라 유대인 중에서는 이런 이론적인 것에 만족하지 못하고, 카발라Kabbala라는 신비주의 사상을 발전시키기도 했다. 처음에는 히브리어 성서에 나오는 낱말의 수치를 계산하고 거기서 '더 깊은 뜻'을 알려고 하는 숫자학이 주된 관심이었지만 점점 더욱 신비주의적인 경향으로 발전하다가 1280년 카발라 전통에서 가장 유명한 책 『조하르Zohar』같은 것이 등장한다. 신은 무한한 빛으로서 거기에서 지혜, 아름다움 등 열 가지 남성적 특성과 여성적 특성이 나온다고 보았다. 카발라는 18세기에 폴란드와 유크레인에서 하시디즘Hasidism이라는 형태로 발전했는데, 그 대표자는 바알 셈 토브Baal Shem Tov(1699년~1760년)였다. 하시디즘은 '경건'이라는 뜻으로, 모세 오경에 나오는 율법에 문자적으로 순종하거나 앞으로 올 메시아를 기다리는 것만으로는 깊은 경건의 경지에 이를 수 없고, 오로지 마음을 다하여 드리는 순결한 기도를 통해서만 깨달음에 이를 수 있는데, 이것은 누구나 도달할 수 있는 경지라고 역설했다.

· 근대 유대교 ·

16세기 그리스도교 종교개혁은 유대인에게 별로 도움이 되지 않았다. 마르틴 루터가 처음에는 『예수는 유대인으로 태어났다』는 책을 쓰는 등 유대인에게 호의적으로 대하며 유대인을 프로테스탄트로 개종시키려 했다. 유대인들이 이를 거절하자 그는 『유대인과 그들의 거짓에 대하여』라는 책을 쓰는 등 노골적인 적의를 보였다. 몇 년 전 루터교는 유대인에 대한 루터의 편견에 대해 공식적으로 사과한 적이 있다.

유대인을 해방시킨 것은 1789년 나폴레옹이 이끈 프랑스혁명이었다. 이른바 '인권 선언'을 통해서 모든 사람이 법 앞에서는 평등함을 선언했는데, 모든 사람 속에는 유대인도 포함되었다. 나폴레옹은 가는 곳마다 게토를 없앴다. 유대인은 적어도 법적으로는 게토에서 해방된 것이다. 주류 사회의 저항도 있었지만 결국 많은 유대인이 게토에서 나와서 주류 사회에 편입되었다. 그 대표자가 이름을 독일식으로 고치고 다른 사람도 그렇게 하도록 권장한 멘델스존Moses Mendelssohn(1729년~1786년) 같은 사람이었다. 나중에 유대인도 대학에 입학할 수 있는 자격을 획득하고, 그때부터 유럽에서 명성 높은 인물이 많이 배출되었다.

유대교의 종류

| **개혁파**   유대 사회의 개방과 함께 유대교 사상에도 변화가 왔다. 교육을 받고 지적인 유대인 중에는 유럽 계몽사상의 흐름과 보조를 맞추어 유대교를 개혁하는 움직임이 있었다. 이 개혁의 바람에 의해 생긴 것이 바로 '개혁파 유대교Reform Judaism'이다. 독일에서 처음 시작된 이 운동은 안식일 예배를 간소화하여 보통은 금요일 저녁에 모이고, 메시아의 도래나 죽은 자의 부활이나 유대 땅에 나라를 세운다는 생각 등을 모두 버렸다. 예배에 오르간이나 찬양대를 허용하고 찬송도 현대어로 불렀다. 여자에게도 랍비가 될 자격을 주었다. 이 운동의 급진파에 속하는 사람들은 1843년에 다음과 같은 내용의 선언을 하여 유대 사회를 놀라게 했다. "첫째, 유대교는 계속 발전한다. 둘째, 『탈무드』는 교리나 실천면에서 우리에게 아무런 권위를 행사할 수 없다. 셋째, 이스라엘 백성을 다시 팔레스타인으로 인도한다는 메시아는 기대하지도 않고 바람직하지도 않다. 우리에게는 출생과 시민권에 의

해 소속된 나라 외에 조국이란 없다."

미국 첫 흑인 여성 랍비,
알리사 스탠튼.

| **정통파**   자연히 이런 급진적인 움직임에 반
대하는 유대인이 생겼다. 보수주의 유대인들
은 '정통파 유대교Orthodox Judaism'라 주장하며
개혁파를 혁파하려고 했다. 『토라』에 나타난
야훼의 계시가 최종이며, 그 말씀과 『탈무드』
의 지시에 충실해야 한다는 정통 믿음을 개혁
파가 뒤엎기 때문이었다. 정통파는 전통적인
안식일을 지키고 음식에 관한 규정이나 절기
들을 그대로 유지해야 한다고 주장했다. 시너
고그에서는 남녀가 벽을 사이에 두고 구분하
여 앉고, 히브리어를 그대로 쓰고, 남자는 조그만 모자를 쓴다. 대체로 정통
파 유대인이 개혁파보다 많다. 개혁파는 수세에 몰려 대부분 영국이나 미
국으로 건너가서, 미국은 정통파보다 개혁파의 수가 더 많다.

이 외에도 '보수파 유대교Conservative Judaism', '재건파 유대교Recontructionist
Judaism', '근본주의파 유대교Fundamentalist Judaism' 등과 인종적으로만 유대인
일 뿐 종교적으로는 아무런 관계없이 살아가는 유대인 등 여러 종류의 유대
인이 있다. 유대교인의 경우 어머니가 유대교인이면 자동으로 유대교인이지
만 아버지만 유대교인이면 별도로 유대교에 입교를 해야 유대교인이 된다.

시온주의

1800년대 중반에 들어오면서 유대인 중에 경제적으로나 사회적으로 성공

하는 사람이 많이 나오게 되는데, 이것은 다시 반유대주의를 부추기는 계기가 되었다. 유대인은 결국 자신들의 나라가 있어야 한다는 생각을 더욱 절실하게 느끼게 된다. 부다페스트 출생 오스트리아 의사 테오도르 헤르츨 Theodore Herzl은 1896년 『유대국』이라는 책을 써서 "조국 시온으로 돌아가자"고 호소했다. 이 운동을 '시온주의Zionism'라고 하는데, 곧 유럽 여러 나라로 확산되었다.

개별적으로 팔레스타인에 이주한 유대인들은 1909년 텔아비브라는 도시를 건설했다. 제1차 세계대전 동안인 1917년 영국을 위해 복무하던 시온주의자가 영국 외상을 설득해서 '영국 정부는 팔레스타인에 유대인을 위한 국가를 건설하는 것을 우호적으로 생각한다'는 밸푸어 선언Balfour Declaration을 발표하게 했다. 이에 고무되어 전쟁이 끝난 후 영국이 관장하던 팔레스타인으로 유대인들이 대거 이주했다. 1928년경에 10만 명이던 유대인이 1931년에 17만 5,000명, 1933년에 20만 명으로 늘어났다. 이주가 늘자 영국 정부는 이주자의 수를 1년에 1만 5,000명으로 제한했다.

유대인 대량 학살

1933년 히틀러가 나치 정부를 수립하고 '유대인 문제의 해결'이라는 반유대인 규정을 제정했다. 1941년에는 '최후의 해결'이라는 정책으로 유대인을 완전히 말살하려고 했다. 유대인 대량 학살Holocaust의 정치·경제적 원인과 동기가 여러 가지겠지만, 결과적으로 제2차 세계대전 중 전 세계 유대인 인구의 약 3분의 1에 해당하는 600만 유대인이 살충제로 사용되던 '지클론 B' 가스로 살해되었다. 이 대량 학살을 히브리어로는 '쇼아Shoah'라고 하는데 '완전한 번제'라는 뜻이다. 이때의 경험은 〈쉰들러 리스트〉, 〈인생은 아름다워〉 같은 영화나 노벨상을 탄 엘리 비젤Elie Wiesel의 소설 『나이트Night』, 혹은 오스트리아 정신과 의사 빅토르 프랑클Viktor Frankl의 『삶의 의미를 찾아서』 같은 책에서 그 단편이나마 볼 수 있다.

아우슈비츠 강제 수용소.

1947년 유엔 총회에서는 팔레스타인을 분할해서 유대인에게 나라를 건설하도록 허용하는 결의를 채택했다. 이렇게 무수한 난관을 극복하고 1948년에 탄생시킨 '조국'이 바로 '이스라엘'이다. 물론 이 지역에 본래부터 살고 있던 팔레스타인 사람들에게는 날벼락 같은 일이었다. 일단 이웃

대량 학살의 참상.

지역으로 피신 가서 살던 팔레스타인 사람들이 결집하여 '팔레스타인 해방기구PLO'를 구성하고 자신들의 '조국'을 회복하기 위해 오늘까지 계속 싸우고 있다.

최근에도 팔레스타인 자살 폭탄 특공대에 의해 수십 명의 인명이 살상되었다는 보고가 나오고 있다. 2001년, 대 팔레스타인 강경책을 쓰고 있는 샤론 정권 출범 이후 계속되는 현상이다. 샤론 정권은 1967년 6월 중동 전쟁에서 이스라엘이 점령한 점령지에 이스라엘인을 위한 정착촌을 건설하고 있는데, 이 정착촌 건설은 팔레스타인인의 증오를 부채질하고 팔레스타인

의 자살폭탄 특공대는 이스라엘인의 증오를 불러일으키는 분노의 악순환
으로, 평화의 길은 아직도 요원한 느낌이다.

▪ 유대인이 지키는 것 ▪

정통 유대인들은 안식일을 철저히 지킨다. 금요일 해질 때부터 토요일 해
질 때까지를 안식일이라 하고, 창조의 기념일로 생각한다. 이 날은 대체로
일은 금하고 부부간의 성교 같이 성스러운 일만 허용한다. 금요일 해질 때
가족이 모여 어머니가 촛불을 켜고 아버지는 잔을 들어 축복의 기도를 드
리며 성서를 읽는다. 다음 날은 시너고그에 가서 같이 예배한다. 이와 같은
안식일 제도는 유대인의 종교 생활에 근간이 된다. 유대인이 안식일을 지
켰다기보다 안식일이 유대인을 지켰다는 말이 성립될 정도이다. 7일에 하
루를 쉬고 그 쉼을 성스럽게 한 것은 유대교가 인류를 위해 이룩한 중요한
공헌이라 할 수 있다.

　유대교와 관련하여 다른 한 가지 특이점은 유대인이 음식을 가려먹는다
는 것이다. 음식 중에 특별히 먹어도 되는 '적절한' 음식이 있는데, 이를 코
셔Kosher('적절하다'는 뜻)라고 한다. 히브리어 성서 「레위기」 11장에 규정된 것
같이 짐승으로서는 굽이 갈리고 새김질을 하는 양이나 소 같은 것, 생선 중
에서는 비늘과 지느러미가 함께 있는 것, 새 중에는 다른 동물을 잡아먹지
않는 것, 곤충 중에는 네 발로 가지 않는 것 등이다. 돼지, 토끼, 뱀장어, 새
우, 가재, 독수리 등은 먹을 수 없다. 먹을 수 있는 것도 특별히 자격을 가진
사람이 잡아 완전히 피를 뺀 것이어야만 한다. 특히 우유나 우유에서 나온

음식을 고기와 섞거나 서로 가까이 두어서는 절대 안 된다. 염소를 그 어미의 젖으로 삶지 말라는 말을 엄수하는 것이다.

다른 한 가지 주목할 만한 것은 유대인 남자 아이들이 어릴 때 '언약의 표'로 할례를 받는다는 것이다. 그리고 남녀 13세가 되면 바르 미츠바Bar Mitzvah(계명의 아들), 바트 미츠바Bat Mitzvah(계명의 딸)라는 성인식을 갖고 유대 사회에서 성인으로서의 자격을 갖는 것도 특이한 점이다.

· 유대교의 오늘 ·

2013년 통계에 의하면 유대인의 수는 1,400만 명이다. 이스라엘 인구 800

만 명 중 약 600만 명이 유대인이다. 미국에 약 550만 명, 캐나다에 약 37만 5천명, 그 외에 유럽과 기타 여러 나라에 200만 명 정도가 퍼져 있다. 최근 세계적인 개방의 물결에 따라 비유대인과의 결혼이 늘어나고 있다. 미국의 경우 유대인 젊은이들 중 비유대인과의 결혼 비율이 절반가량 된다. 비유대인들과 결혼한 부부의 자녀 중 3분의 1정도만 유대교를 실천하고 있다. 이와 함께 시너고그에 참석하는 비율이 현저하게 줄어들고 있다. 미국의 경우 유대인이라지만 유대교와 상관없이 사는 이들이 거의 반 이상이 될 것으로 본다.

많은 유대교 사상가와 유대인이 현재 가지는 최대의 의문은 나치에 의한 유대인 학살과 현대 이스라엘 건국이 그들에게 무엇을 의미하는가 하는 것이다. 이것은 엄청나게 새로운 정황에서 민족적 정체성과 종교적 의미를 어디에서 찾을 수 있을까 재점검하려는 노력이라 볼 수 있다.

읽으면 좋을 책

- Neusner, Jacob. *The Way of Torah: An Introduction to Judaism*. 6th ed., Belmont, CA: Wadsworth Publishing Co., 1997.
  (한국어판) 서휘석 · 이찬수 옮김. 『유대교 입문 토라의 길』 민족사, 1992.
  기본 교과서.
- Scholem, Gershom G. *Major Trends in Jewish Mysticism*. New York: Scocken Books, 1974.
  유대교 신비주의 연구를 위한 고전적인 책.
- Selzer, Robert. *Jewish People, Jewish Thought: The Jewish Experience in History*. New York: Macmillan, 1980.
  유대교를 알기 위한 단행본으로 훌륭함.
- Wiesel, Elie. *Night*. New York: Bantam, 1960.
  나치 수용소 이야기를 적은 짧고 감명 깊은 책. 그 내용 일부는 『예수는 없다』의 179~182쪽에 나와 있음.

그리스도교

Christianity

그리스도교는 현재 세계에서 신도수가 가장 많은 종교이다. 그리스도교 신자를 대략 18억~20억으로 본다면 세계 인구의 3분의 1에 해당한다. 한국에서도 1970년대 이후 그리스도교인의 수가 폭발적이라고 할 정도로 증가하여, 최근 통계에 의하면, 가톨릭(11%)과 개신교(18%)를 합해 남한 인구의 거의 3분의 1이 그리스도인이라고 한다.[1] 이는 한국의 전통 종교인 불교를 믿는 인구를 넘어선다. 그리스도교는 이제 한국인들에게 단순히 '외래 종교'가 아니다. 현재 한국인의 종교적인 삶이나 한국의 종교 문화를 이해하기 위해서도 그리스도교를 더욱 깊이 들여다보는 것이 중요한 일이 아닐 수 없다.

· 창시자 나사렛 예수 ·

그리스도교는 나사렛 예수Jesus의 삶과 가르침과 죽음과 부활에 기초한 종교라 할 수 있다. 그러나 예수의 삶과 가르침과 죽음과 부활이 무슨 뜻인지를 이해하는 방법에 있어서는 모두가 다른 의견을 가지고 있다. 예수는 지

예수가 주로 활동했던 갈릴리 호숫가.

금 세상에서 가장 잘 알려진 이름이지만, 예수 당시에는 그를 따라 다니던 제자들과 얼마의 무리를 제외하고는 거의 알려지지 않았다. 따라서 그에 대한 기록은 그리스도교 경전 중 처음 나오는 사복음서四福音書 이외에는 거의 전무하다 해도 과언이 아니다. 사복음서는 예수의 생애를 서술한 전기나 역사적 기록이라기보다 예수에 대한 믿음을 밝히는 '신앙 고백서'나 믿음을 다른 이에게 전하는 '신앙 해설서'의 성격을 가지므로 객관적인 역사적 자료로는 충분하지 못하다. 신학자 사이에서도 복음서에 나타난 예수의 말과 행동이 어느 정도 역사적인가 하는 문제로 의견이 분분하다. 여기서는 그런 문제를 상세하게 논하는 대신 사복음서에 나온 이야기를 중심으로 그 삶의 큰 줄기를 살펴보기로 한다.

출생과 성장

예수의 출생 연대를 정확하게 알 수는 없다. 「마태복음」에 따르면 "헤롯 왕 때에" 태어난 것으로 되어 있는데, 그렇다면 헤롯이 죽은 기원전 4년 이전이어야 한다. 또 「누가복음」(3:1)에 보면 침례 요한이 등장하여 가르치기 시작한 것이 로마 황제 디베료 15년, 즉 서기 26년이나 27년인데, 그때 그에게 침례를 받으려고 나온 예수의 나이가 30세라고 했기에, 이를 역산하면 대략 기원전 6년~기원전 4년에 출생했으리라는 계산이 나온다.[2] 그러나 「누가복음」 앞부분(2:1~4)에 보면 "구레뇨가 시리아의 총독으로 있을 때" 호구 조사를 하라는 명을 받고 요셉과 마리아가 베들레헴으로 갔다가 거기서 아기를 낳았다고 되었는데, 역사적으로 구레뇨가 총독으로 있은 때가 서기 6~9년이다. 이렇게 엇갈리는 연대 가운데 보통 「마태복음」의 기록에 따라 예수의 출생 연대를 기원전 4년으로 보고 있다.

17세기 에스파냐 화가
바르톨로메 에스테반 무리요의 〈수태고지〉.

사복음서 중에 「마태복음」과 「누가복음」에서만 예수의 출생에 대한 이야기가 나온다. 두 복음서는 공통으로 예수의 어머니 마리아가 미혼 상태에서 성령으로 임신을 했으며, 그가 예루살렘에서 멀지 않은 베들레헴이라는 곳에서 태어났다고 전한다. 마리아의 남편은 목수 요셉이었다.

「마태복음」에 따르면 아기가 태어났을 때 동방에서 별을 보고 "동방박사"들이 선물로 "황금과 유향과 몰약"을 가지고 아기를 경배하러 찾아왔다고 한다. 여기서 동방 박사들이란, 앞에 조로아스터교에서 언급한 바와 같이, 조로아스터교의 제사장들이었다. 천사가 요셉의 꿈에 나타나 당시의 왕 헤롯이 아기를 죽이려 하니 아기와 어머니를 데리고 이집트로 피신을 하라고 일러 주었고, 이집트로 간 세 식구는 헤롯이 죽기까지 거기서 살았다.

「누가복음」에는 이야기가 조금 다르다. 아기가 태어나던 밤에 들에서 양을 치던 목자들이 천사의 기별을 받고 아기를 찾아와 구유에 누인 아기를 경배했다. 태어난 아기는 규례대로 예루살렘에 올라가 성전에서 봉헌식을 치렀다. 예루살렘에 시므온이라는 경건한 사람이 있었는데, 성령의 감동으로 성전에 들어가 아기가 오는 것을 보고 받아 안고 "주님, 이제 주께서는 주의 말씀을 따라, 이 종이 세상에서 평안히 떠나갈 수 있게 해주셨습니다.

내 눈이 주의 구원을 보았습니다. 주께서 이것을 모든 백성 앞에 마련하셨으니, 이것은 이방 사람들에게는 계시하시는 빛이요, 주의 백성 이스라엘에게는 영광입니다"(2:29~32)라고 말했다. 붓다가 태어났을 때 아시타가 아기에게 와서 한 말을 연상하게 한다.

예수가 갈릴리에서 자라나 갈릴리 사람이라는 것은 사복음서 모두가 공통으로 이야기한다. 그러나 성장기에 대한 이야기는 「누가복음」에 잠깐 언급된 것 이외에 없다. 「누가복음」에 보면 그가 12세에 부모와 함께 예루살렘 성전으로 유월절을 지키러 갔다가 부모가 집으로 가는 것도 모르고 성전에 남아서 종교 지도자들과 토의를 했는데, "모두 그의 슬기와 대답에 경탄하였다"(2:47)는 것이다. 마리아가 어떻게 된 것이냐고 물어 보자 예수는 "어찌하여 나를 찾으셨습니까? 내가 내 아버지의 집에 있어야 할 줄을 알지 못하셨습니까?"(2:49) 하였다고 한다.

침례와 시험

세계 종교사적으로 그렇게도 중요한 그 '30세'가 되어 예수는 침례 요한에게 가서 침례를 받았다. 그 당시는 물을 뿌리거나 바르는 '세례'가 아니라 전신이 물에 잠기는 '침례'였다. 예수도 물에 잠겼다 올라오는데, 하늘이 갈라지고

베로키오와 레오나르도 다빈치의 〈세례 받는 예수〉.

성령이 비둘기처럼 내려오는 것을 보게 되고, 또 하늘에서 "이는 내 사랑하는 아들이다. 내가 그를 좋아한다"(「마태복음」 3:17)라는 소리를 들었다.

침례를 받은 후 곧 성령의 인도함을 받아 광야로 나가 40일 간 금식과 기도로 시간을 보냈다. 공관복음共觀福音[3]은 예수가 사탄의 시험을 받았다고 한다. 「마태복음」과 「누가복음」에는 그 시험이 세 가지였다고 하는데, 그 순서는 각각 다르다. 「마태복음」의 순서대로 하면 첫째 시험은 사탄이 와서 예수에게 하나님의 아들이거든 돌을 떡으로 만들라는 것이었다. 둘째는 예수를 성전 꼭대기에 세우고 하나님의 아들이거든 아래로 뛰어내리라는 것이었다. 셋째는 산꼭대기로 데리고 가 천하만국과 그 영광을 보여 주고 자기에게 엎드려 경배하면 이 모든 것을 주겠다는 것이었다. 요즘 말로 고치면, 경제적 · 종교적 · 정치적 시험이라 할 수 있다. 예수는 이런 유혹을 모두 물리쳤다. 종교는 돌을 떡으로 만드는 것도, 성전 꼭대기에서 뛰어내려도 다치지 않는 초능력을 발휘하는 것도, 막강한 권력으로 세상을 휘어잡는 것도 아니라는 뜻이다.

예수의 삶에서 이 두 가지 사건은 궁극 실재와의 새로운 관계를 통한 '의식의 변화transformation'를 가져다 준 체험이 된다. '비보통적 인식 능력의 활성화'를 통해 지금까지의 일반적인 세계관이나 가치관이 완전히 '비보통적extraordinary'으로 바뀌는 체험이다. 이제 떡으로만 살 것이 아니요, '로고스' 곧 '의미'로 살게 되는 것이다. 종교사를 통해서 볼 때, 붓다나 무함마드나 최제우 등의 경우와 마찬가지로, 위대한 종교 지도자는 이런 체험을 통해 새로운 의식과 확신으로 거듭나게 되고, 이런 일이 가능한 후에 그 체험을 행동으로 옮겨 사람들을 가르치기 시작하였음을 알 수 있다.

갈릴리에서의 활동과 가르침

예수는 침례와 시험을 받은 후 갈릴리로 돌아가 외치기 시작했다. 「마태복음」에 따르면 가장 처음 외친 복음이 "회개하여라. 하늘나라가 가까이 왔다"(4:17)라는 것이었다. 이것은 예수의 최초 기별이자, 중간 기별이며, 마지막 기별이었다. 그야말로 초지일관된 기별이었다. 대부분 학자들은 이 기별이 예수가 가르친 복음의 핵심이었다는 데 의견이 일치한다. 그러나 이 기별의 참된 뜻이 무엇인가에 대한 해석은 학자마다 다르다. 19세기 말부터 많은 학자가 예수가 가르친 이 기별의 뜻을 알아내는 데 관심을 집중했다고 해도 과언이 아니다. 이른바 '예수의 종말관Jesus eschatology'이 무엇이었나 알아보는 문제였다. 대표적인 학자의 해석을 요약하면 다음과 같다.

│ **철저한 종말관**　알베르트 슈바이처Albert Schweitzer(1875년~1965년)에 의하면 예수는 자신의 당대에 세상 끝이 이를 것으로 믿고 그에 따라 말하고 행동하고 가르쳤다. 제자들에게는 복음을 전파하러 보내면서 "이스라엘의 동네들을 다 돌기 전에" 세상이 끝나리라고 했다.(「마태복음」 10:23) 예를 들어 오른뺨을 때리거든 왼뺨도 돌려대라는 등의 가르침은 세상의 종말이 임박했으니 그런 일로 따지고 다툴 일이 없다고 생각했으므로 가능한 이야기라는 것이다. 따라서 예수의 윤리는 세상 끝이 오기 전에 일시적으로 잠깐 적용된 '중간 윤리'였다는 이론이다.

│ **실현된 종말관**　영국의 신약학자 다드C. H. Dodd(1884년~1973년)는 예수가 미래에 올 종말을 기다리지 않았다고 본다. 예수의 활동이 바로 천국 건설을 위한 것이므로, 천국은 이미 실현된 것으로 보았다는 뜻이다. "하나님의

나라가 이미 너희에게 왔다"(「마태복음」 12:28)고 한 말이나 그 비슷한 발언들이 이를 뒷받침한다. 따라서 "하늘나라가 가까이 왔다"는 선언은 "하늘나라가 이르렀다"라고 번역되어야 한다고 주장했다.

| **구속사적 종말관**   스위스 신학자 오스카 쿨만Oscar Cullmann(1902년~1999년)은 예수가 그의 활동으로 천국이 '이미' 시작되었지만 '아직' 완성되지는 않았으므로 스스로는 '이미'와 '아직' 사이에 있다고 생각했을 것이라 풀이했다.

| **실존적 종말관**   독일 신학자 루돌프 불트만Rudolf Bultmann(1884년~1976년)은 예수가 임박한 종말을 가르친 것은 일상적 시간이나 장소를 말한 것이 아니라 우리의 실존적 '결단'을 촉구하는 시각이 임했음을 상징적으로 말한 것이라 해석했다.

| **비종말관**   마커스 보그Marcus J. Borg를 비롯하여 최근의 예수 세미나 학자 중 일부는 예수가 종말론적 생각을 가지고 있지 않았다고 주장한다. 천국이 예수가 가르친 복음의 핵심인 것은 사실이지만, 종말을 기다린 그의 제자들과는 달리, 예수 자신은 임박한 종말을 기대하지는 않았다는 견해다.

| **환기적 종말관**   필자는 예수가 '회개하여라. 하늘나라가 가까이 왔다'고 했을 때, 여기에서 가장 핵심적인 말은 '회개'라고 본다. '회개'란 그 원문 '메타노이아metanoia'가 의미하듯 우리 내면의 완전한 '의식 개혁'을 촉구하는 것으로서, 예수는 이런 의식 개혁을 촉발하기 원했고, 이를 위한 수단으로 사람들에게 천국이 임박했음을 환기시킨 것이다. "천국이 가까워 왔으

니 의식 개변의 체험을 하라"는 것이 그의 가르침이었다는 주장이다. 이것은 예수가 스스로 체험한 의식의 변화를 다른 사람에게서도 보기를 원했다는 뜻이기도 하다.

아무튼 예수는 '천국 복음'을 가르치며 3년 정도를 보냈다.[4] 그는 자기의 말을 받아들이는 열두 제자를 모았다. 그 중에는 어부가 많았다. 열둘이란 이스라엘 열두 지파를 상징하는 숫자라 할 수 있다. 이 열두 제자 외에 그를 따르는 여자들도 있었다.

그는 자기를 따르는 사람들에게 천국의 건설을 위해 세속적인 것에 집착하지 말라고 가르쳤다. 부자가 천국에 들어가는 것은 낙타가 바늘구멍으로 들어가는 것과 같다고 하고[5] 모든 것을 하느님께 맡기면 하느님이 돌보시리라고 하였다. 무엇을 먹을까 무엇을 입을까 염려할 필요가 없다는 것이다. 공중의 나는 새나 들의 백합화처럼 특별히 스스로를 위해 애쓰지 않아도 하늘 아버지께서 다 먹이시고 입히시는데, 이보다 훨씬 귀한 너희 인간들일까 보냐 하는 생각이었다.(「마태복음」 6:25~34) 하느님의 사랑에 대한 철두철미한 신뢰에서 오는 느긋함이 아닌가. 노자老子를 연상하게 하는 말이다.

복음서에 따르면 예수가 가르칠 때 많은 기적을 행하였다고 한다. 물을 포도주로 만든다든지 나병 환자나 눈먼 자, 혈우병 앓는 여인 등 병든 사람들을 고친다든지 귀신을 쫓아낸다든지 죽은 사람을 살린다든지 물 위를 걷는다든지 광풍을 잔잔하게 한다든지 떡 다섯 덩이와 생선 두 마리로 5,000명을 먹인다든지 무화과나무를 저주해서 말라죽게 한다든지 하는 것들이다. 복음서에서는 이런 것들이 새로 임할 왕국의 징조(표적과 기사)라 하였다.

이탈리아 라벤나,
성 아폴리나레 누오보 성당의 모자이크.

예수의 가르침은 당시로서 가히 '파격적'이었다. 당시 사람들은 '정결 제도purity system'에 따라 병든 사람, 죽은 사람, 피 흘리는 사람, 불의한 사람, 천한 사람 등은 부정 타는 사람으로 피했는데, 예수는 나병 환자, 죽은 사람, 혈우병 여인 등 누구라도 그의 도움을 필요로 하는 사람을 마다하지 않았다. 그의 '밥상 교제table fellowship'에는 창녀나 세리 등 당시에 부정 탄다고 천시 받던 사람들을 포함하여 모든 계급의 사람이 모두 참여할 수 있었다.

예수가 전한 가르침의 중심은 '자비'였다. 그 당시 모두가 「레위기」(19:2)의 명령에 따라 하느님이 거룩하신 것처럼 거룩해야 된다고 생각할 때 예수는 "너희의 아버지께서 자비하신 것과 같이, 너희도 자비로운 사람이 되어라"(「누가복음」 6:36)라고 가르쳤다. 건강 상태, 사회적 위치, 인종, 종교에 따라 누가 의로우냐 거룩하냐 깨끗하냐 바르냐 하는 것이 표준이었던 세상에서 그는 이런 차별과 장벽을 허물고, '누가 고통을 당하느냐'라는 것 하나를 표준으로 삼고 고통당하는 사람과 스스로 고통을 함께 하는 '자비'를 실천하고 가르쳤다. '자비'에 해당하는 영어 'compassion'이 '아픔을 함께 함'을 의미하는 것과 같다. 그에게 제도나 규례 같은 것 자체는 중요하지 않았다. 무엇보다 사람이 우선이었다. 제도나 규례가 사람을 위한 것이 아니라면 의미가 없는 것으로 보았다. "안식일이 사람을 위하여 생긴 것이지, 사

람이 안식일을 위하여 생긴 것
이 아니다"(「마가복음」 2:27)라고
하였다.

그는 최후의 심판에서도 정결
하냐 거룩하냐 교리적으로 올바
르냐 제도나 규례를 성실히 따
랐느냐 하는 따위 외부적인 표
준과 상관이 없이 사람들이 "주
릴 때에 먹을 것을 주고, 목말랐
을 때 마실 것을 주고, 나그네
되었을 때 영접하고, 헐벗었을
때 입을 것을 주고, 병들었을 때
돌보아 주고, 감옥에 갇혔을 때
찾아 주는"(「마태복음」 25:35~36)
등 사람들에게 얼마나 자비를
베풀고 잘 섬겼는지가 판단의
기준이 된다고 하였다. 스스로

〈제자들의 발을 씻기는 그리스도〉.
15세기 독일에서 활동한
하우스북의 거장(Meister des Hausbuches) 작품.

에 대해서도 자기는 섬김을 받으러 온 것이 아니라 섬기러 왔다고 했다. 이
렇게 자기를 낮추고 남을 섬기는 자세를 제자들의 발을 씻어 주는 것으로
실증했다.

이런 사랑과 자비와 동정의 가르침은 물론 현실적으로 불가능하다. 예수
도 "사람은 할 수 없으나, 하나님은 …… 다 하실 수 있다"(「마가복음」 10:27)
고 하였다. 하느님의 사람, 신의식God-consciousness으로 변화된 사람만이 할

수 있다는 이야기다. 윤리적인 단계를 넘어서는 종교적 차원임을 말하고 있다.

예수는 가르치면서 '비유parables'를 많이 사용했다. 비유는 가르침의 핵심을 짧은 이야기로 표현하는 방법으로서 사람들이 핵심을 스스로 더욱 깊이 생각하도록 도와주고 오래 기억할 수 있게 하는 특징을 가지고 있다. 그가 말한 비유 중 많이 알려진 것으로 탕자의 비유, 선한 사마리아인의 비유, 씨 뿌리는 자의 비유 등이 있다. 탕자의 비유는 어느 부자 아버지에게 두 아들이 있었는데 작은 아들이 아버지로부터 받을 유산을 미리 달라고 하여 먼 나라로 가 허랑방탕하며 돈을 다 쓰고 돼지 밥으로 배를 채우다 일어나 아버지 집으로 돌아가니 아버지가 뛰어 나와 옷을 입히고 자기 반지를 빼서 그에게 끼워 주는 등 '무조건적인 사랑'으로 그를 받아 주었다는 이야기다.

메시아 고백과 고난의 길

시간이 가면서 예수에 대한 반대가 일기 시작했다. 가끔씩 사람들을 피하여 산이나 들로 나갈 수밖에 없었다. 한번은 제자들과 함께 갈릴리 북쪽에 있는 가이사랴 빌립보라는 곳으로 갔다. 거기서 제자들에게 사람들이 자기를 누구라 하느냐고 물었다. 제자들이 침례 요한, 엘리야, 예레미야, 혹은 선지자 중 하나라고 하더라고 대답했다. 그러자 예수는 제자들에게 "그러면 너희는 나를 누구라고 하느냐?"(「마태복음」 16:15)고 다시 물었다. 성질이 급한 베드로가 제일 먼저 "선생님은 살아 계신 하나님의 아들 그리스도이십니다"라고 대답했다. 예수는 제자들에게 이 말을 "아무에게도 이르지 말라"고 경계했다. 예수 스스로 자신이 메시아임을 인지하였을까 하는 문제는 신학자들 사이에 논쟁점이 되고 있다.

예수는 그러나 자기가 예루살렘에 올라가 "장로들과 대제사장들과 율법학자들에게 많은 고난을 받고 죽임을 당하고, 사흘째 되는 날에 살아나야 한다는 것"을 말했다. 그러자 베드로가 예수에게 권세와 영광으로 나타날 메시아가 어떻게 고난을 받을 수 있겠느냐며 결코 그럴 수 없다고 한다. 예수는 베드로를 향하여 최대의 욕을 하였다. "사탄아, 내 뒤로 물러가라!" 그 이유는 베드로가 '하느님의 일' 대신에 '사람의 일'만을 생각하기 때문이라고 하였다. 하느님의 일이란 자기를 잊어버림이요 '사람의 일'이란 자기중심적으로 생각하는 것을 의미하는 것이다. 예수가 스스로 고난을 받을 것이라 한 것은 자기를 완전히 잊고 오로지 남을 위해 자기를 바칠 각오가 되어 있다는 뜻이었을 것이다.

바로 이 말에 이어서 예수는 그의 가르침 중에서 가장 중요한 것 중 하나라 할 수 있는 다음과 같은 말을 하였다.

> 누구든지 나를 따라오려거든, 자기를 부인하고 제 십자가를 지고 나를 따라오라. 누구든지 제 목숨을 구하고자 하는 사람은 잃을 것이요, 누구든지 나를 위하여 제 목숨을 잃는 사람은 찾을 것이다.
>
> 「마태복음」 16:24~25

예수를 따른다는 것은 자기를 부인하는 것이요, 이를 다른 말로 하면 십자가를 지는 것, 자기의 썩어질 자아를 십자가에 못 박는다는 뜻이다. 작은 자아를 구하면 큰 자아는 잃어버리고, 작은 자아를 버리면 큰 자아를 찾을 것이라는 종교적 역설을 강조하고 있다. 이렇게 작은 자아를 버리는 것이 히틀러를 제거하려다가 제2차 세계대전이 끝나기 직전에 처형당한 독일 신학자 디트리히 본회퍼Dietrich Bonhoeffer가 말하는 '제자됨의 값cost of discipleship'이라 할 수 있다.

이런 고백이 있은 후 예수는 베드로와 야고보와 요한을 데리고 높은 산에 올라갔다. 예수는 제자들 앞에서 변화하여 그 얼굴이 해같이 빛나고 옷이 빛과 같이 하얗게 되었다. 다시 하늘에서 소리가 나 "이는 내 사랑하는 아들이다. 내가 그를 좋아한다. 너희는 그의 말을 들어라"(「마태복음」 17:5)고 하는 소리가 났다. 이 때문에 이 산을 나중에 '변화산'이라고 부른다. 영적으로 어느 단계에 도달한 사람은, 모세나 붓다의 경우처럼, 이렇게 얼굴에서 빛이 나는 모습으로 묘사되는 것이 보통이다. 부처 상 뒤로 빛이 퍼지는 모양이나 불꽃이 그려진 것도 이런 사실과 관련이 있다고 볼 수 있다.

예루살렘 여행과 죽음

이런 일이 있은 다음 예수는 제자들과 여자들을 데리고 예루살렘으로 길을 떠났다. 예수는 고난을 받기 위해 가는 길이지만, 제자들은 "누가 크냐"를 가지고 논쟁했다. 예수가 왕으로 등극하는 날 누가 재무장관이 되고 외무장관이 되는가를 가지고 격론을 벌인 셈이다. 그를 따라다니던 제자마저도 그의 깊은 뜻을 이해하지 못했다. 노자나 공자 등 위대한 선각자들이 그들의 실존적 고독을 고백한 것처럼 예수도 이런 의미에서 고독하였다.

그때는 유월절 절기였는데, 디아스포라 각지에서 몰려온 사람들로 분주했다. 모두 이 절기에 메시아가 나타나지 않을까 기대감으로 부풀어 있었다. 그 중에는 예수를 메시아로 영접하는 사람도 많았다. 그들은 나귀를 타고 들어가는 예수를 향해 종려나무 가지를 흔들며 "호산나! 복되시다! 주의 이름으로 오시는 분!"(「마가복음」 11:9)이라고 하며 환호하였다. 이른바 예

루살렘 입성이었다. 예루살렘 성전에 들어갔다가 성전 안에서 매매하는 자들을 쫓아내고 환전상의 탁자와 비둘기를 파는 자들의 의자를 둘러엎었다. 제사장 제도에 대한 심각한 도전이었다. 저녁에는 거기서 가까운 베다니 마을 마르다와 마리아와 나사로 남매의 집에서 머물렀다.

목요일 저녁, 제자들과 어느 집 다락방에서 이른바 '최후의 만찬'을 가졌다. 손수 제자들의 발을 씻어 주고, 함께 떡과 포도주를 나누어주면서 그의 살과 피니 받으라고 하였다. 그러면서 그를 기억하라고 하였다. 이것이 그리스도인이 '성만찬' 혹은 '성찬'을 하는 이유이다. 가톨릭 교회에서는 성찬식 때 떡과 포도주가 '본질에서' 정말로 예수의 살과 피로 변한다는 화체설化體說을 믿고, 프로테스탄트는 주로 떡과 포도주가 예수의 희생을 기념하고 그의 현존을 상징하는 것으로 받아들인다.

벨라스케스의 〈십자가에 못 박힌 예수〉.

만찬이 끝나고 모두 감람산 겟세마네 동산으로 갔다. 예수는 제자들에게 깨어 기도하라고 이르고, '돌 던질 만큼' 거리에 가서 홀로 기도했다. 이때 그 유명한 기도를 드린다. "나의 아버지, 하실 수만 있으시면, 이 잔을 내게서 지나가게 해주십시오. 그러나 내 뜻대로 하지 마시고, 아버지의 뜻대로 하십시오."(「마태복음」 26:39) 제자들은 그 시간을 견디지 못하여 잠을 잤다. 얼마 후 유다의 안내를 받은 '큰 무리가 칼과 몽둥이를' 가지고 나타나 예수를 잡아갔다. 이 기록이 맞다면 로마 군인도 합세했다는 뜻이다. 그 당시 칼을 가질 수 있는 사람은 로마 군인밖에 없었기 때문이다.

유대 대제사장 가야바의 심문을 받고, 결국 로마 총독 빌라도 앞에 끌려갔다. 빌라도는 여기서 역사적으로 가장 잘 알려진 질문을 했다. "진리가 무엇이냐?" 복음서에 따르면, 빌라도는 명절 때마다 죄수 한 명을 사면하는 관례에 따라 예수를 풀어 주려고 했지만 유대인들이 이를 반대하고 오히려 민란을 꾸미다가 잡혀온 바라바를 대신 방면하라고 요청했다. 결국 예수는 유대인들이 원하는 대로 사형 선고를 받고, 다음 날 금요일 아침 골고다 언덕으로 끌려가 십자가 형틀에 달려 죽음을 당했다. 십자가에 위에서 한 '일곱 가지 말' 중에서 가장 많이 알려진 것은 "엘로이 엘로이 레마 사박다니?(나의 하나님, 나의 하나님, 어찌하여 나를 버리셨습니까?)"(「마가복음」 15:34)이다. 이 말은 「시편」(22:1)에 나오는 말로 하느님에 대한 절대적 신뢰를 나타내는 것이다. 복음서에 따르면 예수가 십자가에 달릴 때 "해가 빛을 잃고 온 땅에 어둠"이 내리고, "성소의 휘장이 한가운데가 찢기"는 일이 있었다. 그리스도인들은 이 십자가의 죽음을 인간에 대한 하느님의 사랑이 가장 극명하게 드러난 사건으로 여긴다.

한 가지 기억할 일은 앞에서 유대교를 이야기할 때도 잠깐 언급했지만,

복음서가 쓰일 때 벌써 그리스도인 사이에는 유대인에 대한 적대감이 널리 퍼져 있었다. 예수가 십자가에 죽임을 당했다는 것은 결국 그가 정치범이었다는 뜻이다. 로마인들은 정치범에 한해 십자가형을 내렸기 때문이다. 로마인은 유대인 사이에 저항이 잦아 한시도 그들에 대해 고삐를 늦추지 않았고, 특히 갈릴리는 무력 봉기로 로마를 물리치려는 열심당의 본거지로서 민란이 잦은 곳이라 경계의 대상이었다. 이런 형편에서 갈릴리 사람 예수가 나귀를 타고 입성을 하는 등 백성을 선동하여 소요를 일으킬 가능성이 있다고 판단하고 그를 처형했다고 보는 것이 역사적 순리다. 그러나 복음서 기자들은 그 당시 그리스도인이 지닌 유대인에 대한 반감을 반영해서, 예수가 죽은 것이 전적으로 유대인 때문이요, 로마인은 단지 유대인 등쌀 때문에 할 수 없이 사형을 집행했을 뿐이므로 전혀 책임이 없는 것처럼 기술했다. 복음서의 이런 기술 방식은 지난 2천년 동안 그리스도인이 유대인을 미워하고 박해한 근거를 제공한 셈이다.

부활과 승천

복음서에 따르면 금요일 해지기 전에 부자 아리마대 요셉이 빌라도의 허락을 받고 예수의 시체를 내려 세마포로 싸고 일단 자기를 위해 준비했던 무덤으로 옮겼다. 일요일 아침에 예수를 따르던 여자들이 예수를 정식으로 장사하기 위해 예수의 몸에 기름을 바르려고 무덤에 가보니 무덤을 막은 돌이 옆으로 비켜져 있고 무덤은 비어 있었다. 예수가 부활을 했다는 것이다. 사복음서가 부활 사건에 대하여 각각 다른 이야기를 하므로 정확한 정황을 파악하기는 힘들다. 그러나 분명한 사실은 예수가 죽음을 이기고 부활했다는 '확신'이 절망 중에 있던 제자들과 그를 따르던 사람들에게 용기

지오토의 〈그리스도의 승천〉.
이탈리아 파도바, 스크로베니 예배당의 프레스코화이다.

와 활력을 불러일으키는 결정적 요소가 되었다는 것이다.

이렇게 부활한 예수가 어떻게 되었는지 복음서에는 분명한 언급이 없고, 「사도행전」에 보면 부활 후 40일 만에 제자들이 보는 데서 하늘로 올려졌다고 한다.[6]

· 초대 교회의 시작 ·

예루살렘 교회

예수의 부활과 승천 이후 제자들과 초대 교회의 행적은 신약 성서 사복음서 뒤에 나오는 「사도행전」에 나와 있다. 이 책에 따르면 제자들은 예수가 죽은 유월절 이후 50일 만에 오는 '오순절' 때 예루살렘에 모였다. 그때에 "갑자기 세찬 바람이 부는 듯한 소리"가 하늘에서 나더니, "불길이 솟아오르는 것과 같은 혀들이 갈래갈래 갈라지" 듯 각 사람 위에 내려앉으면서 모두 "성령으로 충만해" 전에 배운 일이 없는 여러 나라의 말을 하기 시작하였다.

오순절이라 각 국에 퍼져 있던 디아스포라 유대인이 모였을 때인데, 그들이 이 소식을 듣고 제자들에게 몰려들었다. 이들은 이상하게도 제자들이 하는 말을 모두 자기가 사는 지역의 말로 알아들을 수 있었다. 이른바 '방언 speaking in tongues' 현상이었다.[7] 어떤 사람들은 제자들이 "새 술에 취했다"고 생각했다.

이때 베드로가 일어나 대낮이니 술 취한 것이 아니라 선지자 요엘이 말세에 많은 사람이 성령을 받으리라 예언한 대로(「요엘」 2:28이하) 자기들이 성령을 받은 것이라며 예수의 죽음과 부활을 소개한 다음 예수가 바로 "주와 그리스도"(「사도행전」 2:36)임을 전했다. 이 일로 하루에 3천 명이 침례를 받고 제자로 합류하였다. 이들은 사유 재산을 처분하고 "각 사람의 능력에 따라"서가 아니라 "각 사람의 필요를 따라" 나누어 썼다. 원시 신앙 공동체가 성립된 것이다. 제자들이 "나사렛 예수 그리스도의 이름으로" 앉은뱅이를 고치는 등 '기사와 표적'을 많이 행하면서 공동체 구성원의 수는 점점 커져갔다. 이것이 바로 '예루살렘 교회'였다. 이때의 지도자로 단연 두각을 드러낸 사람은 베드로와 예수의 형제 야고보였다. 야고보는 예수 생전에는 예수와 상관없이 살다가 예수의 부활 후 그의 제자가 된 사람이다.

바울

그리스도를 따르는 사람의 수가 많아지면서 유대인의 반대와 박해도 커져갔다. 스데반 같은 순교자도 나왔다. 사도 이외의 많은 사람이 예루살렘을 떠나 유대와 사마리아 각처로 퍼졌다. 이때 그리스도인 박해에 앞장 선 사람 중 지금의 터키 남단에 해당하는 다소 출신의 유대인 사울이라는 사람이 있었다. 그는 그리스 철학과 유대 전통을 함께 배운 바리새파에 속한 지식인으로 예루살렘 예수쟁이 박멸 운동에 진력하다가 거기에 만족하지 않고 멀리 다마스커스에 있는 예수쟁이들까지도 진멸하겠다고 그리로 가는 길이었다.

갑자기 하늘에서 빛이 내려 땅에 엎드리게 되었다. "사울아, 사울아 네가 어찌하여 나를 핍박하느냐"라는 소리가 들렸다. 사울이 누구냐고 묻자 "나는 네가 핍박하는 예수"라는 대답이 왔다. 사울은 땅에서 일어나 눈을 떴으나 아무 것도 볼 수가 없었다. 다마스커스로 가서 3일 동안 앞을 못 보고 음식도 못 먹었다. 거기서 아나니아라는 그리스도인에게 안수를 받아 눈도 고치고 침례도 받았다. 그는 당장 유대인의 회당을 찾아다니며 '예수가 하나님 아들'이심과 '그리스도'이심을 전했다. 이 엄청난 경험으로 옛 사울은 죽고 새 사람 '바울'이 되었다. 얼마간 아라비아 사막으로 가서 내적 준비를 갖춘 다음 그는 내실을 갖춘 위대한 전도자로 등장했다.

바울은 처음에는 디아스포라 유대인을 상대로 전도를 하다가 스스로 '이방인을 위한 사도'라 자처하고 당시로서는 '세상 끝'이었던 지중해 연안 전역으로 전도를 세 번이나 다녔다. 가는 곳마다 교회를 세우고 그 후 교회마

다에 일일이 문안과 교훈의 편지를 보냈다. 이 편지들이 신약 성서 중에 가장 먼저 쓰인 것으로서 전통적인 계산으로 하면 13편으로 신약 27권 중 거의 반에 해당한다.

배가 난파되는 일, 감옥에 갇히는 일, 돌을 맞는 일 등 온갖 고초를 겪으면서 감행한 바울의 열성적인 전도와 깊은 신학 사상으로 그리스도교는 유대교의 분파적인 성격에서 벗어나 어엿한 보편 종교로 발전하게 된다. 이런 점을 감안하여 학자들 중에는 그리스도교의 창시자가 '예수냐 바울이냐' 하는 질문까지 한다. 물론 예수는 유대인으로 나고 유대인으로 죽었다. 그는 생전에 '그리스도교'나 '그리스도인'이라는 말을 들어 본 적도 없다. 그런 의미에서 바울이 유대교의 울타리를 넘어 퍼져나간 그리스도교의 창시자라 할 수도 있지만, 물론 예수가 없이 그리스도교가 성립할 수 없었다는 의미에서 예수가 진정한 창시자라 해야 할 것이다. 그러나 이런 질문이 나온다는 것 자체가 그리스도교에서 바울이 차지하는 위치가 얼마나 중요한가를 말해 준다 할 수 있다.[8]

바울의 가르침은 '믿음으로 말미암는 의(稱義)', 종말관, 인간관 등 다양하여 한마디로 간추릴 수는 없지만, 적어도 가장 중요한 사상 중 하나는 '그리스도 안 신비주의in-Christ mysticism'라 할 수 있다. 누구나 그리스도와 함께 십자가에 못 박혀 죽고 그리스도 안에서 새로 나는 체험을 통해 '새로운 존재'가 됨을 강조하는 것이다. 유대인들에게 가장 중요하던 "할례를 받거나 안 받는 것이 중요한 것이 아니라 새롭게 창조되는 것이 중요합니다"(「갈라디아서」6:15)라고 하였다. 이런 체험에 이를 때 "이제 사는 것은 내가 아닙니다. 그리스도께서 내 안에 사시는 것입니다"(「갈라디아서」2:20)라고 믿었다.

약 30년 동안 나름의 복음을 전파하기 위해 혼신의 힘을 쏟던 바울은 네로 황제가 그리스도인을 박해할 때인 60년경에 로마로 갔다고 하는데, 그 이후 어떻게 되었다는 언급은 없지만 전통적으로 65년경 거기서 처형되었다고 본다.

신약 성서의 성립

초대 교회 그리스도인이 가지고 있던 성서는 물론 지금 그리스도인이 '구약'이라고 부르는 히브리어 성서뿐이었다. 물론 히브리어 성서도 지금처럼 완성된 것은 아니었다. 시간이 지나면서 그리스도인들은 자기들대로 글을 모았는데, 그 중에서 제일 먼저 쓰인 것은 앞에서도 지적한 바대로 바울의 편지들이었다. 이 편지들은 대략 서기 50년에서 60년 사이에 기록된 것으로 본다. 성서학자 중에는 전통적으로 바울이 썼다고 하는 13편의 편지 모두가 바울의 저작일 수 없다고 보는 사람이 많다. 특히 「에베소서」, 「디모데전후서」, 「디도서」는 내용상 도저히 바울의 저작일 수 없다는 것이다. 「갈라디아서」와 「로마서」는 바울의 신학이 체계적으로 기술된 책으로 아주 중요시된다.

초기 그리스도인들은 예수가 곧 재림하리라고 믿었으므로 그의 행적을 기록할 필요를 느끼지 못했다. 그러나 시간이 지남에 따라 예수의 삶과 가르침을 기억하는 사람이 죽어가고 더구나 70년에 예루살렘이 로마에 의해 멸망당하면서 예루살렘 교회도 없어졌으므로 누군가가 예수의 행적을 기록하는 것이 좋겠다고 생각하게 되었다. 이때쯤 처음으로 나온 것이 「마가복음」이다. 그때부터 20년쯤 지나 90년경에 「마가복음」을 저본底本으로 하고 거기에 지금은 없어졌지만 예수의 어록을 모은 것으로 가상되는 'Q 자료'에서 나온 것을 첨가한 「마태복음」과 「누가복음」이 나왔다.[9] 다시 얼마 지나 100년을 전후해서 「요한복음」이 기록되었다. 앞에서도 언급한 것처럼, 이런 복음서들은 예수의 전기나 객관적 역사를 기록할 목적으로 쓰인 것이 아니라 예수에 대한 신앙을 고백하여 다른 사람도 그런 신앙을 갖도록 하기 위한 일종의 신앙 고백서였다.

초대 교회의 이야기를 적은 「사도행전」은 「누가복음」 저자가 「누가복음」의 속편으로 쓴 것으로 되어 있다. 이른바 공동 서신이라는 여덟 편의 편지들은 90년~150년 사이에 기록되었다고 본다. 이상의 모든 것은 고전 그리스어가 아니라 당시 일반인이 상거래 등 일상생활에서 보편적으로 사용하던 통용 그리스어koine Greek로 기록되었다. 이런 개별 문헌들이 4세기경에 가서 27권으로 정리되어 정식 경전canon으로 받아들여졌다. 그러나 5세기~6세기까지도 공동 서신은 별로 권위를 인정받지 못하고, 「히브리서」, 「야고보서」, 「요한계시록」은 16세기까지 논란의 대상이 되었다.

초기 이단

초대 교회는 다양한 배경을 가진 그리스도인을 조직적으로나 교리로 한데 묶을 수 있는 강력한 지도 체제가 없었다. 특히 교리는 여러 형태가 나타났는데, 대부분은 공존 가능한 의견으로 수용되었지만, 도저히 용납될 수 없다고 여겨지는 것도 많았다. 그 중에서 대표적인 것 두 가지만 알아보면 다음과 같다.

| **영지주의자**　주로 페르시아와 이집트의 사상에서 나왔지만 그 외에도 여러 영적 전통을 배경으로 성립된 영지주의靈知主義(Gnosticism)는 매우 복잡한 사상 체계라 할 수 있다. 그러나 공통적인 것은 '영지gnosis'를 통해서 구원을 받는다는 것이다. 인간 안에는 '하느님의 영원한 불꽃'이 있는데, 악한 힘에 의해 지배당하는 이 세상에 사느라 인간은 그것을 모르는 채 살아간다. 하느님으로부터 구원자가 와서 우리에게 그 영지를 나누어 주면 우리 속에 있는 그 불꽃은 신과 다시 결합하고, 이것으로 우리는 구원에 이른다는 것이다.

그리스도인 중에 영지주의를 받아들인 사람들은 예수가 바로 그 지식을 전해 주는 영지의 선생이라고 여겼다. 영지주의자는 영과 육의 이원론을 받아들여 영은 선하고 육은 악하다고 보았다. 따라서 예수는 육을 가지고 있을 수가 없고, 사람들이 본 예수는 그저 환영으로 사람 앞에 나타났을 뿐이라는 것이다. 이런 생각을 가현설假現說(Docetism)이라고 하는데, 초기 그리스도교 지도자들로부터 이단이라고 맹공을 받았다.

최근까지 그리스도교 영지주의에 대해서 별로 알려진 것이 없었는데, 1945년 이집트 나그 함마디Nag Hammadi라는 곳 땅 밑에서 그리스도교 영지주의자들이 박해 때문에 사라지기 전 묻어 둔 문헌이 대량 발견되어 더욱 확실한 정보를 얻게 되었다. 그 문헌 중에는 정경에 포함되지 않은 복음서가 많이 있었다. 그 중에서 「도마복음서」는 잘 알려져 있다.[10]

| **마르시온**　바울 후 100년쯤 지나 마르시온Marcion이라는 사람이 나타나 율법과 은혜를 대비한 바울의 가르침을 구약과 신약을 대비하는 데 적용했다. 구약의 신은 율법과 징벌의 신이고 신약의 신은 사랑과 자비의 신이라

는 것이다. 예수가 가르친 신은 사랑의 신이므로 율법과 징벌의 신을 강조하는 구약은 폐기 처분해야 한다고 주장했다. 「마태복음」에 따르면 예수가 율법을 폐하러 온 것이 아니라 완성하러 왔다고 하였는데, 이런 「마태복음」도 버리고, 바울의 서신 중 10개와 「누가복음」과 「사도행전」만 가지고 그리스도교 경전을 다시 만들어야 한다고 역설했다.

마르시온은 144년 출교excommunication 당하고, 그의 주장은 5세기경에 자연히 없어지고 말았다. 그러나 그의 주장 때문에 오히려 구약을 옹호하는 사람들이 나타나 구약이 그리스도교 경전에 더욱 확실하게 포함되는 결과를 가져왔다.

· 교회의 박해와 발전 ·

로마 교회의 등장과 박해

예루살렘 교회가 70년 예루살렘 멸망으로 없어진 다음 로마 제국 내의 큰 도시인 알렉산드리아, 안티오크, 로마 등의 교회가 중요한 교회로 등장하였다. 그 중에서도 여러 가지 정치·문화·종교적 이유로 로마 교회가 가장 중요한 교회로 인정받았고, 로마 교회 주교가 가장 강력한 지도자로 부상하여 드디어는 교황이 되었다.

그리스도교가 로마 제국으로 급속히 퍼지면서 그만큼 박해도 커졌다. 박해를 받은 이유는 주로 그리스도인이 당시 여러 신을 위시하여 로마 황제를 신으로 숭배하기를 거절하는 '무신론자'라는 것이었다. 그 밖에도 지하 무덤 같은 데서 성찬식에 쓸 것을 넣은 바구니를 가지고 모여서 서로 예수

터키 데린쿠유 지하도시 단면도와 내부.
그리스도인들은 탄압을 피해 카파도키아로 와서 굴을 파고 숨어 살았다.

의 '살과 피'를 나눈다고 하니 바구니에 담아온 아이를 먹는 식인종이 아닌가, 밤중에 비밀 장소에서 남녀가 한데 모여 '애찬'이니 하는 것을 보면 성적으로 문란한 짓을 하는 패륜아가 아닌가, 세금이나 병역 의무도 기피하고 메시아 왕국에 대한 이야기나 하니 '제국 속에 제국'을 건설하려고 혁명을 꾸미는 불순분자가 아닌가 하는 등의 의심을 받았다.

64년, 네로 황제 때의 박해를 비롯하여[11] 대규모 박해만 해도 95년 도미티아누스Domitianus(재위 81년~96년) 황제의 박해[12], 303년 디오클레티아누스Diocletianus(재위 284년~305년) 황제의 박해 등 박해의 물결이 휩쓸었다. 그러나 그리스도인의 수는 커져만 갔다.

그리스도교 공인

드디어 콘스탄티누스Constantinus(재위 306년~337년) 황제가 등장했다. 그는 그리스도인이던 어머니와 부인의 영향으로 그리스도교에 호감을 가지고 있었다. 그는 로마 교외에서 있을 아주 중요한 전투를 앞둔 전날 밤 꿈에 '이 표시를 가지고 승리하리라.(In hoc signo vinces.)'는 말과 함께 '그리스도'라는 그리스어를 보았다. 그 말의 처음 두 글자 'Xp'를 그린 깃발 혹은 방패를 들고 나가 전투에서 승리를 거두었다.[13] 313년 밀라노 칙령을 공표하고 다른 종교와 마찬가지로 그리스도교를 신봉할 자유를 허락했다. 그 자신은 죽을 때 가서야 그리스도인으로 세례를 받았다. 그 후 몇몇 황제가 전통적인 로마 종교를 부활시키려고 시도하기도 했지만 결국 테오도시우스Theodosius(재위 379년~395년) 황제 때 그리스도교는 로마 제국의 공식 종교로 선언되었다.

니케아 공의회

콘스탄티누스 황제가 그리스도교를 허용하고 보니 그리스도교 분파 중에 그리스도가 누구인지에 대해 상충하는 이론이 많은 것을 발견하게 되었다. 그리스도교를 로마 제국을 통일하는 하나의 이데올로기로 삼으려는 황제에게 이렇게 서로 다른 이론이 싸우는 것은 바람직한 일이 아니었다. 325년 그는 약 300명의 그리스도교 지도자를 니케아에 모이게 하고 이 문제를 해결하도록 했다. 이것이 니케아 공의회Nicaea Council of the Church다.

여기서 크게 두 파로 나뉘어서 대결을 벌였다. 한 쪽은 알렉산드리아 출신 아리우스Arius가 이끄는 파로서 예수가 피조된 존재로서 진정으로 인간도 아니고 진정으로 신도 아닌 그 중간 제3의 존재라고 보았다. 이 파의 생각이 득세를 하는 것 같았는데, 알렉산드리아 감독의 비서로 있던 젊은 신학자 아타나시우스Athanasius가 나타나 예수는 독생자로 "태어났지 만들어지지 않았다"고 주장하고 아버지와 아들은 '동일한 존재'라고 주장하였다. '동일한 존재'라는 말을 그리스어로 '호모우시아homo-ousia'라고 하는데, 이 이론이 결국 승리를 했다. 아리우스파는 이단으로 정죄하고 아타나시우스파의 이론을 그리스도교의 정통 교리로 받아들인 것이다.

이때 만들어진 기본 신조가 몇 번의 수정을 거쳐 381년 교회의 공식 입장을 표명하는 '니케아 신조'로 공포된다. 그 후에도 여러 번 예수에 대한 교리를 확정하기 위한 공의회가 열렸는데, 451년 소아시아 칼케돈Chalcedon 회의에서 예수는 '진정으로 신이면서 진정으로 인간vero deus vero homo'이라는 이른바 양성론兩性論을 포함한 공식 교리를 다시 확정했다. 이에 반대하는 파도 있었는데 이들은 결국 분리되어 나갔다. 한편 이단으로 규정된 아리우스파도 나중에 네스토리아Nestroria라는 이름으로 동쪽으로 퍼져 나가 페르시아, 인도를 거쳐 중국에까지 퍼졌다. 781년 서안에 비석을 세우는 등 8세기 당나라에서 흥했던 경교景敎가 바로 그 파였고, 이 파가 신라에도 들어왔다는 설이 있다. 지금도 인도 남쪽과 이란 북서쪽에 이 파가 남아 있다고 한다.[14]

아우구스티누스

2세기~4세기에 그리스도교를 옹호하는 호교론자들apologists이 많이 등장한다. 그 대표자가 알렉산드리아의 크레멘트(150년~220년), 그의 제자 오리게네스(185년~251년), 라틴 신학의 대부 터틀리아누스(150년~222년) 등이다.

그러나 당시 가장 위대한 사상가는 아우구스티누스Augustinus(354년~430년)였다. 유명한 자서전적 『고백록Confessions』 첫 부분에 "오 주님, 주님께서는 당신을 위해 저희를 지으셨으니 저희 마음은 당신 안에서 쉼을 얻기까지 쉼이 없사옵니다"라고 하였는데, 그의 삶은 실로 이 고백을 뒷받침하는 것이었다.

북아프리카 타가스테Tagaste에서 비그리스도인 아버지와 그리스도인 어머

니 사이에서 출생해서 어릴 때 그리스도교 교육을 받았지만 곧 그리스도교와 조로아스터교의 혼합 종교인 마니교Manichaeism에 심취하였다. 그의 어머니 모니카의 끊임없는 기도와 호소 때문인지, 밀라노에서 그리스도교로 개종하고, 북아프리카로 가서 히포의 주교가 되었다.

그는 마지막 30년 동안 수없이 많은 글을 통해 그리스도교 신학의 기둥을 세웠다. 그가 쓴 많은 책 중 『신의 도성 Civitas Dei』은 역사를 신의 도성과 세상 도성의 투쟁사로 보고 인간은 거기서 훈련을 받으므로 역사에 의미가 있다는 주장을 통해 서양 사상사에서 최초의 '역사 철학'이 된 셈이다. 그는 또 세상에는 하나의 교회가 있어서 "교회 밖에는 구원이 없다"고 못 박았다. 그는 영육 이원론에 기초해서 육을 악으로 보는 마니교의 영향으로 인간의 성욕이 바로 아담과 하와의 타락 때문에 인간에게 씌워진 원죄라고 주장하고, 이렇게 내려오는 원죄 때문에 인간은 모두 죄인으로 태어나고 멸망할 수밖에 없다고 하였다. 그러나 하느님이 미리 정한 사람들은 하느님의 절대적인 은혜와 사랑에 힘입어 구원을 받는다고 주장했다. 아우구스티누스의 이런 이론은 원죄를 부인하고 자유 의지를 강조하여 인간은 하느님의 도움을 받지만 스스로 구원을 이루어야한다고 주장한 영국 출신 펠라기우스Pelagius와의 유명한 논쟁을 불러오기도 했다.

아우구스티누스의 신학은 가톨릭 신학에서 결정적 역할을 했지만, 어느 면에서는 종교개혁 당시 프로테스탄트 신학에 더 큰 영향을 주었다고 볼 수 있다. 마르틴 루터는 아우구스티누스 계통의 신학자로서 둘 다 신플라톤 철학 계통에 속했던 사람들이었다. 아우구스티누스의 예정설은 장 칼뱅에 의해 더욱 널리 알려지게 되었다.

· 중세 교회 ·

교회의 분리

그리스도교 역사는 갈등의 역사라 해도 과언이 아니다. 사도 시대부터 교회 내에는 교리 · 정치 · 감정적으로 언제나 대립이 생기고 파당이 생겼다. 더러는 이단으로 몰려 쫓겨나기도 하고 더러는 저절로 떨어져 나가 새로운 종파를 세우기도 하였다. 그러나 본래 줄기는 그대로 유지되었다.

여러 가지 지리 · 정치 · 교리 · 언어 · 실천적 이유로 오랫동안 동방 교회와 서방 교회는 사이가 좋지 않았다. 우선 정치적으로는 동방에 있는 교회가 서방 로마 교황의 절대권을 인정하지 않았다. 교리적으로는 니케아 신조에서 '성령이 아버지로부터 나온다'는 구절을 성령이 아버지와 '아들로부터도' 나왔다는 '필리오케filioque' 교리를 서방 교회가 받아들인 반면 동방 교회는 이를 반대했다. 언어적으로 동방 교회는 그리스어를 쓰는 반면 서방은 라틴어를 썼다. 그 밖에도 동방 교회는 좀더 명상적이고 신비주의적이고 정적인 반면에 서방은 실용적이고 율법적이고 적극적인 면이 강했다.

모스크바에 있는
구세주 그리스도 대성당.

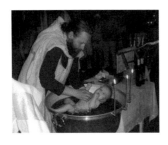

동방 정교회의 침례식.

가장 직접적인 이유는 서방 교회에서 일으킨 십자군이 이슬람교인으로부터 성지를 회복하겠다는 명목으로 원정을 가는 도중 콘스탄티노플에 이르렀을 때 동방 교회의 권위를 무시하고 온갖 행패를 다 부린 것이다. 이런저런 이유로 결국 1054년 동방 교회와 서방 교회는 서로가 서로를 파문하는 일로 영영 갈라서게 되었다. 동방 교회는 '동방 정교회Eastern Orthodox Church' 혹은 '그리스 정교회Greek Orthodox Church'라고 하고, 서방 교회는 '로마 가톨릭 교회Roman Catholic Church'라 하였다. 동방 교회는 지금의 터키 이스탄불인 콘스탄티노플에 있던 본부를 1453년 이슬람교 침공으로 인해 모스크바로 옮겼고, 서방 교회는 물론 로마가 본부였다.

동방 정교회가 로마 교회와 다른 점이 많지만, 중요한 것 몇 가지만 들면, 연옥을 인정하지 않고 성직자에게 일률적으로 독신 생활을 의무화하지 않는다. 평면 위에 그려진 상징적 성화는 사용하지만 조각상은 허용하지 않는다. 세례가 아니라 침례를 준다. 성찬식에 빵만 주는 것이 아니라 빵과 포도주를 준다. 물론 교황의 권위나 교황 무오성敎皇無誤(infallibilitas)을 받아들이지 않는다.

동방 교회에서 내려오는 전통 중 한 가지 주목할 만한 것은 이른바 '예수기도Jesus Prayer'라는 것이다. "주 예수 그리스도 제게 자비를 베푸소서"[15]라고 하는 기도를 깨어 있을 때든 잘 때든 쉬지 않고 염불하듯 외우는 것이다. 어느 단계를 지나면 속에서 기도가 저절로 나오게 된다고 한다. 이 기도를 통해 마음이 정결하게 되고 예수가 내 속에, 그리고 만물 안에 계심을 느끼는 신비 체험에 이르게 된다고 한다.[16]

중세의 교황권

5세기 로마 제국이 망하고 서방 유럽은 여러 봉건 국가로 지리멸렬 갈라졌다. 이런 와중에 유럽을 통합할 수 있는 유일한 안정 세력은 교회였다. 점점 교회가 세속 권력을 행사하기 시작해서 8세기부터는 봉건 제왕이 교황의 재가를 얻어야 왕이 될 수 있을 정도가 되었다. 9세기에는 정식으로 권위의 위계를 설정해서 세상 위에 교회, 교회 위에 교황이라는 자리매김을 분명히 했다. 황제 하인리히 6세(독일 이름인데, 영어로는 헨리 6세)가 자기를 파문한 교황 그레고리우스 7세(라틴 이름인데, 영어로는 그레고리 7세, 1073년~1085년)를 찾아가 눈 속에서 맨발로 3일 간 빌어 파문을 취소하게 되었다는 유명한 '카노사의 굴욕' 이야기에서 보이듯이 교황은 신성로마제국의 황제를 옹립하거나 폐위시킬 수도 있었다. 봉건 제왕은 그의 발에 입을 맞추었다.

교황권에 반대하는 사람은 구원의 유일한 수단인 교회로부터 출교시켜 천국 가는 기회를 박탈하기도 하고, '이단적'인 사상에 물든 사람은 일종의 교회 재판인 심문Inquisition을 통해 화형 등의 방법으로 다스리기도 했다.

스콜라 신학과 신비주의 사상

교황이 절대권을 가지면서 권력 남용, 부패 등 여러 가지 부작용은 어쩔 수

베노초 고촐리의 〈성 토마스 아퀴나스의 승리〉.

없는 일이었다. 한때는 본부를 프랑스 아비뇽으로 옮기고, 교황이 둘이 되는 일까지 생겼다. 그런 중에도 교회는 신학적으로나 영적으로 매우 활발하였다. 12세기~13세기에 유럽 전역에 대학이 생기고 각 대학에서 가장 중요한 과목이 신학이었다. 이때 활동하던 신학자를 스콜라 신학자라 하는데, 이들은 '신앙'과 '이성'을 종합하려고 노력한 사람들이다. 그 중 가장 유명한 사람은 캔터베리의 안셀무스Anselmus(1033년~1109년)와 토마스 아퀴나스Thomas Aquinas(1225년~1274년)였다.

이탈리아인 안셀무스는 "알기 위해서 믿는다.(Credo ut intelligam.)"는 자신의 유명한 말처럼 신앙이 지식의 전제 조건이라 보았다. 신앙이 있어야 알게 된다는 이야기다. 그는 또 신의 존재를 이론으로 증명하려 했다. '우리는 모두 완전한 신이라는 생각을 가지고 있다. 완전하기 위해서는 존재해야 한다. 그러므로 신은 존재한다'는 식으로 논증하려 했는데, 이를 '존재론적 논증ontological argument'이라 한다.

그리스도교 역사에서 가장 위대한 신학자를 꼽는다면 토마스 아퀴나스를 드는 사람들이 절대 다수일 것이다. 필자도 대학 다닐 때 라틴어 강독으로 그의 책『신학 대전Summa Theologiae』의 일부를 읽었는데, 세상에 인간으로서 이렇게 조직적이고 방대한 책을 쓸 수 있을까 감탄한 경험이 있다. 이 책은 신학적인 모든 물음을 '우리의 철학자' 아리스토텔레스의 사상과 성서 가르침을 바탕으로 일목요연하면서도 일관된 구조로 하나하나 설명하고 논증한다.

아퀴나스도 신의 존재를 이론적으로 증명하려 했는데, 그 중에서 잘 알려진 것 두 가지는 이른바 '우주론적 증명cosmological argument'과 '목적론적 증명'이다. 우주론적 증명은 '세상 모든 것은 원인이 있어야 존재한다. 그 원인에는 또 다른 원인이 있어야 한다. 이렇게 따져가서 최초의 원인, 혹은 원인이 없는 원인을 찾는다면 이것이 신'이라는 것이다. 같은 논리로 '움직임이 있는데, 움직임은 움직이는 것이 있어야 한다. 그 움직이는 것을 움직이는 것이 또 있어야 한다. 그러면 움직여지지 않은 움직이는 것이 있어야 하는데 그것이 신'이라는 것이다. 목적론적 증명이란 '인간의 눈 같은 것을 보라. 세상의 모든 것이 아무렇게나 된 것이 아니라 일정한 목적을 위해 일정한 질서, 일정한 구조를 가지고 있지 않은가. 이렇게 설계한 존재가 있어야 하는데 그것이 바로 신'이라는 것이다.

물론 18세기 칸트에 의해 '순수이성의 한계'를 넘어서는 신을 이렇게 이성의 한계 내에 놓고 증명할 수 없다고 반박된 이후 이런 논증을 절대적인 논증이라 받아들이는 사람은 거의 없다. 스콜라 신학의 시대적 제약성과 한계는 물론 어쩔 수 없는 일이었을 것이다. 그러나 그 신학 체계의 방대함이나 조직은 여전히 경탄의 대상이다. 그러나 그들의 사상이 너무 이론에만 치우쳤다고 하여 '번쇄철학煩瑣哲學'이라고 하는 사람도 있다.

비슷한 때에 독일인으로 그리스도교 최대의 신비주의 사상가였던 마이스터 에크하르트Meister Eckhart(1260년~1327년)가 나타났다. 그는 현대 사상가 하이데거나 틸리히에게 지대한 영향을 준 사상가이다. 그는 모든 존재의 근거가 되는 절대자로서의 '신성'과 우리가 생각하고 말하는 '신'을 구별하였다. 말로 표현된 신은 절대적인 신이 아니라고 보았다. 절대적인 신은 우리의 신비적 직관의 대상이라고 하였다. 루돌프 오토Rudolf Otto는 에크하르트와 인도 베단타 학파의 샹카라와 비교하여 『동서양의 신비주의』라는 책을 냈고, 일본인 스즈키 다이세쓰는 에크하르트의 생각과 선 불교 사상을 비교하여 『그리스도교와 불교의 신비주의』라는 책을 썼다.

지오토가 그린 〈작은 새에게 설교하는 성 프란체스코〉.

　그리스도교 신비주의자mystics 중 가장 사랑을 많이 받은 사람은 이탈리
아 아시시의 프란체스코Francesco d'Assisi(1182년~1226년)일 것이다. 부자 상인
의 아들로 태어났지만, 신비 체험을 한 다음 모든 재산을 버리고 탁발승이
되었다. 계시에서 "내 교회를 고치라"는 말씀을 듣고 처음에는 쓰러져 가는
교회를 수리하는 데 힘썼지만, 나중 그것이 교회에서 사랑과 청빈의 복음
을 다시 세우라는 명령이라 깨닫고 주위에 몰려드는 사람들과 공동체를 만
들어 함께 청빈과 기도의 생활을 하며 나병 환자 등 불우한 사람을 돌보는
일에 헌신했다. 새나 짐승과도 의사소통을 할 정도로 친하게 지냈다고 한
다. 죽기 2년 전에는 손발에 예수의 못 자국(스티그마타stigmata)이 나타나기도

프란체스코의 수도복(왼쪽)과 아시시의 성 프란체스코 성당(오른쪽).

했다. "오, 주님, 저를 당신의 평화의 도구로 삼아 주시옵소서"라는 말로 시작하는 그 유명한 기도를 지었다.

그 외에 『예수를 본받아』를 쓴 토마스 아 켐피스Thomas à Kempis, 『무지의 구름The Cloud of Unknowing』을 쓴 이름 모르는 저자 등 많은 신비주의자가 나타났다.

· 종교개혁 ·

이런 신학적 노력이나 신비주의적 경향에도 불구하고 교회의 일반 상태가 바람직하지 못하다고 보는 사람이 많아졌다. 특히 15세기 인쇄술이 발달되면서 성서를 직접 읽을 수 있는 사람이 늘어나 성서에 나오는 초대 교회와 당시의 로마 가톨릭 교회를 비교하면서 그런 불만이 더욱 커지기 시작했다. 더구나 교회는 베드로 성당 건축 등 여러 세속적인 일에 필요한 재정을 확보하기 위한 수단으로 면죄부indulgences나 기타 돈이 될 여러 사업을 시작할 수밖에 없었는데, 이런 행태에 반대하는 사람들이 생겨나기 시작했다. 영국 옥스퍼드의 성서 번역자 위클리프John Wyclif(1320년~1384년), 보헤미아 사람 후스John Hus(1374년~1415년) 등이 그 선구자들이었다. 그러나 이런 사람은 모두 화형에 처하는 등 개혁에 성공하지는 못했다.

마르틴 루터

이들과 달리 '적절한 시간, 적절한 장소'에 나타나 결정적인 영향을 미친 사람이 바로 독일 비텐베르크 대학에서 성서를 가르치던 젊은 신학자 마르틴 루터Martin Luther(1483년~1546년)였다. 그는 교회에서 하는 일 중에서 옳지 못하다고 생각되는 것 '95개 조항'을 적어 1517년 10월 31일 비텐베르크 교회 문에다 못 박았다. 못 박은 망치 소리가 그렇게 폭발적인 줄은 루터 자신도 몰랐다.

그는 면죄부로 죄가 사해지는 것이 아니라 바울이 「로마서」(1:17)에 쓴 것처럼 '믿음으로 말미암아 의롭게 됨'을 강조했다. 교회가 믿음과 행위로 구원을 받는다고 가르친 데 반해 루터는 이른바 '믿음으로만sola fide'을 강조하고, 하느님의 은총으로만 구원을 받는다는 참된 믿음만 있으면 좋은 행위는 자연적으로 나온다고 보았다. 그는 우리가 제사장을 통해서만 하느님께로 간다는 생각을 버리고 모두가 신에게 직접 나갈 수 있음을 강조하는 '만인 제사장직priesthood of all believers'을 주장했다. 루

독일 튀링겐주 게라에 있는
루터파 개신교회인
요하니스 교회.

안톤 폰 베르너의 〈보름스 제국회의장에 선 마르틴 루터〉.
신성로마제국 카를 5세 앞에서 자신의 소신을 밝히고 있다.

터는 교회 안에 있던 권위와 위계질서를 무너뜨렸다는 의미에서 '현대성'의 문을 연 셈이다.

　루터가 1529년 스파이어 회의의 판결에 저항했으므로 그의 개혁 운동을 프로테스탄트(저항자) 운동이라 부르게 되었다. 루터는 신부가 결혼할 것을 권장하고 자신도 결혼을 했다. 그는 성서를 독일어로 번역하기도 하였다. 그의 개혁 운동은 독일, 스칸디나비아 제국으로 들어가고 이런 나라에서 이민 간 사람들과 함께 북아메리카로도 퍼졌는데, 미국 위스콘신주와 미네소타주, 캐나다 온타리오주에 많이 몰려 있다. 루터교는 한국에서도 1960년대 이후 〈루터란 아워〉라는 방송 프로그램이나 '컨콜디아 사'라는 출판사를 통해 활발한 선교 활동을 펼쳤다.

장 칼뱅

루터 이후에도 스위스의 츠빙글리Ulrich Zwingli(1484년~1531년)를 비롯하여 개혁자는 계속 나왔다. 그 중 가장 중요한 사람은 프랑스의 장 칼뱅Jean Calvin(1509년~1564년)[17]이다. 칼뱅은 파리 대학에서 고전학을 공부하고 26세에 신학을 공부하여 칼뱅주의 교단에서 성서 다음으로 중요한 책 『그리스도교 강요The Institutes of the Christian Religion』라는 책을 펴냈다. 이 책은 처음 라틴어로 쓰였다가 프랑스어로 번역되고 그가 죽기 전까지 4번 개정되었다. 그는 이 책에서 그리스도교의 가르침을 로마교에 의

제네바 바스티옹 공원 안의 종교개혁 기념상.
파렐과 칼뱅 그리고 베제와 녹스의 모습을 담고 있다.

해 타락되기 전 상태로 고치려 한다고 했다. 그러나 사실 하느님의 주권, 원죄, 예정론 등 아우구스티누스의 사상을 많이 받아들였다.

하느님의 절대 주권에 의해 우리가 구원받을지 멸망될지는 미리 결정된 것과 같다. 그러나 우리는 선택된 사람들이다. 우리의 직업은 '소명'이다. 하느님과 함께 일하는 그의 동역자가 되어 열심히 일하고, 일한 대가를 받고 그 돈을 함부로 쓰지 말고, 좋은 일에 쓰든지 남에게 빌려 주고 그 이자를 받는 것도 좋다. 이런 식의 근면, 절약 등은 선택받은 자의 표시다. 이러한 가르침이었다.[18]

칼뱅은 스위스 제네바로 가서 목회를 했는데, 실질적으로 그곳의 통치자나 마찬가지였다. 그는 교회에서 장로를 통해 치리治理하였다. 그의 가르침을 찾아 그리로 왔던 많은 사람이 그가 죽은 다음 프랑스, 네덜란드, 독일, 영국, 스코틀랜드 등 유럽 각지로 가서 칼뱅의 가르침에 따른 교회를 설립했다. 프랑스에서는 위그노Huguenot가 되었다. 영국에 간 칼뱅파 중에는 영국 교회The Church of England를 '청결'하게 하려다가 박해를 받아 네덜란드로 피해 간 사람들이 있는데, 그 중 일부가 1620년 메이플라워호를 타고 미국으로 간 '청교도'들이다. 스코틀랜드에서는 존 녹스John Knox의 지도로 이 교파가 국교가 되었다. 네덜란드와 헝가리에서는 '개혁 교회'라 하고 기타 지역에서는 '장로교Presbyterian Church' 라 하였다. 교회에 감독이나 주교 같은 것이 없이 장로들이 의사를 결정하도록 개혁된 교회이기 때문이다.

영국 교회

영국에서도 개혁이 일어났는데, 이것은 주로 정치적인 이유에서이다. 물

론 여러 복잡한 이유가 있겠지만 적어도 표면적인 이유는 영국 왕 헨리 8세가 왕비와의 사이에 아들이 없어 왕비와 이혼하고 새 왕비를 맞으려 교황에게 이혼을 허락해 줄 것을 요청했는데, 교황이 이를 거절했고, 이 때문에 '믿음의 수호자'라고 칭함을 받던 영국 왕이지만 교황의 거절과 상관없이 새 왕비를 맞아들인 다음 로마와의 관계를 청산하고 1534년 스스로 '영국 교회'의 수장이 되었다. 다른 지역에서는 영어로 Anglican Church, 미국에 가서는 Episcopal Church로 알려졌고, 한국에서는 '성공회'라 한다.

재세례파

재세례파Anabaptist를 근본 개혁자라고 하는데, 다른 종교개혁이 철저하지 못했으므로 자기들만은 '뿌리'까지 개혁한다고 주장했기 때문이다. 이들은 특히 어릴 때 세례를 받은 것은 아무 것도 모르는 상태에서 받은 것이니 무효이므로 성인이 되어 다시 세례를 받아야 한다고 주장했다. 여기에서 재세례파라는 말이 나왔다. 여기에 속하는 사람이 멘노(1496년~1561년)를 지도자로 한 메노나이트파Menonites, 거기서 나온 허터(1536년 사망)를 지도자로

미국 랭커스터 지역 아미시파의 생활모습.

하던 허터라이트파Hutterites, 암만(1644년~1725년)을 따르던 아미시Amish 등
이다. 이들은 대부분 북아메리카로 이민했는데, 특히 허터라이트파나 아미
시파는 자기들대로의 집단 거주지를 이루어 살고, 아직도 마차를 이용하는
등 옛날 생활 방식 그대로를 지키며 살아가려고 노력한다. 메노나이트파는
현재 캐나다 매니토바주 위니펙 부근에 많다.

기타
이왕 프로테스탄트 교파들 이야기가 나왔으니, 직접적인 종교개혁의 영향
으로 생긴 교파는 아니지만 우리가 많이 들어보거나 우리 주위에서 흔히
보는 종파를 일별하고 지나가는 것이 좋을 것 같다.

| 청교도   영국 '피의 메리Bloody Mary' 여왕의 종교 박해로 여러 곳으로 나
가 살던 영국인들이 1558년 엘리자베스 여왕의 즉위와 함께 다시 영국으로
돌아왔다. 나가 살 동안 칼뱅파의 영향을 받았던 이들은 영국 교회 안에 남
은 가톨릭적 요소를 못마땅하게 보았다. 여러 가지 예배 의식을 간소화할

뿐 아니라 교회도 '장로제'로 바꾸려 하였다. 이렇게 교회를 '청결히' 하려 한다고 '청교도'라는 이름이 붙었다. 결국 이들 중 더러는 영국 교회에 남고 일부는 분리되어 분리주의자Separatists가 되었다. 분리주의자들은 네덜란드로 이주해 거기서 회중 교회와 침례 교회가 되었다.

교회에 남아 있던 청교도들은 그 후 올리버 크롬웰Oliver Cromwell 장군의 지도로 청교도혁명을 일으키는 등 우여곡절 끝에 1640년 정권을 잡은 다음 이후 12년 동안 영국을 청교도 국가로 바꾸고, 교회를 청결하게 하기 위해 엄격한 행동 강령을 강제하였다. 이 무렵 생긴 것이 이른바 '웨스트민스터 고백Westminster Confessions'이다. 그러나 1660년 찰스 2세가 왕위에 오르고 영국 교회를 회복시킨 다음 2년 후 '일치법Act of Uniformity'을 제정하여 청교도를 영국 교회로부터 추방하게 되었다. 이렇게 추방된 청교도들로부터 조합교Congregationalists, 침례교Baptists, 퀘이커교Quakers, 장로교, 유니테리언교Unitarians 등이 나왔다.

│ **침례교**   한편 청교도혁명 전에 네덜란드로 간 분리주의 청교도 중 일부

1954년 영국에서 있었던
빌리 그레이엄 부흥집회 현장.

는 암스테르담에 정착해 살았는데, 지도자 존 스미스John Smyth는 옆에 살던 재세례파 메노나이트교인들의 영향을 받고 성서에는 영아 세례가 없다는 것을 발견하여, 스스로 성서대로 물에 잠기는 '침례'를 받고 교인 전원에게 모두 그런 침례를 주었다. 이들은 영국으로 다시 돌아와 1612년경 영국 침례 교회를 설립했다. 영국 각지로 퍼지고 1639년에 미국 로드아일랜드 침례 교회를 설립하면서 미국 각처로, 특히 남부로 많이 퍼졌다. 현재 미국 남침례 교회는 미국 개신교파 중 가장 크다. 유명한 전도자 빌리 그레이엄 같은 이가 속한 교회다. 지미 카터 미국 전 대통령도 이 교파에 속했으나 교회가 "남자는 여자의 머리이므로 여자는 남자에게 순복해야 한다"는 공식 입장을 채택한 데 반대하여 교회를 떠났다.

| **회중교**   네덜란드로 갔던 분리주의 청교도 중 다른 일부가 교회의 머리는 그리스도이므로 감독이나 장로 등 특별한 머리들이 필요 없고, 그리스도와 하나된 모든 회중이 다 참여하여 의사를 결정해야 한다고 주장했다. 이들 중 일부는 영국으로 돌아가고 다른 일부가 1620년 메이플라워호를 타고 미국으로 건너간 '순례자'로서 이들이 세운 교회가 회중 교회다. 이들을 선두로 영국에 있던 다른 청교도도 미국으로 건너가 로드아일랜드만 제외하고 전 뉴잉글랜드가 다 회중 교회의 영향 아래 들어가 약 200년 동안 미국 동북부 지방에서 실질적인 국교의 역할을 담당했다. 목회자를 양성하기 위해 하버드 대학, 예일 대학 등을 세우기도 했다.

| **퀘이커**   이들의 공식 명칭은 '종교 친우회Religious Society of Friends'로서, 영국인 조지 폭스George Fox(1624년~1681년)에 의해 시작된 종교 단체다. 그는

종교 친우회 서울 모임은 2010년에 50주년을 맞았으며 계속 활동 중이다.
1964년 모임의 집 앞마당에서 찍은 사진. 뒷줄에 수염을 기른 함석헌 선생의 모습도 보인다.

1646년 자신의 종교적 체험에 입각해, 교회의 형식이나 십일조 제도 등에
반대했다. 종교란 교리 체계를 받아들이는 것도 아니고 '뾰족당'에 가서 직
업적인 신부가 읽어 주는 설교나 기도를 듣는 것이 아니라 '내면적 빛'으로
밝아지는 체험을 하는 거라고 주장했다. 모든 인간은 이런 체험을 할 수 있
는 가능성을 지니고 있다는 점에서 모두가 동등한 '친구'라 하였다. 이런 가
르침과 그에 따르는 행동 때문에 퀘이커교인은 투옥 등 박해를 받다가 윌
리엄 펜William Penn(1644년~1718년)이 지도자가 되면서 1681년 찰스 2세로부
터 미국의 땅 일부를 하사 받고 그리로 대거 이주했다. '펜실베니아'는 '펜
의 숲'이란 뜻이고 주의 별명이 '퀘이커주Quaker State'이며 필라델피아('형제
우애'라는 뜻)라는 도시가 생긴 것도 퀘이커교인과의 관계 때문이다. 이들의
모임에서는 목사나 신부가 따로 없이 침묵 중에 앉아 '내면의 빛'을 기다리
는 예배를 드리다가 영감이 오면 조용히 발언하여 다른 이를 위해 '섬기는
자'가 된다. 이들은 노예 제도 반대, 평화 운동 등 사회 활동에도 적극적으
로 참여한다. 한국에서도 초기 함석헌 선생을 중심으로 모이던 모임이 지

금까지 이어지고 있다.

미국 연합감리교회를 비롯해서
세계 77개국 감리교가
세계감리교협의회를 운영하고 있다.

| **감리교**　영국 교회(성공회) 신부의 열
다섯째 아들이었던 요한 웨슬리John
Wesley(1703년~1791년)는 옥스퍼드 대학
재학 시절 그의 동생 찰스 웨슬리(1707
년~1788년)와 함께 '신성 클럽Holy Club'
이라는 작은 모임을 만들고 일정한 방
법을 통해 하느님의 임하심을 직접 체험하려고 노력하였다. 그들은 '회심回
心(conversion)'을 통해 사물을 보는 안목과 삶 자체가 바뀌는 것을 체험할 수
있었다. 옥스퍼드의 동료들은 그들을 '절도주의자節度主義者(Methodists)'라 부
르며 놀렸다.

1735년 요한 웨슬리는 미국 조지아로 전도 여행을 떠났다. 가는 도중 배
위에서 모라비아 형제단 사람들을 만나 그들에게 '회심'의 중요성을 배우
게 되었다. 웨슬리는 전도 여행을 마치고 런던에 돌아가서 스스로 이런 회
심을 경험하고, 자기의 경험을 주위 사람에게 전하기 시작하였다. 물론 영
국 교회를 떠날 마음은 없었다. 그러나 열성적인 전도로 그를 따르는 사람
의 수가 엄청나게 늘어나면서 자연히 하나의 교파로 독립하게 되었다. 그
가 죽을 때 그를 따르는 이가 영국에서만 7만이나 되었고 더욱이 미국에서
의 성장은 그와 비교할 수도 없을 만큼 더 엄청났다. 감리교Methodist Church
는 미국에서 침례교단 다음으로 큰 교단으로 발전하였다.

| **안식일교**　지금까지는 모두 유럽에서 생긴 교파인데 반하여 지금부터 살

펴볼 안식일교, 여호와의 증인교Jehovah Witnesses, 모르몬교The Church of Jesus Christ of Later-Day Saints는 모두 미국에서 생겨난 '미국산' 교회인 셈이다. 세 교파의 공통점은 모두 종말이 임박했다는 종말관에 기초한 점이다. 세 교회 모두 문자주의를 고수하고, 물에 잠기는 침례를 주장한다.

19세기 초반 미국 동북부 지방에는 예수가 곧 재림한다고 믿고 가르치는 '재림 운동'이 활발했다. 그 대표자가 침례교 평신도 윌리엄 밀러William Miller(1782년~1849년)였다. 그는 종말론자가 으레 그런 것처럼 히브리어 성서의 「다니엘」과 신약의 「요한계시록」을 연구하고 거기에 나오는 숫자를 계산하여 예수가 1843년 3월 21일에서 1844년 3월 21일 사이에 재림한다고 예언했다. 예언이 빗나가자 다시 1844년 10월 22일로 연기하였다. 그 예언도 빗나갔다. 많은 사람은 실망하고 떠났지만, 끝까지 남은 사람들이 모여 '제7일안식일예수재림교Seventh-day Adventist Church'를 세웠다.

이들의 주장에 의하면 밀러가 계산한 날짜는 실수가 없었다고 한다. 단 그 날이 예수가 지상으로 재림하는 날이 아니라 하늘 지성소에 들어가 죽은 자와 산 자를 조사하는 '조사 심판'을 시작하는 날이었다는 것이다. 일단 이 조사 심판을 끝내면 곧 이 세상으로 다시 올 것이라고 믿었다. 이 교파는 화이트Ellen G. White(1826년~1915년)라는 여자를 말세를 위한 하느님의 예언자로 믿고, 그의 저술은 특별히 영감 받아 쓴 '예언의 선물'로서 성서에 버금 가는 권위를 가진 것으로 받든다. 그는 세상 역사를 선악의 '대쟁투'로 보고 앞으로 다른 교파들은 모두 가톨릭을 중심으로 종교 연합을 구성하여 결국 하느님의 '남은 백성'인 자기들을 대적할 거라고 예언했다. 이들은 토요일을 안식일로 지키고 이것이 말세에 하느님의 백성인가 사탄의 추종자인가를 분별하는 유일한 기준이 된다고 여긴다. 「레위기」에 있는 유대인의 음식 규정을 그대로 준수하고, 지금은 채식을 권장한다. 교파 내 학자들 사이에 성소 교리 등을 수정해야 한다고 주장하는 이들이 나오고 있다. 한국에도 들어와 위생 병원, 삼육 대학, 시조사 등을 운영하고 있다.

| **여호와의 증인교**　창시자 러셀Charles Taze Russell(1852년~1916년)은 윌리엄 밀러의 재림 운동에 영향을 받았다. 그러나 그는 안식일 교회에 가담하지 않고 자기대로 성서를 해석하여 성서에 예언된 '진노의 날'이 1914년에 시작될 것이라 선포하고 "1914년을 주시하라!"고 외쳤다. 1914년에 예수가 보이지 않는 능력으로 재림하여 하느님의 나라를 시작했다며, 이미 시작

국제성서연구자협회에서 발행한 《The Bible Students Monthly》의 1876년 10월호 머리기사.
이 단체는 찰스 러셀이 세운 것으로 현 위치타워성서책자협회의 전신이다.

된 하늘나라가 아직 완성이 안 되었을 뿐이라고 주장했다. 하느님 나라의 완성도 조만간 이루어질 것이라고 했다. 완성되리라는 해도 1918, 1920, 1925, 1941, 1975년 등 여러 번 지정했다. 아무튼 그 날이 오면 악의 세력은 완전히 소멸되고 여호와의 증인들이 증언하는 진리를 받은 사람들만 살아남아 새로 회복된 지상 낙원에서 살게 된다. 특히 특별한 무리 14만 4,000명은 하늘에 가서 하느님과 영원히 사는 특권을 누린다고 한다. 다른 교파는 삼위일체나 영혼 불멸을 비롯하여 성서에 없는 잘못된 진리를 가르치므로 모두 '거짓 종교'라고 주장한다.

이들은 《깨어라!*Awake!*》 혹은 《파수대*Watch Tower*》라는 책자를 들고 집집마다 방문하거나 길모퉁이에 서 있는데, 모든 교인이 자원봉사자로 시무한다. 병역 거부, 수혈 거부, 투표 거부, 국기에 대한 경례 거부, 공직 거부, 크리스마스 지키기 거부 등으로 많이 알려져 있다. 제2지도자에 의해 채택된 공식 명칭이 '여호와의 증인'이다.

│ **모르몬교** 모르몬교의 정식 명칭은 '말일성도 예수그리스도의 교회'로서, 미국에서 생긴 교파 중에 교인 수가 가장 많다. 창시자는 조셉 스미스Joseph Smith(1805년~1844년)이다. 그가 살던 뉴욕주와 그 부근에는 많은 교파가 난립해 있었다. 어느 교회에 다닐까 고민하다가 1822년 어느 날 계시를 받았는데, 몰로니 천사가 나타나 아무 교회에도 가지 말고, 하느님의 말씀이 적힌 금판金版을 보라고 했다. 1년이 지나 뉴욕주 맨체스터에서 땅에 묻힌 금판을 캐내어, 거기 적힌 '개정된 이집트 상형 문자'를 우림과 두밈이라는 두 보석의 힘을 빌려 판독해 냈는데 그것이 바로 『모르몬경』이다. 그 금판은 천사가 회수해 가버려 지금은 볼 길이 없다.

전도 중인 모르몬교 젊은이들.

솔트레이크시티에 있는 족보 도서관.

스미스는 하느님의 나라가 곧 미국에 임한다고 선포하였다. 1년 사이에 1,000명 정도의 추종자를 얻었지만 박해 때문에 추종자를 데리고 처음에는 오하이오주로 옮겼다가 다시 새 예루살렘의 도읍지라고 여긴 미조리주로 옮겼다가 다시 일리노이주로 옮겼는데, 여기서 결국 스미스는 분노한 폭도에 의해 죽임을 당했다. 스미스가 죽고 교회는 둘로 갈라졌는데, 그 중 큰 쪽이 제2지도자 브리검 영Brigham Young(1801년~1877년)의 인도 아래 유타주 솔트레이크시티로 옮겨 오늘에 이르고 있다. 모르몬교는 일부다처제였지만 1890년 법에 의해 이를 포기했다. 까만 정장을 하고 가슴에 이름표를 단 젊은이들이 둘씩 거리를 다니며 전도하는 것을 보면, 거의 예외 없이 모르몬 선교사이다. 이들은 두 명이 한 팀이 되어 2년 동안 북아메리카나 다른 나라로 가서 전도할 의무가 있다.

미국에 세워질 하느님의 나라에는 오직 모르몬의 침례를 받은 사람만 들어갈 수 있다. 죽은 사람도 침례를 받을 수 있으므로 죽은 조상이 누군가를 알아내어 그들도 침례를 받도록 하기 위해 세계에서 가장 잘된 족보 도서관을 가지고 있다. 특별히 성직자가 없이 모든 남자가 제사장 역할을 한다. 성서 이외의 경전을 받드는 것, 여성의 지위, 종교적 배타성 등으로 논란의 대상이 되기도 한다. 모르몬 태버너클 합창단이 유명하다.

· 가톨릭의 개혁 ·

프로테스탄트 교회가 개혁을 부르짖으면서 가톨릭 교회에서 분리해 나가 새로 교회를 세우는 동안 가톨릭 교회 내에서도 이에 대처하려는 움직임이 생겼다. 이를 '반종교개혁Counter-Reformation'이라 한다. 1545년 트렌트 공의회를 소집하고, 프로테스탄트 교회에 대해 화해 쪽으로 갈까 오히려 강공으로 갈까 의론을 했는데, 결국 강공을 주장하는 의견이 채택되었다. 종교개혁자들이 '성서만'이라고 한 것에 반하여 진리의 근원으로 교회의 '전통'이 성서와 동일하게 중요하다고 결의했다. 성서를 해석할 권리가 로마 가톨릭에만 있음을 선언하기도 하였다. 종교개혁자 대부분이 성례聖禮를 성만찬과 세례 두 가지로 간소화한 데 반하여 가톨릭의 일곱 가지 성례를 공식화하였다. 그 외에도 개혁자들이 반대하는 가톨릭의 전통 가르침을 모두 강화하거나 그대로 확인하였다.

이때 가톨릭 교회에서 생긴 또 한 가지 중요한 반응은 스페인 출신 이그나티우스 로욜라Ignatius Loyola(1491년~1556년)에 의해 설립된 예수회Jesuits의 출현이다. 로욜라는 군인으로 전투에서 부상을 당하고 회복하던 중 그리스도의 생애에 대해 읽고 예수를 위한 군병이 되기로 결심하였다. 『영적 훈련』이라는 자기 성찰과 명상을 위한 안내서를 썼다. 파리 대학에 가서 신학을 공부하며, 동료 학생들에게 이 책을 보였는데, 나중 선교사가 되어 인도와 일본으로까지 가게 된 프란시스코 사비에르Francisco Xavier(1506년~1552년)도 그의 동료가 되었다. 로욜라와 그의 동료들은 로마로 가서 1540년 교황으로부터 예수회 설립을 허가 받았다. 예수회는 특히 학문 연구와 선교의 중요성을 강조하여 여러 나라에 선교사로 가서 교육에 열중한다. 중국

교황 요한 23세.

에 선교사로 갔던 그 유명한 마테오 리치 Matteo Ricci(1522년~1610년)도 예수회 회원 이었고, 현재 서울에 있는 서강 대학교도 예수회에서 세운 교육 기관이다.

　가톨릭 교회는 그 외에도 1854년 마리 아가 동정녀였을 뿐 아니라 원죄의 흔적 이 없이 태어났다는 것을 주장하는 무구 수태설無垢受胎說(The Immaculate Conception), 1869년에 열린 제1차 바티칸 공의회에 서 교황이 교리와 윤리 문제를 공식적으로 공언할 경우는 오류가 있을 수 없다는 교황무오설, 1950년 마리아가 죽어서 영혼만이 아니라 육체를 가지 고 승천했다는 육체승천설bodily assumption 등을 공식화했다.

　그러다가 1958년 교황 요한 23세가 교회를 이끌면서 1962년~1965년 제2차 바티칸 공의회를 소집하고 프로테스탄트 교회나 동방 교회와 어긋나 는 방향으로만 가는 가톨릭 교회를 화해와 공존의 방향으로 돌리는 혁명적 인 교회 쇄신을 단행했다. 그 중에서 중요한 몇 가지를 들면, 가톨릭이 아닌 그리스도인도 '진정한 그리스도인'이라는 것, 유대인이 예수의 죽음에 책임 이 있지 않다는 것, 교회 밖에도 구원이 있다는 것, 금서 목록을 철폐한다는 것, 힌두교와 불교 등 세계 여러 종교와 대화의 관계를 가지자는 것 등을 공 식적인 교회 입장으로 채택한 것이다. 이것은 가톨릭 교회 역사상 가장 큰 변화라 할 수 있다. 그러나 요한 23세가 죽고 뒤를 이은 바오로 6세, 그리 고 요한 바오로 2세는 제2차 바티칸 공의회에서 채택된 개방적이고 진취적 인 정책을 성실히 반영하거나 이행하지 못한다는 평을 듣는다. 한 가지 예

파리 노트르담 대성당 뒤편에 있는 요한 23세 광장.

로 사제들이 모자람에도 불구하고 1987년 미국 주교들이 건의한 여자 사제 안수 제도를 거부하고 있다. 요한 바오로 2세 뒤를 이어 보수적인 베네딕토 16세가 즉위했다. 예외적으로 종신직을 거부하여 사임하고 2013년 프란치스코가 교황으로 선임되었다.

・ 근래의 그리스도교 ・

근본주의

18세기 계몽주의Enlightenment를 거치면서 천문학 · 생물학 · 역사학 · 문헌비판학 · 철학 등의 학문이 발달하게 되었다. 따라서 그리스도교 신앙을 비판적으로 보려는 시각이 차츰 늘어났다. 이에 도전과 위기를 느낀 미국 그리스도인 중 더러는 1910년 그리스도교 신앙의 '근본'에 입각한 일련의 책자를 발간하고, 성서가 문자적으로 틀림이 없다는 '성서무오설', 예수가 문자 그대로 처녀에서 태어났다는 '동정녀탄생설', 예수가 인간을 대신해 피를 흘리셨다는 '대속설', 예수가 죽음에서 몸을 가지고 살아났다는 '육체부활설', 그가 장차 영광 중 다시 오리라는 '재림설' 등은 무슨 일이 있어도 양보할 수 없이 지켜야 할 근본이라 주장했다. 이를 그리스도교 '근본주의 Fundamentalism'라고 한다.

이들 근본주의자들Fundamentalists은 새로운 시대의 도전에 굴하지 않고, 오히려 거기에 크게 자극을 받아, 대단한 선교열을 가지고 많은 나라에 선교사를 보냈다. 현재 이런 근본주의는 유럽에는 거의 없고 미국에서도 일부인 데 반하여 아시아 · 아프리카 · 남아메리카 등 근본주의 선교사에게 그리스도교를 전해 받은 피선교국에 많이 나타난다. 한국 그리스도교도 근본적으로 근본주의적 성격을 띠고 있다.

최근 미국 근본주의자들은 낙태, 여성 목사 안수를 위시한 여권 신장, 동성애, 안락사, 뉴에이지 등이 성서의 가르침에 위배된다고 주장하며 이를 반대하는 등 사회 문제에 관심을 많이 보이고, 정치적으로도 더욱 큰 영향력을 행사하려 한다.

에큐메니컬 운동

20세기에 들어오면서 교회들이 지리멸렬 갈라지는 것을 본 많은 그리스도인은 교회 일치 운동을 전개한다. 일치라고 해서 여러 교회를 하나로 만드는 것이 아니라, '다양성 속의 일치'가 말하듯, 다양성을 인정하면서 하나로 뭉쳐 세상에 더욱 효과적으로 봉사하자는 의도였다. 이런 움직임을 에큐메

니컬 운동Ecumenical Movement이라 하고, 이것을 가장 효과적으로 이끄는 단체가 1948년 암스테르담에서 결성된 세계교회협의회WCC(the World Council of Churches)이다. 현재 근본주의 교회를 제외한 많은 프로테스탄트 교회가 가입되어 있고, 가톨릭과 동방 정교회도 참관인 자격으로 참여한다. 한국에서는 여기에 가입하기를 반대하는 교회끼리 '한국기독교총연합회(한기총)'를 결성하기도 했다. 2013년 가을 부산에서 제10차 총회가 있는데, 한국 개신교인 상당수는 이를 반대하고 있다.

새로운 신학적 흐름

20세기 중반에는 그리스도교 신앙을 새롭게 해석하고 적용하려는 신학적 노력이 본격적으로 진행되었다. 대표적인 신학자들을 예로 들면 다음과 같다.

우선 앞에서도 거명된 독일 신학자로서 신화적 세계관을 기초로 쓰인 성서에서 신화를 통해 전해 주려는 그리스도교의 핵심 선언을 찾아내기 위해 성서를 '비신화화'해야 한다고 주장한 루돌프 불트만(1884년~1976년)이 있다. 하느님을 높이로 생각하기보다 깊이로 생각해야 한다며 하느님을 '존재의 근거'로 보자고 하는 폴 틸리히Paul Tillich(1886년~1965년)도 유명하다. 독일 신학자 디트리히 본회퍼(1906년~1945년)는 미친 운전사가 차를 몰며 사람들을 살상하는 경우 그리스도인의 의무는 죽은 사람을 위해 장례식이나 치르는 것이 아니라 바로 그 운전사를 없애는 것이라 주장하며 히틀러 암살을 계획하다가 체포되어 처형되었다. 그리스도인은 모두 '제자됨의 값'을 지불하여야 하고, 이렇게 '성년이 된 세상'에서 '종교 없는 그리스도교'를 가질 것을 제창하였다.

가톨릭에서도 토마스 아퀴나스의 신학을 좀더 현대화하려는 노력이 나타났는데, 그 대표자 몇을 들면 다음과 같다.

'익명의 그리스도론anonymous Christ'으로 유명한 독일 신학자 카를 라너Karl Rahner(1904년~1984년), 신학적 인식론에 공헌한 캐나다 신학자 버나드 로너간Bernard Lonergan(1904년~1984년), 여러 문제에서 보수적인 입장을 취한 프랑스 철학자 자크 마리탱Jacques Maritain(1882년~1973년) 등이 있다.

20세기 후반에 들어서면서 사회가 점점 복잡하고 다양해짐에 따라 그리스도교 신학자 중에는 그리스도교 신학이 지금까지 유럽과 아메리카 중심으로, 그 중에서도 힘 있는 사람, 강자의 논리를 중심으로 이루어진 것을 발견하게 되었다. 이런 반성의 결과로 힘없고 소외된 사람을 위한 신학이 생겨나게 되었다.

중요한 것들을 열거하면 1960년 이후부터 뉴욕 유니온 신학교 제임스 콘James Cone 교수에 의해 주도된 것으로 흑인의 눈으로 성서를 보고 해석하려는 흑인 신학Black Theology, 남아메리카 페루의 신부 구티에레즈Gustavo Gutierrez 등에 의해 주도된 신학으로 '올바른 교리'보다는 '올바른 실천'을 강조하며, 남아메리카에서 다국적 기업에 착취당하는 사람을 고통에서 해방시키는 데 도움이 되는 방향으로 성서를 이해해야 한다는 해방 신학Liberation Theology, 신학은 지금까지 억울하게 살아온 여성이 완전한 인격으로 살아갈 수 있게 하기 위한 수단이 되어야 한다며 메리 데일리Mary Daly 같은 과격한 신학자나 보다 온건한 로즈메리 루더Rosemary Radford Ruether가 주도한 여성 신학Feminist Theology 등이다.

한국에서도 서남동, 안병무 등의 신학적 작업에 의해 그리스도교 신학이 무엇보다 한국인이 역사적으로 쌓아 온 한을 푸는 데 이바지해야 한다는 민중 신학民衆神學이 나왔다.

이와 함께 현대 사회의 다원화와 더불어 세계에 그리스도교만 있는 것이 아니라는 사실을 자각하고 그리스도인으로서 이들 종교를 어떻게 이해해야 하는지를 신학적으로 반성해 보는 종교 신학theology of religions이 생기고, 이와 관련하여 이웃 종교들과 대화하고 협력하는 일에 노력을 기울이자는 종교 다원주의Pluralism 시각이 생겨나게 되었다. 이 분야에서 주도적 역할을 하는 신학자는 영국인 존 힉John Hick, 미국인 폴 니터Paul Knitter, 존 코브 등이고 한국에서는 변선환 교수, 정양모 신부가 선구자 역할을 하였다. 물론 이런 일반적 흐름에 반대하고 20세기 신정통주의 신학의 거장 카를 바르트 Karl Barth(1886년~1968년)의 영향 아래 배타적 태도를 고수해야 한다고 주장하는 그리스도교 신학자도 있다.

· 그리스도교의 오늘 ·

서양에서 그리스도교인의 숫자는 점점 줄어든다. 유럽 국가 중에는 교회 출석률이 전체 인구의 2% 정도인 나라도 있다. 미국도 유럽보다는 형편이 나은 편이지만 줄어들기는 마찬가지다. 물론 서양에서도 전통을 존중하여 교회에 계속 다니는 사람, 여러 가지 가치관이 혼란하고 복잡한 세상에서 확고부동한 '절대 진리'를 말해 주는 근본주의적 성격의 교회에서 확신을 얻기 위해 다니는 사람, 도시화하면서 뿌리가 뽑힌 것 같은 느낌을 가질 수밖에 없는 사람들에게 교회가 제공하는 여러 가지 편의와 소속감 때문에 다니는 사람, 질병이나 가난에서 벗어나기 위한 수단으로 카리스마 교회에 다니는 사람, 메마른 세상에서 뭔가 시원하고 화끈한 것을 원하는 사람 등

WCC 세계교회협의회는
'폭력 극복 10년(2001년~2011년)'
운동을 펼쳤다.

이 계속 교회에 다니지만, 전체적으로는 어쩔 수 없이 줄어드는 추세이다.

특히 서양에서는 목사나 신부나 수녀가 되려는 지원자가 급격히 줄어들고 있다. 현재 그리스도교인 숫자가 느는 곳은 주로 아시아와 아프리카 여러 나라이다. 전통적으로 이슬람교인이 주종을 차지하던 아프리카에 이제는 그리스도교인의 숫자가 더 커졌다. 한국은 그리스도교 역사를 다루는 책 어디에나 나오듯이 그리스도교 선교의 기적을 이룬 나라이다. 지금 미국 중요 신학교는 한국 학생이 없으면 운영이 곤란할 거라는 말이 나올 정도로 한국 학생이 큰 비율을 차지한다. 적어도 숫자로 보아 이제 그리스도교를 단순히 '서양 종교'라 할 수는 없다.

그러면 서양에서 그리스도교인의 숫자가 줄어든다고 하여 그리스도교를 떠난 사람들 모두가 종교와 무관하게 살고 있다는 뜻인가? 많은 학자가 그렇지 않다고 본다. 일반인 사이에서 종교에 대한 관심은 오히려 어느 때보다 더 커지고 있다. 다만 그들의 관심과 종교적 필요가 기존의 제도적 종교에서는 충족될 수 없음을 발견한 많은 사람이 다른 곳을 찾고 있다고 보아야 할 것이다. 많은 사람이 원하는 것은 '영성spirituality'이지 '종교religion'가 아니라는 것이다. 보통 자기들은 '영적'이긴 하지만 '종교적'이지는 않다고 대답한다.[19]

이제 서양은 동서양 종교 사상이 공존하는 곳이 되었다. 전통적인 서양 음식 외에 세계 각국의 음식이 들어온 셈이다. 입맛에 따라 새로운 음식을 찾는 것과 마찬가지로 이제 영적인 만족을 추구하는 서양인 앞에 그만큼 선택의 폭이 넓어졌고, 많은 경우 이들은 이웃 전통에서 그들이 필요로 하는 것을 찾고 있다고 볼 수 있다. 이런 상황에서 신학자 중에는 그리스도교의 전통 가르침을 더욱 철저하게 강조해야 한다는 이들이 있는가 하면, 새로운 시대에 맞는 패러다임 전환을 통해 새로운 그리스도교로 거듭날 필요가 있다고 역설하는 이들도 있다.

읽으면 좋을 책

- 오강남. 『예수는 없다』. 현암사, 2001.
- 오강남. 『또 다른 예수』. 예담, 2009.
- Knitter, Paul F. *No Other Name?*. Maryknoll, N.Y.: Orbis Books, 1985.
  (한국어판) 변선환 옮김. 『오직 예수 이름으로만?』. 한국신학연구소, 1987.
- Küng, Hans. *On Being a Christian*. London: Collins, 1977.
- Küng, Hans. *Christianity: Essence, History, and Future*. New York: Continuum, 1998.
- Spong, John Shellby. *Why Christianity Must Change or Die*. San Francisco: HarperSanFrancisco, 1998.
  (한국어판) 김준우 옮김. 『기독교 변하지 않으면 죽는다』. 한국기독교연구소, 2001.
- Walker, Williston et al. *A History of the Christian Church*. 4th ed., New York: Charles Scribner's Sons, 1985.
  (한국어판) 류형기 역편. 『기독교회사』. 한국기독교문화원, 1993.

이슬람교

Islam

'이슬람'이라는 말은 '복종'이라는 뜻이고, '무슬림'은 '복종하는 사람'이라는 말이다. 이슬람교는 현재 거의 16억 신도를 가진 종교로서 수적으로 그리스도교 다음으로 큰 종교일 뿐 아니라 세계 큰 종교들 중에서 가장 빨리 성장하고 있는 종교이다. 이슬람은 중동의 아랍 여러 나라에서 신봉하는 종교로 보통 알려졌지만, 실은 이란, 아프리카, 파키스탄, 인도, 방글라데시, 인도네시아, 필리핀, 중국, 러시아 등에서도 중요한 종교이다. 지리적으로 볼 때, 신도의 반 이상이 중동 지역 동쪽에 퍼져 있다. 지금은 미국에서도 아프리카계 미국인(흑인) 사이에서 신봉자가 급증하고 있어 미국에서 두 번째로 큰 종교이거나 아직은 아니어도 곧 그렇게 되리라고 예측하고 있다.[1]

· 창시자 무함마드의 삶 ·

출생과 결혼

무함마드Muhammad는 570년 아라비아 메카에서 유복자로 태어났다. 그가 6세 때 어머니가 돌아가셔서 고아가 되자 할아버지가 데려다 키웠는데, 할

구에르치노의
〈하갈과 이스마엘을 내쫓는 아브라함〉.

아버지마저 3년 후에 죽고 결국 큰아버지 아브 탈리브의 집에서 컸다. 무함마드는 쿠라이시족에 속했다. 이슬람 전승에 의하면, 아브라함과 사라의 여종 하갈 사이에서 난 이스마엘이 메카에 와서 살게 되었는데, 그 이스마엘이 바로 무함마드가 속한 족의 선조였다고 한다.

어렸을 때 어떻게 살았는지는 거의 알려지지 않았다. 그러나 그 당시 소년들이 다 그랬듯이 상인의 낙타를 몰아주거나 그들의 잡일을 거들며 살았을 것이다. 좀 커서는 대상과 함께 예멘, 시리아, 팔레스타인 같은 곳을 다니며 유대인이나 그리스도인을 비롯하여 많은 이웃 종교인과 섞일 기회를 가졌다. 일화에 의하면 그가 큰아버지와 함께 시리아에 갔을 때 한 그리스도인 성직자가 그를 보고 예언자가 될 상이라 했다고 한다.

무함마드가 25세가 되었을 때 하디자Khadijah라는 돈 많은 과부에게서 일자리를 얻어 일하다가 15살 연상인 이 여인과 결혼하게 되었다. 무함마드는 일부다처가 허용되는 사회에 살았지만 이 여인이 살아 있을 동안에는 다른 부인을 두지 않았다. 둘 사이에는 아들 둘과 딸 넷이 있었다고 하나, 부인의 나이로 보아 파티마라는 막내딸 하나만 둘 사이의 딸이라 보기도 한다. 이 딸에게서 하산과 후세인이라는 두 외손자를 얻었다.

종교 체험

결혼을 하고 나서 무함마드는 시간적 여유를 가지고 명상과 기도에 전념할
수 있었다. 여러 해 동안 메카에 있는 히라 산 동굴에서 명상을 하며 보냈
다. 610년 그가 40세 되던 해 라마단 달 어느 밤 동굴에서 잠들어 있는데,
꿈인지 생시인지 모르는 상태에서 갑자기 무슨 소리를 듣게 되었다. "읽으
라, 하느님께서 사람들에게 계시한 것을!" 하는 소리였다. 무함마드가 "못
하겠습니다"라고 거절했는데도, "읽으라" 혹은 "외치라"고 하는 이 명령의
소리는 세 번이나 되풀이되었다. 동굴 밖으로 나왔는데, 같은 목소리로 "그
대는 하느님의 사자使者로다"라는 소리가 들렸다. 이 극적인 종교 체험은
『꾸란』 96장에 '능력과 영광의 밤'으로 기록되어 있다. 이 목소리의 주인은

천사 가브리엘이
알라의 계시를 무함마드에게 전하는 장면.
터키 필사본 삽화.

훗날 천사 가브리엘로 알려졌지만, 이 목소리는 그 후 무함마드가 죽기 전까지 22년 동안 계속 들려왔다.

무함마드는 겁에 질려 집으로 돌아와 부인에게 자기의 체험을 이야기했다. 부인은 "즐거워하소서. 사랑하는 남편이여, 기뻐하소서. 그대는 이 백성을 위한 예언자가 될 것이옵니다"라고 했다. 그의 부인이 첫 개종자가 된 셈이다. 둘이서 히브리어 성서와 복음서에도 조예가 깊은 부인의 사촌에게 가니 그도 무함마드의 이야기를 듣고 나서 "틀림없이 이는 예언의 시작으로 위대한 법이 모세에게 이르렀던 것과 같이 그에게도 이르리라"고 했다.

전도와 박해

이후 무함마드는 자기가 받은 계시에 따라 하느님이 한 분뿐이라는 것, 심판이 임박했다는 것, 평등·박애 등 윤리적 삶을 살아야 된다는 것 등을 가르치고, 우상 숭배나 영아 살해를 금하라고 외쳤다. 사람들이 처음에는 웃음거리로 여기고 조롱할 뿐이었는데, 그 후 그를 따르는 사람의 수가 많아지자 조롱이 적개심으로 바뀌고, 적개심이 박해로 변했다. 특히 그가 가르치는 유일신 신앙과 윤리적 삶은 메카의 특권층에게 경제적으로 불리한 가르침이었다. 620년 그의 부인이 죽고, 특히 무함마드의 종교는 받아들이지 않았지만 그를 보호해 주던 큰아버지마저 죽어 아무도 보호해 줄 사람 없는 상태에서 박해가 심해지자 무함마드는 할 수 없이 다른 도시로 피신할 수밖에 없었다.

메디나로의 피신

메카로부터 북쪽으로 400킬로미터 정도 떨어진 한 도시에서 부족들 사이에 분쟁이 있었는데, 여섯 명의 대표자가 무함마드를 찾아와 상담을 했다. 그들은 그의 정의감과 정직성을 좋게 여기고 돌아갔다. 다음 해는 열두 명의 대표자가 무함마드를 찾아와 분쟁을 조정하기 위해 그 도시로 와달라고 요청했다. 그 열두 명 대표자 중 열 명이 유대인이었는데, 이들 중에는 무함마드를 자기네가 기다리던 메시아일지 모른다고 생각한 사람도 있었다. 초청을 받아들이고, 드디어 622년 9월 24일 그리로 옮겨갔다. 그때 이후 이 도시를 '예언자의 도시'라 부르고, 줄여서 '도시'라는 뜻을 가진 말 '메디나Medina'라고 불렀다. 그리고 이 '피신' 혹은 '망명'을 아랍어로 '히즈라hijra'라 하는데, 나중 무함마드가 죽은 후 이렇게 피신한 서력 622년을 이슬람력의 원년으로 삼았다.[2]

메디나에는 유대교인과 그리스도인이 많았다. 무함마드의 종교를 새롭게 받아들이는 사람은 별로 없었다. 그러나 그는 거기서 이른바 '하느님의 다스림'을 시작했다. 그를 따르던 사람들은 모두 여섯 가지 서원을 했는데, 그것은 다음과 같다.

1. 우리는 한 분 하느님(알라) 외에 다른 신을 경배하지 않는다.
2. 우리는 도둑질하지 않는다.
3. 우리는 간음하지 않는다.
4. 우리는 영아 살해를 하지 않는다.
5. 우리는 나쁜 말을 하지 않는다.
6. 우리는 정당한 일에 있어서 예언자에게 불순종하지 않는다.

메디나에서 그들은 처음으로 '기도하는 집' 모스크를 짓고, 매주 금요일

사우디아라비아 메디나의 예언자 사원.

에 모여 함께 기도하고, 개인적으로는 하루에 다섯 번씩 기도하는 제도를
수립했다.[3] 금요일로 정한 것은 유대교인의 안식일인 토요일, 그리스도교
인의 주일인 일요일처럼 특별히 거룩하다거나 하는 이유 때문이 아니라 모
두 함께 모여 기도하기에 편리한 날이기 때문이었다. 처음에는 기도할 때
예루살렘을 향해 하다가 유대인과의 관계가 악화되면서 메카를 향해 기도
하게 되었다. 그러나 이슬람 전통에서 예루살렘은 메카, 메디나와 함께 여
전히 3대 성지로 꼽히는 곳이다.

　무함마드는 종교적으로만 아니라 군사적으로도 크게 성공하였다. 자기
의 종교를 인정하지 않는 공동체나 대상隊商을 주로 공격하여 그들의 재산
을 몰수했다. 이런 군사적인 성공이 신의 뜻에 의한 것이라고 확신하게 되
고, 종교적 사명을 완수하기 위해서는 나라를 세워야겠다고 생각하게 되었

다. 메카에서 피신하여 메디나로 이주한 지 10년 되는 630년에 메카를 점령하고, 드디어 아라비아 전역에 걸쳐 정치적 권력을 행사하는 실질적 지도자가 되었다.

예루살렘의 바위 사원.

메카의 점령

메카를 점령하고 제일 먼저 한 일은 '카바Ka'ba'라는 성전을 찾는 일이었다. 경건한 자세로 성전을 일곱 바퀴 돌고 '흑석黑石'에 입을 맞춘 다음, 성전에 있던 일체의 우상과 벽에 붙은 아브라함이나 천사의 그림을 철거했다. 그 다음 하갈과 이스마엘이 마셨다고 전해 내려오는 잠잠Zamzam 우물로 가서 그 우물을 거룩하게 구별했다. 마지막으로 메카의 경계를 정하는 경계비를 세우고 그 경계 안에서는 모든 이슬람교인이 마음 놓고 순례 여행을 할 수 있도록 해 주었다.

모든 아랍인에게 이전까지 혈연에 따른 공동체에 충성하였지만, 이제부터는 믿음의 공동체인 '움마umma'에 충성을 하라고 촉구했다. 4개월의 유예 기간을 주고 이 움마에 충성하기를 거절하면 공격하겠다고 공포했다. 그러나 유대교인과 그리스도교인은 이른바 '책의 백성들'이기에 특별 세금만 내면 신앙을 그대로 유지할 수 있도록 했다.

그로부터 2년이 지난 632년, 무함마드는 쇠약해진 몸을 가지고 죽기 전 마지막으로 메카를 향해 순례의 길을 떠났다. '은혜의 산'에 모인 10만여 명의 순례자를 향해 무슬림의 결속을 강조하며 다음과 같이 유명한 말을 했다. "여러분, 내가 하는 말을 잘 듣고 명심하도록 하오. 그대들은 알지니,

사우디아라비아 메카에 있는 카바.
이슬람교에서 가장 신성시하는 성원이다.

무슬림 개개인은 다른 무슬림의 형제이며, 따라서 모든 무슬림은 형제지간이오!"[4] 메디나로 돌아와 3개월 동안 신열로 고생하다가 갑자기 죽었다. 632년 6월 8일, 62세의 나이였다.

▪ 『꾸란』 ▪

『꾸란』의 형성
이슬람교 경전은 『꾸란Qur'ān』이다. '읽다', '읊다'의 뜻이다. 가브리엘 천사를 통해서 무함마드에게 온 하느님의 계시를 그대로 읽거나 읊은 것이라는 데서 나온 말이다. 『꾸란』은 비신앙인의 눈으로 보면 그야말로 '기적'이나 다름없다. 물론 그가 외운 것을 기록자가 받아서 적고 나중에 편집을 한 것이지만, 이름도 제대로 쓸 줄 모르던 무함마드가 문법적으로 완벽하고 시적으로 비길 데 없이 아름다운 말을 읊었다는 사실 자체가 보통 일이 아니기 때문이다. 이것은 아랍 문학의 모델이 되어 아랍어를 배우는 데 가장 좋은 책으로 읽히기도 한다. 이슬람교인은 태어나서 처음으로 듣는 것도 『꾸란』 구절이고 죽기 전에 마지막으로 듣는 것도 마찬가지다.
　『꾸란』은 114장으로 이루어져 있다. 제1장을 제외하고 제2장부터 제114장까지 긴 것부터 짧은 것 순으로 배열되었다. 제2장이 286절이고 제3장이 200절, 마지막 제114장은 6절에 불과하다. 약 6,000절로 된 전체 길이는 그리스도교 신약 성서의 약 5분의 4정도가 된다. 무함마드가 외운 것을 일단 '전문 기억사들'이 기억하도록 하고, 그가 살아 있을 동안에 이미 종려잎이나 돌 같은 곳에 기록하여 놓았다. 그가 죽고 제2대 지도자가 나와서 이

이슬람 경전인 『꾸란』.

렇게 기록된 것을 한데 모으고, 제3대 지도자가 이를 최종 확인해서 지금껏 그대로 내려오고 있다. 무함마드가 죽고 20년 후의 일이다.

『꾸란』은 하느님의 직접적인 계시라 믿으므로 이것이 가지는 권위는 세계 어느 다른 경전보다 크다. 비록 그리스도교도 성서의 권위를 중요시하지만 그래도 가장 큰 계시를 그리스도라고 보므로 성서의 권위에 대한 비중이 이슬람교에서 『꾸란』에 싣는 비중에는 미치지 못한다고 볼 수 있다. 『꾸란』은 하느님이 직접 들려주신 말씀이므로 그것을 읽는 것만으로도 하느님의 능력을 얻을 수 있다고 믿고, 그런 이유로 아랍어 말고 다른 말로 번역해서도 안 된다고 한다. 다른 말로 나온 것은 모두 번역이 아니라 '해석' 이다.

이슬람교는 유대교와 그리스도교도 본래는 완전한 계시로서의 성서를 가지고 있었지만 지금은 불완전하고 부패되었다고 본다. 불완전한 것은 인간이 영적으로 발달하기 전에 주어진 것이기 때문이고, 부패한 것은 그 전수 과정에서 와전되었기 때문이다.

『꾸란』의 기본 가르침

이슬람교인은 『꾸란』에 이 마지막 시대 사람들에게 필요한 하느님의 교훈이 다 담겨 있다고 믿는다. 거기에는 하느님과 그의 통치에 관한 신학적 가르침, 성지 순례와 단식 등 의식儀式에 대한 지시, 결혼·간통·살인 등과 같은 민사·형사 문제 해결에 관한 지침, 기타 예의나 윤리적인 교훈이 들어 있다. 여기서는 그 중에서 신학적인 것 몇 가지를 살펴보기로 한다.

| **한 분 하느님**　무함마드 이전 아라비아에서는 여러 신을 섬겼다. 『꾸란』은 하느님이 한 분뿐이라는 유일신 사상을 철저하게 강조했다. '알라'는 아랍어로 '하느님'이라는 뜻이다. 이 한 분 하느님 이외의 것을 하느님으로 여기는 것은 '용서받을 수 없는 죄shirk'로서 이슬람에서 가장 무서워하는 죄다. 하느님은 창조주요, 역사를 다스리시는 분이요, 말세에 세상을 심판하실 심판자이시다. 하느님은 '99가지 아름다운 이름'을 가지고 있다. 그 중에서 가장 많이 불리는 이름은 '자비로운 분'이다. 『꾸란』 각 장은 "자비롭고 은혜로우신 알라의 이름으로……" 하는 말로 시작된다.[5]

이런 한 분 하느님이시지만 그 주위에서 시중드는 가브리엘 같은 천사들, 이슬람교인이 믿지 않는 자들과 싸울 때 같이 싸우는 전사들이 있다. 진jinn이라는 불로 된 정령도 있는데, 좋은 진은 사람을 위해 수호천사 노릇도 하고 사람의 행동을 하나하나 기록하며, 나쁜 진은 사람을 못살게 하는 마귀다. 마귀들의 대장이 바로 타락한 천사 이블리스Iblis 혹은 사탄이다.

| **예언자**　하느님은 역사를 통해 그때그때 필요한 예언자를 보내셨는데, 지금까지 12만 4,000명이라고 한다. 직접 이름을 거론한 예언자는 무함마

드를 포함하여 28명이다. 아담으로 시작해서 노아, 아브라함, 이스마엘, 이삭, 모세, 다윗, 솔로몬, 엘리야, 요나, 사가랴, 침례 요한, 예수 등이다. 히브리어 성서에 나오는 낯익은 이름이 18명, 그리스도인이 3명, 아랍인이 4명, 기타가 2명이다. 이 중에서 가장 중요한 다섯 명은 노아, 아브라함, 모세, 예수, 무함마드이다. 물론 이 중에서도 가장 중요한 한 명은 무함마드. 그는 '말세를 위한 예언자' 혹은 '예언자들의 인印'으로서 이후에는 다른 예언자도 다른 계시도 있을 수 없다.

│ **최후의 심판**　　세상 끝 날이 되면 하느님이 모든 사람을 그들의 공과에 따라 심판하신다. 『꾸란』에 따르면 사람이 죽으면 부활의 날까지 일단 잠자는 상태에 들어간다. 부활의 날이 되어 하느님의 천사가 나팔을 불면, 무덤이 열리고 잠자던 상태에서 깨어난다. 부활하게 된 사람은 하느님 앞에 나가 심판을 받는다. 모든 사람은 자신의 행위를 기록한 책에 따라 상벌을 받는다. 이런 종말관은 조로아스터교나 유대교, 그리스도교와 비슷하지만, 그들이 받는 상이 조금 다르다. 낙원Jannah은 정금(황금)으로 된 거리보다는 물이 흐르고 꽃이 피는 동산으로 묘사되고, 의로운 사람은 취기나 숙취가 따

이슬람교의 낙원, 잔나의 모습.

르지 않는 술을 마시게 된다.

『꾸란』에서도 예수의 동정녀 탄생을 인정한다. 단 예수가 신성을 가진다거나 신이라고는 인정하지 않는다. 예수와 신성을 '연결'하는 일은 '용서받을 수 없는 우상죄'를 짓는 것으로 본다. 그리스도교에서 말하는 삼위일체도 진정한 유일신론으로서는 받아들일 수 없는 '삼신론'이라고 주장한다.

· 다섯 가지 기둥 ·

모든 이슬람교인은 의무적으로 '다섯 기둥'을 준수해야 한다. 어느 면에서 이슬람은 이 '다섯 기둥' 위에 세워진 건물이라 할 수 있다. 이런 점에서 이슬람은 교리 중심의 종교라기보다는 실천 중심의 종교라 할 수 있다. '다섯 기둥'은 다음과 같다.

| **고백**　　"하느님 외에는 신이 없으며 무함마드는 그의 예언자"라는 것을 고백shahādah하고 증언하는 것이다. 아랍어로 '라 일라하 일랄라 무함마드 라술룰라la ilaha illa'llah muhammad rasulu'llah'를 반복해서 외우는 것이다. 이슬람교인이 된다는 것은 이 고백을 받아들이고 스스로 고백하는 것을 뜻한다.

| **기도**　　하루에 새벽, 정오, 오후, 일몰, 밤―이렇게 다섯 번씩 기도해야 한다. 기도ṣalāt하기 전에는 반드시 정결례를 치르는데, 입과 콧구멍을 씻는 등 세수를 하고, 팔꿈치까지 손을 씻고, 젖은 손으로 머리를 쓰다듬고, 발목까지 발을 씻는다. 물이 없을 경우 모래로라도 씻어야 한다. 신발을 벗고 기도

이슬람교인의 기도.

깔개를 펴고 메카를 향해 한국에서 큰절할 때와 비슷한 모양으로 엎드려 기도한다. 금요일 정오에는 여자는 집에 있고, 남자만 모두 모스크 모여 함께 기도한다.[6]

| 헌금   '자카트'라는 말은 '정결하게 하다' 혹은 '증가시키다'는 뜻을 지니고 있다. 헌금zakāt은 사람의 욕심이나 소유에 대한 집착을 깨끗하게 씻어 주고, 헌금한 사람에게 물질의 증가를 가져다주기 때문이다. 모든 성인은 1년 이상 계속해서 가지고 있는 재산의 2.5%를 구제금으로 바친다. 기타 곡

물, 과일이나 가축, 귀금속, 상품 등 종류에 따라 다른 비율이 적용된다. 유대교나 그리스도교의 십일조에 비하면 작은 비율이라고 할 수 있지만 십일조는 '수입'의 10%인 반면 이슬람 헌금은 '재산'의 2.5%이므로 사람에 따라서는 십일조보다 더 클 수 있다. 아랍계 국가들에 따라서 의무로 부과하는 곳도 있고 자발적으로 내도록 하는 곳도 있다.

| **단식**   '라마단' 한 달 동안 낮 시간에 단식sawm을 한다. 무함마드가 고행하다가 신으로부터 계시를 받은 달을 기념하는 것이다. 손에 검은 실과 흰실을 들고 둘을 분간할 수 있으면 낮 시간이고 분간할 수 없으면 밤 시간이다. 낮 시간에는 먹는 것, 마시는 것, 성행위 등을 완전히 금한다. 밤이 되면단식에서 풀려난다. 이슬람교는 음력을 쓰므로 라마단 달이 여름에 올 때가 있는데, 그럴 경우 뜨거운 사막에서 물을 마시지 않고 낮 시간을 보내는것은 고역이다. 병자나 여행자, 아기에게 젖을 먹이는 어머니, 어린 아이는이 단식에서 제외된다. 단식의 달이 지나면 3일 동안 축제가 있고, 모두 함께 음식을 나누며 하느님의 풍성하심을 기뻐한다.

| **순례**   모든 이슬람교인은 일생에 적어도 한 번 메카로 순례hajj를 하고 와야 한다. 앞에서 약간 언급한 것처럼 메카는 이슬람교인에게 특별한 의미가 있는 곳이다. 전승에 의하면 아담과 하와가 죄를 범하고 에덴동산에서쫓겨난 후 자리 잡아 살던 곳이 메카라고 한다. 그뿐 아니라 아브라함과 이스마엘이 한 분 하느님을 위해 성전을 짓고 예배하던 곳이다. 아브라함의순례를 본받아 모두가 이곳으로 순례를 하는 것이다.

모든 사람은 순례를 위한 특별한 달에 메카에 이를 수 있도록 때를 맞추

어 각자의 집을 떠난다. 순례 중에는 성행위를 하거나 머리나 손톱을 깎아도 안 된다. 메카에 들어가기 전에 모든 교통수단을 놓아두고, 수의壽衣를 상징하여 꿰매지 않은 두 쪽 천의 간소한 베옷 차림으로 갈아입고 맨발로 걸어서 들어간다.

메카에 가면 카바 성전에 있는 '흑석'을 중심으로 시계 방향 반대로 일곱 번을 도는데 세 번은 천천히, 네 번은 빠르게 돈다. 매번 그 흑석이 안치된 성전 동남쪽 모퉁이에 입맞춤을 하든지 사람이 너무 많을 때는 손이나 막대기로 건드린다. '흑석'은 본래 직경 30센티미터, 높이 1.5미터 가량 되는 운석(별똥)으로서, 금이 가서 1844년에 만든 은으로 된 틀에 들어가 벽 속에 안치되어 있다. 아브라함과 이스마엘이 카바를 건립할 때 천사 가브리엘이 아브라함에게 알려 준 돌로서 처음에는 너무나 희고 빛나 메카를 찾는 순례자들이 그 빛을 보고 찾아올 정도였는데, 사람의 죄악 때문에 지금은 까맣게 되었다고 한다.

'흑석'을 중심으로 성전 도는 것을 끝내면, 그 바로 옆에 있는 잠잠이라는 우물로 간다. 옛날 이스마엘의 어머니 하갈이 아브라함의 집에서 쫓겨나 헤매다가 목말라하는 아들을 위해 두 언덕을 일곱 번을 오가며 물을 찾던 중에 목이 말라 발버둥치던 이스마엘의 발 아래에서 물이 솟아나 우물이 되었다는 곳이다. 500미터 정도 되는 두 언덕 사이를 빠른 걸음으로 일곱 번 오가며 그때의 고생을 재현하고, 치료에 영험이 있다는 우물물을 받아 온다.

본격적인 순례는 메카에서 동쪽으로 20킬로미터 정도 떨어진 아라파트 평원을 찾아 그곳에 있는 '자비의 산'에 올라 '하느님 앞에 서는 것'이다. 정오가 되면 나중 최후의 심판 때 하느님 앞에 서는 마음가짐으로 해가 질 때까지 그대로 서 있다. 아담과 하와가 낙원에서 쫓겨나서 서 있던 곳이고, 아브라함과 이스마엘이 함께 서 있던 곳이며, 무함마드가 마지막으로 연설하며 서 있던 곳이기도 하다. 그 밤을 바깥에서 보낸 후 '미나'라는 곳으로 가, 아브라함이 이스마엘을 죽이는 대신 양을 잡아 제사한 것을 기념하여 동물을 잡아 제사를 지낸다.[7] 여기서 사흘 동안을 축제로 보내고, 다시 카바 성전의 흑석을 돌고 나서, 메카로 들어올 때 입었던 옷을 벗고 본래 옷을 입는 것으로 순례는 끝난다. 거기서 남은 힘이 있는 사람은 메디나에 있는 무함마드의 무덤으로 가 참배하기도 하고 심지어는 예루살렘까지 가기도 한다.

순례는 많은 이슬람교인에게 새로운 삶의 시작을 의미하는 중요한 의식이다. 이 의식을 마친 사람은 새로 난 아기처럼 죄가 없어진 상태라고 보고, 그 이름 앞에 '순례자'라는 표시를 한다. 이런 의식을 통해 전 세계 무슬림이 하느님 앞에는 하나요 동등하다는 공동체 의식과 유대를 강화하게 된다.

여기서 한 가지 알아둘 것은 지하드jihād에 관한 것이다. 이슬람교 교파에 따라서는 지하드를 여섯째 기둥이라 여기기도 한다. 지하드는 '성전聖戰'을 의미하지만 '성전'이 꼭 총칼을 들고 싸우는 것만을 뜻하는 것은 아니다. 본래 '하느님의 길에서 힘씀'이라는 뜻으로, 무엇이나 하느님의 일을 위하는 것이면 지하드이다. 최근에 와서 이슬람 국가나 종교가 위협을 받을 때 이를 방어하는 일 등 정치적으로나 군사적으로 힘쓰는 것이 지하드의 주된 일처럼 되었지만, 사는 곳에 모스크를 짓는 일, 멀리 떠나서 전도하는 일 등 광범한 종교 활동도 지하드이고, 무엇보다도 큰 지하드는 이기적인 정욕과 본능을 물리치려고 힘쓰는 것이다. 지금 많은 이슬람교인은 자유주의나 서양화에 저항하는 것이 지하드라고 보기도 한다. 이슬람교인은 알코올, 돼지고기, 노름을 금하고 있다.

모스크로 변모한
터키 이스탄불의 성 소피아 성당.

성 소피아 성당 안에서
메카의 방향을 나타내는 미흐라브.

• 이슬람교의 확산 •

무함마드가 아라비아 반도를 통일하여
이슬람교는 세력이 확대되는 전기를 맞
는다. 그가 죽은 후 이슬람은 곧 아라비
아 경계를 넘어 635년 다마스커스를 함
락시키고, 636년 페르시아(이란)를 무너
뜨리고, 637년 예루살렘을 점령하고,
641년 아프리카의 알렉산드리아를 접수
하는 등 이슬람 제국은 그야말로 파죽지
세로 확대되어 갔다.

　제3대 칼리프Caliph가 들어오고도 이슬
람 제국은 계속 팽창하여 711년 스페인
을 점령하고 이후 7세기 동안 다스렸다.
13세기 몽골 군대가 이슬람을 제압할 때
까지 승승장구로 뻗어갔다. 그러나 몽골의 지배자들도 스스로 이슬람으로
개종하여 결국 이슬람 제국은 확장되었다. 이슬람 세력은 1453년 비잔틴
제국의 본거지였던 콘스탄티노플을 침공하여 그 이름을 이스탄불로 바꾸
고 그 제국이 차지하던 땅 거의 대부분과 러시아, 파키스탄, 인도, 중국, 말
레이시아, 인도네시아 등까지 퍼졌다. 앞에서 지적한 것과 같이, 이슬람의

인도 진출은 인도에서 불교가 사라지게 한 중요한 이유의 하나가 되기도 했다. 이슬람 상인은 당나라 때 중국 서안西安에도 많았는데, 이슬람을 '회교回敎'라고 하고 무슬림을 '회민回民' 혹은 '회회인回回人'이라 했으며, 한반도까지 진출하기도 했다.

중국 최초의 모스크인 광주 회성사.

이슬람이 왜 이렇게 급격하게 팽창했을까? 무력으로 다른 나라를 점령하고 이슬람교를 강제했기 때문이라 생각하기 쉽지만, 그래도 뭔가 그 이상의 이유가 있지 않을까? 그 주된 이유로 세 가지를 들 수 있다. 첫째로 이슬람은 인간을 차별하지 않는다는 것이다. 모든 인간은 하느님의 피조물인 한 형제자매로 동등하다는 가르침이 많은 사람에게 설득력 있게 들렸으리라는 것, 둘째로 복잡한 이론이나 교리나 예식 같은 것 없이 단순

한남동에 위치한 서울중앙성원.

명료하고 실천적 종교인 점이 대중에게 어필했으리라는 것, 셋째로 그 당시 비잔틴 제국이 부패하고 억압적이어서 사람들은 이슬람 군대를 침략자로 보기보다는 해방자로 보는 경향이 많았다는 것 등이다.

▪ 이슬람 분파 ▪

무함마드는 죽으면서 후계자를 정해 놓지 않았다. 처음에는 그의 오랜 친구이며 여러 장인 중 하나였던 아부 바크르Abū Bakr가 2년 동안(632년~634년) 후계자 일을 맡았다. 그는 죽기 전에 자기를 도와 일하던 우마르ʿUmar를 제2대 후계자로 지목하였고, 우마르는 10년 동안(634년~644년) 여러 나라를 점령하는 등 많은 일을 해냈다. 우마르는 어느 날 아침 메디나에서 기도를 인도하던 중 페르시아인 노예에 의해 치명상을 입고, 죽기 직전에 여섯 명의 위원을 지명하여 그 중에서 후계자를 선출하라고 명했다. 이 명을 수행하는 과정에서 치열한 내분이 생기고, 이때 이후 이슬람 역사는 파벌 간 암투의 연속이었다. 무함마드의 심복 겸 사위였던 우스만ʿUthmān과 그의 사촌 겸 사위였던 알리ʿAlī 사이에 경쟁이 치열했다. 우스만이 다음 후계자가 되고 그도 12년 만에 암살당한 다음 알리가 제4대 후계자로 나왔지만 역시 곧 암살되고 말았다. 이때 이후 우스만을 지지하는 파와 알리를 따르는 파가 영원히 갈라서게 되었다. 이슬람 내에 복잡한 계보가 있었지만 지금 있는 파들을 대별하면 다음과 같다.

| **순니파** '순니파Sunni'란 '전승주의파'라는 뜻이다. 전 세계 이슬람교인의 85% 정도가 이 파에 속한다. 이 파는 제1대 후계자 아부 바크르부터 정식으로 인정하고, 종교적·율법적 권위를 『꾸란』과 '전승(하디스ḥadīth)'에서 찾는다. 『꾸란』의 율법을 어떻게 적용할까 하는 문제를 중심으로 약간씩 다른 의견이 있어 다시 네 개의 파로 갈라지는데, 그 중 각 지역의 특수성을 감안해서 적용하려는 가장 진보적인 파가 샤피Shāfiʿī파로 네 파 중에 수가 가장

많다. 이집트, 시리아, 인도, 말레이시아, 인도네시아에 분포한다.

| **시아파**   '시아Shi'ite파'란 '분리파'라는 뜻이다. 세계 이슬람교인의 10~15%로 본다. 무함마드의 사촌이자 사위인 알리를 따르던 사람들은 알리가 무함마드의 참된 후계자여야 하는데, 처음 세 후계자가 자격도 없이 자리를 차지하고 있었다고 주장했다. 앞에서 언급한 것과 같이 결국 656년 알리가 후계자가 되긴 했지만 그가 암살당한 후, 지도자 자리는 우마이야 가문으로 넘어가게 되었다. 알리의 아들 후세인이 이에 도전하였지만 실패하고 모두 죽임을 당하였다. 우마이야 가문에서 세습적으로 내려온 지도자는 인정하지 않는다.

시아파는 알리가 죽은 후 칼리프(후계자)는 끊어지고, '이맘imam'을 공동체를 이끄는 지도자로 여긴다.[8] 알리를 이어 그 뒤로 여섯 명 혹은 열한 명의 지도자가 있었는데, 그 마지막 지도자는 죽지 않고 어딘가 숨어 있다가, 언젠가는 다시 이 땅에 돌아와 세상에 종말을 가져온다고 믿는다. 이렇게 다시 올 이맘을 '마디Mahdi'라고 한다.

시아파는 알리의 아들 후세인이 순교당한 것을 기념하여 그의 고통을 재현하는 의식을 행하고, 신도들의 순교를 찬양하고 고무한다. 지금 이란은 시아파를 공식 종교로 받아들인 나라이고, 이라크 인구의 3분의 2 정도도 시아파이다. 사우디아라비아, 인도, 파키스탄, 아프리카 동쪽 등에 흩어져 있다.

| **수피**   완전히 독립된 종파로 볼 수 없지만 '수피Sufi'에 대해 알아볼 필요가 있다. '수피'라는 말은 '양털 옷을 입은 자'라는 뜻이다. 염색하지 않은

조야한 옷을 입고 다녔기 때문이다. 처음에는 참회의 표시로 입다가 나중에는 정식 의복이 되었다. 이슬람 세계에서 그 수는 미약하지만 특별한 가르침 때문에 영향력이 크고, 특히 외부 세계에 아주 많이 알려져 있다. 이들은 율법주의적·형식주의적 이슬람에 반대하고 신비 체험을 강조하는 신비주의자이다. 신플라톤주의, 그리스도교 신비주의, 힌두교 신비주의 등에 영향을 받았다. 권력화, 성인 숭배 등 내부적인 문제와 사회의 산업화 등 외부적인 요인으로 19세기부터 쇠퇴하기 시작하여 현재 주로 페르시아, 인도 부근에 퍼져 있다.

　일반적으로 이슬람은 하느님과 사람의 질적 차이를 강조하고 신과 사람을 '연결'시키는 죄를 '용서받을 수 없는 죄'로 인정하여, 신인합일을 강조하는 신비주의가 들어갈 틈이 별로 없는 것으로 알기 쉽다. 이슬람 신비주의는 『꾸란』에 하느님이 '우리의 핏줄보다도 우리에게 더 가까운' 분으로 묘사되어 있는 것에 근거하여 '하느님 안으로의 몰입' 체험을 강조한다. 이들은 진리가 말이나 이론에 있는 것이 아니라 하느님에게 몰입되는 체험에서만 찾을 수 있다고 본다. 수피들 중에서 한 집단은 이런 체험을 갖기 위한 방법으로 한 자리에 서서 빙글빙글 도는 회전무를 추기도 하는데, 이들을 '춤추는 수도사dancing dervishes'라고 한다.

수피파 중 유명한 사람이 많지만 이른바 '이해관계 없는 사랑'을 강조하고 노래한 여자 성인 바스라의 라비아Rabi'a(801년 사망)가 있다. "오, 주님, 제가 주님을 섬김이 지옥의 두려움 때문이라면 저를 지옥에서 불살라 주옵시고, 낙원의 소망 때문이라면 저를 낙원에서 쫓아내 주옵소서. 그러나 그것이 주님만을 위한 것이라면 주님의 영원한 아름다움을 제게서 거두지 마옵소서"라는 기도로 유명하다.[9]

· 이슬람의 오늘 ·

근세에 와서 이슬람은 과거 그 찬란했던 권력과 문화에도 불구하고 쇠퇴하기 시작했다. 몽골인이 이슬람 지배 세력으로 떠오르면서 무슬림 학자를 죽이고 도서관을 불태우는 등 과거 500년 동안 쌓은 이슬람 전통을 말살했기 때문이라고도 하고, 이슬람교 자체가 탄력을 잃고 침체 내지 고착화했기 때문이라 분석하기도 한다. 아무튼 18세기 말에서 19세기 초에 걸쳐 이슬람 국가들은 유럽의 지배 밑으로 들어가 그 영향권에서 벗어나지 못한채 가난에 찌들어 살았다. 특히 팔레스타인을 지배하던 영국이 중동에 대한 영향력을 지속하기 위한 정책의 일환으로 중동 한가운데에 이스라엘을 독립 국가로 심어놓는 것을 지켜보아야 하는 수모를 겪어야 하기도 했다.

그러다가 1970년대 석유가 경제적으로 중요한 자원으로 등장했다. 석유산유국이 모여 OPEC(석유수출국기구)를 형성하고, 한편 옛날 서양 식민지로 있던 아프리카의 이슬람 국가 40여 개가 대거 독립국이 되면서, 이슬람 세력이 일약 세계무대에서 새로운 힘으로 부상하게 되었다. 이슬람교인들도 스스로에 대해 자부심을 가지게 되었다. 종교사적 관점에서 볼 때 이런 새로운 변화에서 두 가지 중요한 현상이 생겼다고 할 수 있다.

첫째, 이슬람 사회의 '서양화'와 그 반동으로 생긴 '이슬람 근본주의'다. 석유를 수출하여 생긴 돈으로 일부에서는 서양 문물을 대대적으로 받아들이기 시작한다. 이렇게 이슬람 사회가 서양화되면서 이슬람교인 사이에는 자연히 물질주의 내지 자유주의적 색채가 짙은 서양 가치관이 퍼져나가기 시작했다. 상당수 이슬람교인들은 이것을 이슬람에 대한 도전이나 위협으로 받아들였다. 이들은 전통을 보존하고 사수한다는 명목으로 모든 서구 문화와 사고방식을 배격하고 이슬람 전통 가르침을 문자 그대로 실행하겠다고 나섰다. 이런 이들을 가리켜 일반적으로 이슬람 근본주의자라고 한다.

가장 잘 알려진 예가 이란에서 수많은 유학생을 서양으로 보내고 급격한 근대화 내지 서양화를 추진하던 팔레비 정권Pahlavi Shahs이 무너지고 1979년 이슬람 시아파 근본주의자 호메이니Ayatollah Khomeini가 정권을 잡은 것이다. 호메이니는 서방 세계나 이스라엘만이 아니라 이들과 결탁하는 사우디아라비아 등 다른 이슬람 국가도 사탄의 세력이라 주장하고 근본주의에 입각한 폭력적 혁명 이념을 다른 이슬람 국가로도 수출했다.

아프가니스탄을 장악한 탈레반Taleban 군사 정권도 이슬람 근본주의 입장에 서서 서방 국가의 영향을 받은 법률을 전부 폐기하고 순니파 이슬람의 전통적 가르침을 문자 그대로 법으로 삼았다. 미국 부시 정권이 2001년 말 탈레반 정권을 붕괴시키기 전까지 이들 이슬람 근본주의자들은 이슬람 가르침에 따라 수많은 사람이 보는 앞에서 도둑의 손을 자르고, 간통한 자를 매질하고, 여성은 눈만 보이는 옷을 입고, 심지어 사람들이 이발하는 것이나 음악 듣는 것도 간여했다. 이들 근본주의자들은 여러 이슬람 국가에서 온 사람들에게 서방의 영향이나 간섭에 대항해서 싸우는 전투 훈련을 실시했다.

2001년 9월 11일 뉴욕 무역 센터와 워싱턴 국방성 건물에 대한 공격으로 수많은 인명 피해를 준 사건은 이슬람교와 그리스도교 사이에 '문명의 충돌'이 결코 아니다. 이는 이슬람교가 그리스도교에 자행한 일이 아니라는 것이다. 물론 거기에는 역사적·정치적·경제적·감정적인 요인이 복합적으로 작용했겠지만, 엄격히 말하면 타협이나 공존을 거부하고 자기만 진리와 정의를 독점하고 있다고 믿는 독선적 이슬람 근본주의자와 그리스도교 및 유대교 근본주의자 사이의 대결과 충돌이라 해야 할 것이다. 말하자면 문명의 충돌이 아니라 '근본주의의 충돌'이라는 말이 더욱 적절하다는 것이다.

둘째, 이슬람 세력이 급부상하면서 이슬람에 대한 여러 국가, 특히 서양 국가들의 오해를 줄이는 계기가 함께 마련되었다. 전통적으로 외부 사람들은 이슬람교인을 '꾸란이냐 칼이냐'를 선택하라고 강제하는 무서운 사람들로 오해해 왔다. 또 창시자 무함마드에 대해서는 수없이 많은 첩을 거느린 정신 이상자로 알고 있는 사람이 많았다. 이런 선입견과 오해는 지금까지도 상당수 그대로 계속되고 있다.

9·11 사태 이후 한국이나 세계 각지에서 이슬람을 알아보는 데 도움이 되는 책이 많이 팔렸다. 이슬람의 정체를 좀더 깊이 알아보고 싶었던 것이다. 그리고 깊이 알아 본 결과 이슬람교인이 다 근본주의자는 아니라는 것을 알게 되었다. 9·11 사태 직후만 해도 미국의 경우 '이슬람'이 한 짓으

성 소피아 성당의 모자이크화.
그림 자체를 훼손하지 않은 마호메트의 관용 덕분에 비잔티움의
대표작들은 덧씌워진 석회를 벗고 오늘날까지 빛을 발할 수 있었다.

로 생각하는 사람들이 많았다. 그러나 그 사건이 있은 지 얼마가 지난 지금 한국이나 미국에서 그것이 이슬람 종교 자체 때문에 생긴 사건이라고 믿는 사람은 거의 없다고 볼 수 있다. 이제 점점 많은 사람이 다른 여러 종교와 마찬가지로 이슬람에도 여러 종류가 있음을 알게 되었다. 커츠만Charles Kurzman의 분류에 의하면, 적어도 '관습적', '부흥주의적', '자유주의적' 이슬람으로 나눌 수 있다.[10]

이런 현상은 이슬람교와 다른 종교의 대화를 확대시키는 데 좋은 계기를 마련해 주는 일이라 할 수 있다. 세계 종교 분쟁의 절대 다수를 차지하는 세 종교—같은 아브라함을 조상으로 하고 있어서 '아브라함적 종교Abrahamic religions'라 불리고, 다 같이 한 '하느님'을 섬기는 유일신교인 이슬람교, 유대교, 그리스도교—가 서로를 좀더 이해하고 협력한다면 세계 평화에 크게 기여하게 될 것이다.

· 바하이교 ·

시아파의 신앙에 근거해서 생겼지만 지금은 세계 종교의 하나로 인정받는 바하이교Bahai에 대해 잠깐 살펴보고 지나가자. 앞에서 언급한 것처럼 시아파는 열두 번째 이맘(지도자)이 9세기에 사라졌지만, 그가 언젠가 다시 와서 세상을 구원하리라는 믿음을 가지고 있다.

1844년 시아파에 속하는 알리 무함마드라는 사람이 스스로 열두 번째 이맘이라고 주장하고 종교적 · 사회적 개혁을 시도했다. 그러나 성공하지 못한 채 1850년 공개 처형되고 말았다. 그러나 죽기 전에 뒤를 이어 이 세상에 보편적 종교를 수립할 사람이 나타날 거라고 예언하였다. 드디어 1863

미국 시카고의 바하이센터. 바하이교 사원들은 9각형이라는 공통점을 갖는다.

년 제자 중 하나였던 후세인 알리가 스스로 예언된 이맘이라 선포하고, 이름을 바하올라Baha'u'lla (하느님의 영광)라고 했다. 그가 기다리던 이맘이라 믿고 그 가르침을 따르는 사람들을 바하이라 한다.

바하이교는 세계 모든 종교는 한 근원에서 생겨났다는 것, 모든 종교 가르침에는 근본적으로 일치하는 면이 있다는 것, 모든 종교 예언자들은 한 하느님으로부터 단편적인 계시를 받았다는 것, 유대교에서 메시아 오심을 기다리고, 그리스도교에서 예수 재림을 기다리고, 불교에서 미륵불의 출현을 기다리는데, 바하올라가 이 시대를 위한 마지막 예언자로 나타났다는 것, 종교와 과학에는 모순이 없다는 것, 성별이나 인종에 차별이 없다는 것, 누구에게나 의무 교육을 실시해야 한다는 것, 섬김의 정신으로 하는 일은 예배와 같다는 것, 영원하고 보편적인 평화를 수립하는 것이 인류 최고 목표가 되어야 한다는 것 등을 가르친다.

시아파가 압도적인 이란에서는 무함마드 이후 예언자가 나타났다고 주장하는 이 종교를 용납할 수 없었다. 처음부터도 심한 박해를 받았지만 1979년 호메이니 정권이 들어서면서 박해가 다시 심해져 많은 사람이 순교를 당하고, 많은 사람은 서방으로 나오기도 했다. 현재 600만 정도의 신도가 230여 국가에 퍼져 있다.[11]

읽으면 좋을 책

- 김용선. 『코란의 이해』 민음사, 1991.
- 김정위. 『이슬람문화사』 탐구당, 1989.
- 김정위. 『이슬람 사상사』 민음사, 1987.
- 김정위 외. 『이슬람 사상의 형성과 발전』 아카넷, 2000.
- 이원삼 · 이희수 외. 『이슬람』 청아출판사, 2001.
- 정수일. 『이슬람 문명사』 창작과비평사, 2002.
- 버나드 루이스, 이희수 옮김. 『중동의 역사』 까치, 1998.
- 안네마리 쉼멜, 김영경 옮김. 『이슬람의 이해』 분도출판사, 2000.
- 카렌 암스트롱, 유혜경 옮김. 『마호메트 평전』 미다스북스, 2002.
- 한스 큉, 손성현 옮김. 『한스 큉의 이슬람』 시와진실. 2012
- Martin, Richard. *Islamic Studies: A History of Religions Approach*. Englewood : Prentice Hall, 1995.
- Rahman, Fazlur. *Islam*. 2nd ed. Chicago : University of Chicago Press, 1979.
- Rahman, Fazlur. *Major Themes of Qur'an*. Minneapolis : Bibliotheca Islam, 1989.

동학

Donghak

이 책은 '세계 종교'를 둘러보는 것이 목적이지만, 한국에서 생긴 종교에 대해 완전히 침묵할 수는 없다고 생각되어 간략하게나마 한국 종교의 한 예로 동학을 다루려 한다. 『경전으로 본 세계종교』에서도 다른 세계 종교와 함께 동학을 다루고 있다. 한국에서 생긴 종교로는 증산교, 원불교, 통일교, 대종교 등이 있고 이런 종교들도 다루고 싶지만, 모두 쓰려면 다시 하나의 책이 되어야 하므로 이들 중에 가장 먼저 생겼을 뿐 아니라 역사적으로 한국의 대표적 민족 종교라 여겨지는 동학을 다루기로 한다. 이렇게 동학 하나에 한정하는 것은 결코 다른 종교를 경시하는 뜻이 아니라 이 책이 세계종교에 관한 것이라는 기본 성격 때문임을 거듭 밝힌다.

▪ 동학의 역사 ▪

창시자 최수운

동학東學의 창시자는 수운水雲 최제우崔濟愚(1824년~1864년)이다. 어릴 때 이름은 복술이었고, 어른이 되어 제선이었지만 뜻을 세우고 제우로 고쳤다. '제우'란 어리석은 세상 사람을 구제한다는 뜻이다. 수운은 지금 경주 부근 월성군에서 아들이 없던 60세의 양반 출신 아버지와 과부 한 씨 사이에서 태어나 10세에 어머니를, 17세에 아버지를 여의었다. 어려서 총명이 뛰어나 양반 출신인 아버지로부터 경서經書를 배웠지만, 서자로 태어났으므로 그 재능을 펼 길이 없었다. 갖가지 장사도 하고 서당에서 글을 가르치기도 하면서 청년 시절을 어렵게 보냈다. 그의 나이 30세쯤 되자 자신에게 닥친 어려움은 개인만의 문제가 아니라 시대가 당면한 인류 문명의 총체적 붕괴에서 오는 것이라 믿고, '나라를 살리고 백성을 편안하게(輔國安民)'하며, 나아가 '인간을 두루 구할(廣濟蒼生)' 수 있는 길을 찾아 구도의 길을 떠났다.

수운은 전통 종교인 유불선이 이제 기운을 다해 새로운 시대에 정신적 지주가 될 수 없고, 서학인 가톨릭도 그 공격성이나 흑백 논리로 보아 세상을 구할 수 있는 도가 못 된다고 확신했다. 그는 이 붕괴되는 선천 문화를 개벽할 수 있는 새로운 도를 찾으려 했던 것이다.

전국을 두루 다니고, 다시 고향 경주 구미산 밑 용담으로 들어와 원하는 대도大道를 얻기까지는 그 산을 떠나지 않기로 작정하고 구도에 정진한다. 드디어 1860년 4월 5일 37세 되던 해 결정적인 종교 체험을 한다. '갑자기 마음이 차고 몸이 떨리고 정신이 아득해지면서' 한 음성을 듣게 되었다. "두려워 말고 저어하지 말라. 세상 사람이 나를 상제라 이르나니 너는 상제를 알지 못하느냐?" 하고 이어서 "너를 세간에 내어 사람에게 이 법을 가르치게 하나니 의심치 말고 의심 말

제1대 교조, 수운 최제우.

라"고 했다.[1]

이렇게 시작된 '한울님'과의 문답 '강화 降話'가 거의 1년 동안 계속되었는데, 이때 이른바 '무극대도無極大道'를 받는다. 그 1 년은 그가 체험하여 깨달은 사실을 되새기며 체계화하는 기간이기도 하였다. 진리를 널리 펴는 일, 곧 포덕布德을 위한 준비 기간인 셈이다.

득도得道 다음 해 6월 포덕을 시작했다. 스스로 다닐 필요도 없이 그의 득도에 대한 소문이 퍼져 찾아오는 사람이 그치지

『동경대전』 영인본의 「포덕문」.

않았다. 그는 '한울님'을 소개하고 인간이 다 같이 한울님을 모시고 있으므로 인간은 모두 동등하다고 가르쳤다. 양반 · 상인常人의 계급과 서열이 엄격하던 사회에서 이런 가르침은 실로 혁명적인 것이었다. 많은 사람이 호응하자 양반층과 관으로부터 '혹세무민'하는 가르침이라는 비난과 박해를 받게 되었다.

그 해 11월 박해를 피해 전라도 남원 은적암에 피신하여 살면서,『논학문 論學文』 등 여러 글을 지었다. 다음 해 여름 경주로 돌아왔지만 여전히 박해와 수난을 겪다가 결국 1863년 11월 경주 용담정에서 제자 20여 명과 함께 체포되고 다음 해 1864년 3월 10일 대구에서 41세의 나이로, 정확하게 태어나서 39년 6개월, 도를 받고 4년, 포교 활동 3년 만에, 참수형에 처해졌다. 그를 따르던 사람들이 그의 글을 모아서『동경대전東經大全』과『용담유사龍潭遺詞』라는 제목의 책을 엮었다.

제2대 교주 최시형의 처형 직전 모습(왼쪽)과
1905년 손병희가 동지들과 찍은 사진(오른쪽). 앞줄 오른쪽 두 번째가 손병희이다.

최수운의 계승자들

수운이 죽고 해월海月 최시형崔時亨(1827년~1898년)이 제2대 교조가 되어 순교
하기까지 35년 동안 동학이 이 땅에 뿌리내리도록 하는 데 크게 공헌한다. 그
는 수운이 남긴 가르침을 사상적으로 더욱 분명하게 정리하고 여러 의식을
제도화하는 등 교단으로서의 기틀을 확립하는 데 공헌했다. 급속도로 확장된
교세는 결국 한국 역사에서 큰 획을 그은 1894년 '동학혁명'으로 나타나기도
했다. 동학혁명으로 많은 신도가 희생되고 교세도 그만큼 허약하게 되었다.

최시형이 72세의 나이로 교수형을 당하고, 그 뒤를 이은 이가 의암義菴 손
병희孫秉熙(1861년~1922년)였다. 손병희는 탄압을 피하기도 하고, 서구 문물
도 접할 겸 일본으로 건너가 4년을 지내다가 돌아와 동학을 '천도교天道教'
로 개명했다. 그는 천도교 대헌大憲을 반포하고, 정기 시일식侍日式을 제정하
고, 성미誠米 제도를 실시하는 등 교단을 근대화하는 데 크게 공헌했다. 잘
알려진 것과 마찬가지로 손병희는 1919년 3·1 운동의 주도적 지도자로서

불교·그리스도교와 연대하여 민족 독립 운동을 주도하기 위해 춘암春菴 박인호朴寅浩에게 동학의 미래를 맡겼다.

천도교 청년회에서 발행한 한국 최초의 종합 잡지,《개벽》(1920년~1926년).

손병희는 감옥에서 복역하던 중에 병을 얻어 보석으로 출감했지만 얼마 안 되어 62세의 나이로 사망하였다. 그와 함께 옥고를 치르고 나온 박인호는 스스로 대도주大道主의 자리를 사임하고 교단 체제를 중의제로 바꾸었다. 교단 내에 파벌이 계속되었지만, 일제 시대를 통해《개벽》,《신여성》,《어린이》등 잡지 출판 및 문화 활

방정환 선생이 편집하여 개벽사에서 발행한 잡지,《어린이》(1923년~1934년).

동으로 여성 운동·어린이 운동·농민 운동·항일 운동에 크게 공헌했다.

동학에서는 최제우를 대신사大神師라 부르고, 최시형을 신사神師라 하고, 손병희를 성사聖師라 하고, 박인호를 상사上師라 부른다.

· 동학 사상 ·

신관

동학 사상은 한국에서 역사적으로 내려오던 유불선 전통뿐 아니라, 민간에

1921년에 준공된
천도교 중앙대교당.
종로구 경운동에 있다.

퍼져 있던 무속 신앙 및 새로이 전래된 그리스도교를 통합한 면이 강하다. 그러나 역사를 통해 동학의 기본 가르침 중 가장 중요한 것을 요약하라면 무엇보다도 "사람이 곧 한울님"이라는 '인내천人乃天' 사상과 "사람을 한울님 섬기듯 섬기어라"라고 하는 '사인여천事人如天'의 가르침이라 할 수 있다.

동학에서 말하는 한울님은 인격적이면서도 동시에 초인격적이고, 사람을 초월하여 존재하지만 동시에 사람 속에 내재하는 무엇이다. 이 말은 신의 인격성과 초인격성, 초월과 내재를 구별하는 통상적 이분법을 배격하고 이를 한데 어우르는 초이분법적 사유로 신을 생각하고 받아들였다는 뜻이다. 요즘 말로 바꾸면 동학의 신관은 신의 초월을 강조하는 유신론도 아니고 신의 내재만을 강조하는 범신론汎神論(pantheism)도 아니고, 초월과 내재를 동시에 인정하는 범재신론汎在神論(panentheism)에 가깝다. 이런 신을 인격적으로

말할 때는 '한울님'이 되고
초인격적으로 이해할 때는
'지기至氣'가 되는 것이다.

인간관

이런 신관을 기초로 인간관
이 형성되었다. 인간은 모두
신성을 모시고 있고(侍天主),
나아가 인간이 곧 한울님이
라고 본다. 모든 인간은 다
같이 한울님의 신령한 본성을 지니고 있으므로 인종, 성별, 계급 등과 상관
없이 모두 평등할 수밖에 없다. 따라서 우리는 다른 사람을 대할 때 한울님
섬기듯 해야 한다. 우리 스스로도 우리 속에 이렇게 모시고 있는 신성을 자
각하고 이를 실현함으로써 스스로 새로운 인격체로 변화될 뿐 아니라, 이
런 종교적 자각을 통해 이웃과 민족과 인류 그리고 자연계를 '살리는' 살림
운동을 전개해야 한다. 이것이 바로 우리 인간이 해야 할 최대 과업이라 보
는 것이다.[2] 이렇게 자기 속에 내재한 신성을 자각하고 인간으로서 할 일을
다하는 완전한 인격의 사람을 동학에서는 '한울 사람', '지상신선', '성인'이
라 한다. 신과 인간과 자연의 조화로운 관계를 강조하는 이런 가르침은 지
금처럼 생태계 위기에 처한 인류에게 중요한 기별이라 할 수 있다.

개벽과 이상적 사회

동학에서는 우리가 사는 지금 세상을 선천先天 세상이라 하고 새로 올 세상을 후천後天 세상이라 한다. 지금까지의 낡은 세계 질서는 붕괴되고 새로운 세계 질서가 창조되어야 한다고 주장한다. 선천 역사는 무엇보다 투쟁과 갈등의 역사, 이른바 상극相剋의 역사였다. 이런 상극의 역사를 공존과 조화의 역사, 곧 상생相生의 역사로 바꾸어가야 하는데, 이렇게 새로운 역사, 새로운 질서로 바꾸는 것이 '개벽開闢'이다. 인간이 해야 할 일은 세상을 새로운 차원으로 개벽하는 일에 동참하는 것이다.

개벽은 구체적으로 '삼경三敬', 곧 경천敬天 · 경인敬人 · 경물敬物이라는 윤리적 실천 덕목을 통해서 이루어진다. 만물은 서로 돕고 도움을 받는 관계이다. 만물이 한울님의 구체적 표현이므로 풀 한 포기 나무 한 그루라도 함부로 하지 말라고 한다. 우리가 쌀 한 톨을 먹어도 그것은 한울님을 먹는 것, 이것이 "한울님으로서 한울님을 먹여 기른다"는 '이천식천以天食天'이다. 이런 윤리적 실천 사항을 좀더 구체적으로는 보면, 물질에서 정신으로, 신분 차별에서 만민 평등과 섬김으로, 부 · 권력 · 지식에서 도덕으로, 투쟁과 분열에서 하나됨으로, 남성 중심 가정에서 공동 중심의 화합 가정으로, 인간 중심에서 생명 중심으로 넘어감을 뜻한다.[3] 이런 후천 개벽 세상은 역사에 그 유례가 없던 이상적 사회가 될 것이다.

· 의례 ·

동학에서는 오관五款이라 하여, 마치 이슬람에 '다섯 기둥'이 있듯, 다섯 가지 신도로서 실천해야 할 사항을 제시한다.

| **주문** 몇 가지 종류가 있지만 가장 많이 외우는 것은 이른바 '삼칠주三七呪' 혹은 다음과 같은 '21자 주문呪文'이 있다. "지기금지 원위대강 시천주 조화정 영세불망 만사지(至氣今至 願爲大降 侍天主 造化定 永世不忘 萬事知)."[4]

| **청수** 날마다 저녁 9시에 가족이 모여 맑은 물(淸水)을 떠 놓고, 가정의 평화와 보은 감사를 위해, 그리고 평화가 멀리 멀리 퍼지기를 기원하며 21자 주문을 105회 외우고, 물을 같이 나누어 마신다.

| **시일** 일요일(侍日)마다 모든 신도가 함께 모여 '내 마음이 네 마음(吾心卽汝心)'임과 '모두가 하나됨(同體歸一)'을 확인하고 실천하는 의식을 치른다.

| **성미** 아침저녁으로 밥을 지을 때 식구별로 한 술(誠米)씩 떠서 모았다가 바친다.

| **기도** 기도祈禱에는 시시때때로 한울님께 정성껏 마음을 고하는 심고心告, 시일 저녁 9시에 드리는 시일 기도, 7·21·49·105일 등 기간을 정하고 하는 특별 기도가 있다.

• 동학의 오늘 •

동학의 전통을 이어받은 천도교는 해방 후 교단이 남북으로 갈리면서 남한에 사는 교인을 중심으로 새로운 조직을 세워 오늘에 이르고 있다. 동학이 이룩한 역사적 업적과 중요성에 비해 지금 천도교의 교세는 그렇게 크지 못한 셈이다. 그러나 동학의 가르침은 세계 종교사에서 나타나는 보편적 가치의 결집이라고 해도 지나치지 않을 정도로 높은 이상과 구체적 실천을 제시한다. 한신 대학의 김경재 교수는 어느 면에서 한국인에게 가장 알맞은 종교를 꼽으라면 바로 동학일 것이라 보고, 같은 대학 김상일 교수도 21세기 세계의 대안 종교를 들라면 그것이 동학이라고까지 하였다. 필자도 이런 의견에 동감하는 바이다. 그런 의미에서 동학에 대한 연구와 관심이 더욱 깊어지길 바란다.

읽으면 좋을 책

- 김상일. 『동학과 신서학』 지식산업사, 2000.
- 김용휘. 『우리 학문으로서의 동학』 책세상문고, 2007.
- 노길명. 『한국신흥종교 연구』 경세원, 1996.
- 차옥숭. 『천도교 대종교: 한국인의 종교경험』 서광사, 2000.
- 최준식. 『개벽 시대를 여는 사람들』 주류성, 1998.
- Weems, Benjamin B. *Reform, Rebellion and the Heavenly Way*. Tucson : University of Arizona Press, 1964.

종교 간 대화와
협력을 위하여

우리는 지금까지 지구촌 사람들이 그 동안 무엇을 어떻게 믿고 살아왔던가를 간략하게나마 둘러보았습니다. 여기서 무엇을 알게 되었습니까? 자이나교라는 종교가 있었다는 것, 그 종교의 창시자가 마하비라였다는 것, '이슬람'이 '복종'을 의미한다는 것, 나무아미타불이 서방 극락정토의 아미타 부처를 부르는 것이라는 것, '그리스도'와 '메시아'가 같은 말로서 둘 다 '기름부음을 받은 자'라는 것 등을 알게 되었습니다. 물론 이런 것을 아는 것도 중요합니다.

그러나 이런 것을 배운 것만으로 만족해야 할까요? 독자들의 배경이나 관심에 따라 각각 다른 대답이 있을 수밖에 없을 것입니다. 세계 종교 둘러보기를 통해 이런 사실을 아는 것만도 큰 소득이라 여기는 분들로부터 내 자신의 종교가 어떤 족보에 속한 것인가를 알게 되었다는 분, 뭔가 인류의 종교사를 통해 일관된 흐름이 있음을 간취하게 되었다는 분, 혹은 개인적으로 종교에 대해 어떤 새로운 사상 체계를 확인하거나 새롭게 구성할 수 있게 되었다는 분에 이르기까지 그 반응이 다양할 것입니다. 세계 종교를 둘러보고 어떤 것을 찾게 되었는가, 어떻게 깨달았는가 하는 것은 물론 각자의 자유요 각자의 몫입니다.

그러나 이 종교 순례를 끝내면서 안내를 맡았던 사람으로서 한 가지 지적하고 싶은 것이 있습니다. 17세기 영국의 시인 존 던John Donne이 읊은 명언, "그 누구도 외딴 섬일 수 없다(No one is an island.)"는 말이 세계 종교사를 볼 때 실로 절묘하게 들어맞는 말이라는 사실입니다. 키플링Rudyard Kipling이 "동은 동, 서는 서; 둘은 영원히 만나지 못하리"라고 한 말은 그가 사용한 대로 미래 어느 재난의 날에 해당되는 것이지 종교사에 적용될 수는 없는 말입니다. 종교는 그 긴 역사를 거치면서 서로가 서로에게 영향을 주고받으면서 발전해 왔습니다. 어느 한 종교도 자기 종교만 순수하거나 유일하다고 할 수가 없습니다.

최근 그리스도교의 기원을 더듬는 책을 쓴 클레어몬트 신학대학의 라일리Gregory J. Riley 교수는 그의 책제목을『하느님의 강』이라고 했습니다. 지금 우리가 보고 있는 그리스도교라는 강은 처음부터 똑같은 크기의 강줄기를 가지고 지금까지 변함없이 그 물 그대로 흐르는 것이 아니라, 흘러오면서 계속 여기저기 조그만 물줄기, 큰 물줄기, 아주 큰 물줄기가 흘러 들어와 이 모두를 포용하는 큰 물줄기를 형성하며 오늘에 이르게 된 거라는 이야기입니다.[1]

어디 그리스도교만 그렇겠습니까? 우리가 훑어본 대로 어느 종교도 하늘로부터 완제품 상태로 떨어져 그대로 보존되어 온 것이 없습니다. 모두 역사의 강이 되어 여기저기에서 흘러 들어오는 물을 받기도 하고 원줄기에서 갈라져 다른 강에 흘러들기도 하면서 오늘의 종교 지도를 이루게 되었습니다. 이런 생각을 하버드 대학교 비교종교학 교수이며 다원주의 프로젝트 위원장 다이아나 에크Diana Eck 교수는 다음과 같이 명쾌하게 표현하고 있습니다.

우리의 종교 전통들은 상자에 포장된 채로 조금도 손상 없이 한 세대에서 다음 세대로 전해내려 오는 무슨 상품 같은 것이 아니다. 그것은 오히려 살아서 역동적으로 움직이고 끊임없이 변하고, 갈라지기도 하고 합치기도 하며 어느 곳에서는 말라 버리기도 하고 어느 곳에는 물을 대주는—신앙의 강들이다.

우리는 모두 어쩔 수 없이 이웃이다. 어디에서는 소수가 되고 어디에서는 다수가 된다. 이것이 우리의 새로운 '지종적 현실地宗的 現實(geo-religious reality)'이다. 바이블벨트에 있는 휴스턴에도 이슬람 모스크가 있고, 이슬람 나라 파키스탄에도 교회가 있다. 보스턴에도 캄보디아 불교가 있고, 모스크바에도 힌두교인, 런던에도 시크교인이 있다.[2]

그뿐만이 아닙니다. 지금 살아 있는 종교 역시 더 이상 발전이나 변화가 없이 지금 상태로 고정된 '영원한' 종교는 있을 수 없습니다. 종교는 과거에도 그러했던 것처럼 앞으로도 계속 자라고 발전하고 변화할 것입니다. 그야말로 'Religions-in-the-making'입니다. 살아있다는 것은 신진대사를 통한 변화를 의미하기 때문입니다.

이런 역사적 현실 앞에서 우리는 어느 한 종교의 절대성을 주장하기가 곤란하다는 것을 발견하게 됩니다. 앞으로 어느 한 종교가 세상의 유일한 종교가 되어야 하며, 또 그렇게 되리라는 생각도 견지하기 힘들다는 사실을 인정하게 됩니다. 우리는 어쩔 수 없이 이런 다종교 현상多宗敎現象(religious pluralism)을 현실로 받아들일 수밖에 없다는 것입니다.

이런 현실은 우리에게 무엇을 말해줍니까? 종교들 대부분이 지금까지 그랬던 것처럼 상극 관계나 배타 관계로 일주할 것이 아니라 상생 관계나 호혜 관계로 바꿔야 한다는 것을 의미합니다. 물론 이것은 말처럼 그렇게 쉽게 하루아침에 이루어질 수 있는 일이 아닙니다. 꾸준한 '대화'를 통해 이루어질 수밖에 없습니다. 극도로 발달된 교통·통신 수단이나 풍부하게 제공되는 정보를 통해서, 그리고 실제로도 서로 어깨를 비비고 이웃하며 살게 된 지구촌 환경에서, 서로 다른 종교인들과 더욱 깊이 '대화'하기가 그만큼 쉬워진 것도 사실입니다.

이런 깊이 있는 대화를 통해 얻어질 수 있는 결과 중 가장 중요한 것 두 가지를 꼽는다면, 첫째는 서로가 서로에게서 배워서 나에게서 모자라는 것을 보충하므로 나의 종교적 삶을 더욱 풍요롭게 하는 일이 가능해진다는 것입니다. 이런 면에서 종교 간의 대화는 서로를 위해 거울 들어 주기입니다. 상대방이 들어 주는 거울을 들여다보는 것입니다. 상대방 종교를 통해서 나의 종교를 다시 보고, 나에게서 등한시되던 것이나 잊힌 것을 재발견하게 되고, 물론 나도 상대방을 위해 같은 일을 해 주는 것입니다.

둘째로 종교 간의 깊이 있는 대화가 가능해지면, 여러 종교들이 지금껏 서로를 배척하고 싸우는 데 쏟던 에너지의 용처를 바꾸어 현재 지구와 인류가 당하는 고통을 줄이는 일에 협력할 수 있게 된다는 것입니다. 지금 이 역사가 당면하고 있는 엄청난 생태계적·사회적 위기 앞에서 종교들이 서로 자기만 유일한 진리라는 것을 보이기 위해 싸우기만 한다면 어쩔 수 없이 이런 종교는 지구와 함께 공멸하고 말 것입니다. 종교인이라면 세계 종교에서 공통적으로 가르치는 사랑이나 자비나 어짊의 이상을 확대하여 지구와 동료 인간을 살리고 보살피는 '살림', '보살핌'의 종교로 승화해야 할 것입니다.

서두에서 언급한 신학자 한스 큉의 말을 되풀이합니다. "종교 사이의 대화 없이 종교 간의 평화가 있을 수 없고, 종교 사이의 평화 없이 세계 평화가 있을 수 없다." 우리가 종교 사이의 이해와 협력을 증진시키는 일에 동참하는 것은 세상을 더욱 평화스러운 곳, 아름다운 곳으로 만드는 데 일조하는 것이 아닌가 하는 생각입니다. 이 책이 독자들에게 이런 방향에서 조금이라도 보탬이 되었다면 필자로서 그지없이 보람된 일이라 여길 것입니다. 종교에 대해 이렇게 새로운 시각을 갖게 되는 것은 어느 면에서 정신적으로 부활하는 경험일 수 있기 때문입니다.

지금껏 함께한 길벗 여러분께 감사합니다.

종교학이란 무엇인가

이 책이 종교학 개론서는 아니지만 세계의 여러 종교를 학문적으로 취급하는 '종교학'에 대해 특별히 관심이 있을 독자를 위해 종교학에 대해 기본적인 사항 몇 가지를 간략하게 덧붙이고자 한다.

▪ 종교학의 시작 ▪

인간의 종교를 어떻게 이해할 수 있을까? 인간의 심리를 이해하기 위해 심리학이 있고, 인간의 사회적 삶을 이해하기 위해 사회학이 있고, 인간의 정치적 삶을 이해하기 위해 정치학이 있듯이 인간의 종교적 삶을 보다 학문적으로 이해하기 위해 종교학이 생겨났다. 물론 종교학의 주된 관심은 인간을 이해하려는 인문학 일반의 관심과 같다.

　종교는 체험의 영역이지 학문의 대상이 아니라고 주장할 수도 있다. 맞는 말이다. 그러나 종교가 체험의 영역이지 학문의 대상이 아니라고 주장하고 그 주장이 정당한가를 검토해 보는 일마저도 일종의 학문적 작업이다. 설령 그것이 체험의 영역이라 하더라도 체험의 영역이라는 것이 정확히 무슨 뜻일까 하는 것을 학문적으로 이해할 수 있을 만큼 이해해 보자는 것이다. 종교학이 종교인이나 그들의 믿음과 삶을 모두 다 알 수 있다고 주장하지는 않는다. 마치 심리학자가 인간의 심리를 모두 알 수 있다고 주장하지 않고, 경제학자가 경제적 원칙을 모두 다 안다고 할 수 없는 것과 같다. 다만 학문적으로 체계를 갖추고 알아볼 수 있는 만큼 알아보자는 것뿐이다.

개별 종교를 직접 체험해 보지 않은 사람이 어떻게 종교를 이해할 수 있겠느냐고 할 수도 있다. 그것도 맞는 말이다. 그러나 의사가 환자의 병을 이해하기 위해 직접 그들의 병을 직접 다 앓아 볼 수는 없는 노릇이다. 그렇다고 자기가 앓아 보지도 않은 병에 대해 왈가왈부하지 말라고 할 수는 없다. 모든 병을 다 앓아 볼 수는 없지만, 앓아 보지 않고도 알 수 있을 만큼 알아보겠다는 것이 결코 해로울 것은 없다. 이른바 '참여적 관찰자' 혹은 '관찰하는 참여자'의 문제라 할 수 있다.

인간의 종교적 삶을 이해하기 위해 세계 여러 종교를 연구하는 사람이 전혀 없지는 않았다. 서양의 경우 그것은 주로 그리스도교 수도원이나 신학교에서 이루어졌다. 그러나 이런 곳에서는 보통 그리스도교가 유일한 진리의 종교라는 전제를 가지고 연구를 하거나, 그 전제가 사실임을 증명하는 것이 연구의 주된 목적이었다. 그러다가 19세기 중반 대학들이 생기고 본격적으로 인류학, 역사학, 사회학, 심리학, 문헌학 등의 인문학이 등장하면서 일단의 학자들이 종교도 어느 특정 종교나 종파와 직접 관계없이 대학에서 과학적으로 연구해 보자는 뜻에서 '종교학'을 시작했다.

그 대표자가 바로 독일인이면서 후반부 삶을 영국에서 보낸 막스 뮐러이다. 그는 이런 과학적 종교 연구를 독일어로 '렐리기온스비센샤프트Religionswissenschat'라고 불렀다. 직역하면 '종교과학the science of religion'이란 뜻이다. 스스로 1870년 『종교과학 개론Introduction to the Science of Religion』이란 책을 펴냈다. 그 후에 여러 책을 내고 무엇보다 동양의 대표적 고전을 영역하고 여러 권으로 엮어 『동양의 경전The Sacred Books of the East』이라는 기념비적인 책을 편집해 냈다. 앞에서 지적한 것처럼 그는 "하나의 종교만 아는 사람은 아무 종교도 모른다"라고 하며, 모든 지식은 비교에서 나오는 것이므로 여러 종교를 비교해서 종교에 대한 객관적이고 체계적인 지식을 추구하려고 하였다. 이런 일련의 공헌으로 많은 사람이 그를 '종교학의 창시자'로 생각하고 있다.

이렇게 시작된 종교학을 영어권에서는 처음 'Science of Religion'이라 하기도 하고, 특히 영국 같은 데서는 'Comparative Religions'라 하고, 시카고 대학에서는 'the History of Religions'라고 했다. 최근에는 약간 그 연구 범위를 넓혀 일반적으로 'Religious Studies'라고 한다. 한국, 일본, 중국의 경우 '종교학宗敎學'이라는 편리한 말을 만들어 쓰고 있다.

여기서 한 가지 주목할 것이 있다. 종교학은 결코 "내 종교만이 진리요 다른 모든 종교들은 다 거짓이라는 것"을 증명하려는 작업이 아니라는 것이다. 우리는 처음부터 그런 전제를 가지고 이웃 종교를 알아보겠다는 생각을 자제해야 한다. 영국의 유명한 역사가 토인비가 말한 것처럼 "오늘날 살아 있는 사람들 중에 어느 한 종교가 다른 모든 종교들보다 더 위대하다고 확신 있게 말할 수 있는 사람은 아무도 없다"라는 말에 귀 기울일 필요가 있다. 종교학은 '비교 종교학Comparative Religions'이지 '경쟁 종교학

Competitive Religions'이 아니다.

▪ 종교 연구 방법들 ▪

종교를 연구하는 접근 방법으로 다음과 같은 것이 있다. 역사적 접근, 인류학적 접근, 철학적 접근, 사회학적 접근, 심리학적 접근, 문헌학적 접근, 현상학적 접근 등이다. 이것들은 이름 자체로 대략 어떤 성질의 방법인가 짐작할 수 있을 것이므로 부언을 생략하기로 하고, 이 중에서 '현상학적 접근'이라는 말은 대부분의 독자들에게 생소하리라 생각되므로 여기에 대해 잠깐 설명한다.

　현상학적 접근Phenomenological Approach 혹은 '종교현상학Pheno-menology of Religion'은 다음과 같은 몇 가지 요소를 갖추고 있다. 첫째, 종교 현상들을 '관찰'하는 것이다. 종교 현상이란 제의나 예배 등만 아니라 조직이나 교리나 경전 등 종교에서 우리가 관찰할 수 있는 모든 것을 말한다. 둘째, 에포케epoche를 적용하는 것이다. 에포케란 그리스어로 '판단 중지'를 의미한다. 현상들을 관찰한 다음 성급하게 이렇다 저렇다 판단하거나 당장 무슨 결론을 끌어내지 말라는 것이다. 셋째, 조급하거나 성급한 판단을 보류하고 이런 현상 뒤에 있는 '본질', '의도', '깊은 뜻', 그리스어로 '에이도스eidos'가 무엇일까 알아보는 것이다.

　물론 이러기 위해 책상 앞에 앉아서 눈을 감고 생각만 하는 것이 아니다. 지금 관찰한 것과 비슷한 것이 세계 여러 곳에 있으면 이들을 함께 관찰하고 그것들의 공통성이나 일관된 내적 구조 같은 것을 알아내려고 노력해야 한다. 이런 현상학적 방법을 종교 연구에 적용한 학자로 가장 영향력이 큰 사람은 네덜란드 종교학자 반 델 레에우(1890년~1950년)와 루마니아 출신으로 시카고 대학에서 가르친 엘리아데(1907년~1986년)를 들 수 있다. 사실 현상학은 종교학뿐 아니라 어느 학문에도 일반적으로 적용되는 방법이기도 하지만 종교학 방법으로 특히 선호되는 방법이라 할 수 있다. 우리가 이 책에서 채택하는 기본적인 방법도 결국 역사적인 접근과 현상학적 접근이라 할 수 있다.

한 가지 덧붙일 것은 종교학도 다른 모든 학문과 마찬가지로 '비판적 사고critical thinking'를 기초로 하고 있다는 것이다. 물론 비판이라고 해서 모든 것을 부정적으로 보거나 헐뜯는다는 뜻이 결코 아니다. '비판'이란 어느 사물을 지금까지 보아오던 관점에서 떠나서 여러 가지 다른 관점에서도 본다는 것을 의미한다. '대학university'이란 '보편적universal'인 관점에서 사물을 보도록 훈련하는 곳이다. 자기가 지금 서 있는 입장에서만 사물을 관찰하겠다고 하는 데서는 학문이나 대학이 성립될 수 없다. 종교학도 여러 가지 종교 현상을 될 수 있는 대로 다양한 각도에서 살펴 종교의 여러 가지 새로운 면을 계속 발견해 나가려는 작업이다.

• 종교학의 특성 •

종교학은 신학이나 철학과 다르다. 종교학의 시작은 사실 신학이나 철학으로부터의 '탈출'을 의미하는 것이었다. 종교학이 무엇인가 알아보기 위해 그 특징을 잠깐 살펴보는 것이 좋을 것 같다. 편리를 위해 시카고 대학 종교

학과 레이놀즈 교수가 제안한 것을 약간 수정해서 소개하면 다음과 같다.[1]

종교학은 비고백적non-confessional이다. 종교들을 연구할 때 어느 종교가 진리냐 거짓이냐를 미리 설정해놓고 시작하면 안 된다는 것이다. 물론 종교학자도 개인적으로 신앙을 가질 수 있지만, 자기가 가진 개인적 신앙을 연구와 비교의 유일한 잣대로 삼거나, 그 신앙의 견지에서 모든 것을 관찰하고 판단하지 말라는 것이다. 특히 이 점에서 종교학이 신학과 다르다고 할 수 있다. 신학은 주로 자기 종교에 대한 신앙을 전제로 하지만 종교학에서는 그런 전제를 필요로 하지 않을 뿐 아니라 모든 종교 현상을 그런 전제에서 연구해서는 안 되는 것으로 보는 것이다.

종교학은 비환원적non-reductive이다. 모든 학문에서와 마찬가지로 종교학도 환원주의적 태도를 취하면 안 된다는 것이다. 환원주의還元主義란 복잡한 현상을 "뭣에 불과하다"는 식으로 단순화하는 태도를 말한다. "종교는 인민의 아편the opium of the people이다"라고 하는 식의 단순화가 여기에 속한다. 종교에는 물론 그런 면도 있지만 그보다 훨씬 복잡한 요소들이 함께 있음을 간과하면 안 된다는 뜻이다. 특히 사회과학에서 범하기 쉬운 오류로서, 종교를 경제적 혹은 심리적 현상 같은 종교 외적 현상의 부산물epiphenomenon에 불과한 것으로 취급하는 일은 금물이다.

종교학은 비교구적non-parochial이다. 종교학을 하는 사람은 자기가 속한 교구의 종교 하나만 알아서는 안 된다는 것이다. 종교학자는 물론 어느 한 종교의 전문가인 경우가 대부분이다. 그렇다 하더라도 적어도 두 개 이상의 종교에 대해 전문적으로 깊이 알고 이런 지식을 배경으로 자기의 전문 분야나 기타 종교 문제에 천착해야 한다는 것이다. 물론 세계 종교사 전반에 대해 기본적인 지식을 가지고 있어야 한다.

종교학은 체계적historical/systematic/theoretical이다. 종교 현상에 대한 자료나 단순한 지식을 축적한다고 종교학이 되지 않는다. 세계 종교 유적지에 관광 여행을 많이 하는 것만으로는 종교학이 이루어질 수 없다는 뜻이다. 여러 종교 전통에서 나온 자료와 지식을 역사적 맥락에서 정리하고 일정한 방법으로 체계화할 뿐 아니라 여러 가지 다른 현상과 이론적으로 연계시키는 작업이 있어야 한다.

종교학은 맥락적contextual이다. 종교학은 그 자체로 연구 역사를 가지고 있다. 물리학을 연구하는 사람이 뉴턴이나 아인슈타인 등 과거 물리학자들의 이론이나 공헌이 무엇인지 모르고 독불장군으로 물리학을 연구할 수 없듯이, 종교학을 연구하는 사람도 종교학의 선구자들이 누구이고 어떤 사람들이 어떤 이론이나 연구 업적을 남겼는가 하는 등 지금까지 내려온 종교학계의 일반적인 역사와 사정을 알고 그 연구 선상 혹은 맥락에서 연구를 발전시킬 필요가 있다는 것이다.

· 종교 기원에 대한 몇 가지 이론들 ·

찰스 다윈의 『종의 기원』이 나오면서 서양에서는 무엇이든지 그 '기원'이 무엇인가 하는 문제에 관심이 고조되었다. 이런 영향으로 초기 종교학자들 중에서는 종교의 기원이 무엇일까 하는 문제에 관심이 많아, 이 문제에 대해 자기들 나름대로 여러 가지 이론을 제시했다. 그 중에서 주로 많이 논의되는 것 몇 개를 소개한다. 이런 이론을 보면 적어도 초기 종교학자들이 하는 작업이 주로 어떤 것이었던가 하는 것을 알아보는 데 참고가 될 수 있을

것으로 여겨지기 때문이다.[2]

| **타일러의 애니미즘 이론**　　영국의 인류학자 타일러E. B. Tylor(1832년~1917년)는 종교란 모든 물체에 영靈(anima)이 있다고 믿는 애니미즘animism에서 나온 것이라고 보았다. 이른바 원시인들은[3] 죽은 사람이 꿈에 나타나는 것을 보고 몸과는 별도로 독립해서 존재하는 비물체적인 무엇이 있다고 믿었다는 것이다. 타일러는 원시인들이 믿은 이 비물체적 무엇을 라틴어로 아니마anima라 부르고 이런 믿음을 '애니미즘'이라 명명했다. 그는 원시인들이 죽은 사람뿐 아니라 산이나 강이나 나무나 돌이나 짐승 등 무엇에나 이런 영이 있는 것으로 믿었는데, 이런 영들은 사람들에게 도움을 주기도 하고 해를 주기도 한다고 믿었다는 것이다. 따라서 이 영들에게 기도도 하고 제사도 드려, 이 영들을 달래는 일을 했는데, 이런 믿음, 이런 행태가 바로 종교의 기원이라 주장했다.

| **마레트의 마나 이론**　　역시 영국의 인류학자로서 앞에서 언급된 마레트는 남태평양 멜라네시아에 선교사로 갔던 코더링턴R. H. Coderington(1830년~1922년) 주교의 보고에 의지해서, 원시인들은 타일러가 말하는 그런 인격적인 아니마를 믿기 전에 막연하나마 물체 내에 존재한다고 생각되는 비인격적 '힘' 같은 것을 믿었는데, 이 힘을 멜라네시아 말로 '마나mana'라고 하고, 이 마나를 믿는 것이 바로 종교의 기원이라 주장했다.

| **뮐러의 자연 숭배 이론**　　뮐러는 앞에서 종교학의 창시자로 몇 번 인용된 적이 있지만 사실 그는 힌두교의 경전 『리그 베다』를 전공하는 학자였다. 그

에 의하면 원시인은 자연의 현상을 관찰하고, 거기에서 계절이라든가 밀물 썰물이라든가 달이 차고 기우는 것 등 일정한 규칙성을 발견하게 되었다는 것이다. 그러고는 해나 달이나 바다 같은 것들을 '의인화'하고, 이들에 대한 이야기를 만들기 시작했는데, 그것이 바로 '신화神話'라는 것이다.

예를 들어 그리스 신화에서 태양의 신 아폴로가 새벽의 신 다프네를 사랑하게 되었다. 다프네는 아폴로를 피하여 월계수로 변했다. 뮐러에 의하면 이런 이야기는 아침마다 해가 뜨면 새벽이 도망가는 자연 현상을 신들의 이야기로 신화화한 것이다. 그는 이런 식으로 여러 신들이 생겨나고, 이런 신들을 중심으로 종교가 생겨났다는 것이다. 결국 자연 숭배nature-worship가 종교의 근원이라 본 것이다.

| **슈미트의 지고신 이론**　　오스트리아 학자 빌헬름 슈미트Wilhelm Schmidt(1868년~1954년)는 뉴기니와 남태평양 연안에 가톨릭 선교사로 가서 그곳의 언어를 연구하다가 그들의 종교를 조사하게 되었다. 그는 타일러의 애니미즘 이론을 배격하고 아주 특이한 이론을 제시했는데, 자기가 조사한 바에 의하면 이른바 원시인들이 애니미즘이나 다신론적 종교를 가지고 있지만 대부분 옛날에는 '지고신High God'이 있었다는 사실을 믿었다는 것이다. 이 지고신 혹은 최고신은 보통 전지전능하고 도덕적인 창조주로 묘사되는데, 처음 세상을 창조하고는 물러가 세상과는 접촉이 없게 되었지만, 언젠가 돌아와 세상을 심판한다고 믿고 있다는 것이다. 슈미트는 이렇게 지고신에 대한 신앙이 종교의 기원이었는데, 그것이 변질되어 다신론이 되었고, 이른바 고등 종교는 이런 지고신에 대한 신앙을 회복한 것이라 주장했다.

| 프레이저의 마술 이론　　영국 케임브리지 대학 특별 연구원이었던 프레이저Sir James George Frazer(1854년~1941년)는 세계의 신화들을 집대성한 그의 불후의 명작『황금가지 *The Golden Bough*』를 통해 종교의 기원을 더듬어 갔다. 그의 이론에 의하면 인간은 세 가지 단계를 거쳐 왔다. 첫 단계는 예측 불가능하고 변덕스러운 자연의 힘을 제어하는 방법으로 '마술magic'에 의존하는 단계였다. 마술이 듣는 것 같기도 하고 듣지 않는 것 같기도 하므로 더 좋은 수단을 계발했는데, 그것이 바로 둘째 단계인 '종교'의 단계다. 종교도 자연을 제어하는 하는 방법으로는 역시 불확실하므로 이제 셋째 단계인 과학의 단계로 넘어가고 있다는 주장이다. 따라서 프레이저의 경우 종교의 근원은 마술인 셈이다.

| 포이어바흐의 투사 이론　　19세기 유럽에서 가장 큰 영향력을 발휘했던 사상가 중 하나는 포이어바흐Ludwig Feuerbach(1804년~1872년)였다. 그는『그리스도교의 본질』이라는 책과『종교의 본질』이라는 책을 통해 종교의 기원은 본질적으로 인간이 원하지만 가지고 있지 못하는 이상理想들의 투사投射(projection)라고 했다. "우리에게는 사랑이 필요한데, 현실에서는 이런 사랑이 없다. 이런 사랑을 완전히 가지고 있는 존재가 있어야 한다." 이런 식으로 사랑뿐 아니라, 지혜, 용기, 지식, 도덕성, 능력 등 우리가 원하지만 지금 가지고 있지 못하는 이상들을 어느 존재에다 모두 투사 혹은 투영하고, 이런 이상을 모두 가지고 있는 그 이상적인 존재가 바로 신神이 되었다는 것이다. 결국 신이 인간을 그의 형상대로 창조한 것이 아니라 인간이 신을 인간의 이상대로 창조한 셈이다. 이처럼 신은 인간의 이상이나 희망사항의 반영인 만큼, 신이 어떠한가를 알아보기 위해서는 인간이 어떠한가를 알아

보면 된다. 그것이 그의 유명한 명제, '신학은 곧 인간학'이라는 말이 성립되는 이유다.

　포이어바흐의 영향을 받은 사상가로서 그의 이론에 사회학적 해석을 붙인 마르크스Karl Marx(1818년~1883년)와 심리학적 의미를 부여한 프로이트Sigmund Freud(1856년~1939년)를 들 수 있다. 마르크스의 경우 종교는 허구적 현실에 안주하며 참된 현실의 아픔을 잊게 하는 '인민의 아편the opium of the people'이라 주장하고, 프로이트의 경우 인간이 본능적으로 아버지를 미워할 수밖에 없는 죄의식, 혹은 '어쩔 수 없음helpless-ness'의 마음을 달래기 위해 신이라는 아버지상을 투영하였다는 이론이다.

　그 밖에 여러 학자의 이론이 있지만 여기서 다 열거할 필요는 없을 것이다. 이상에서 살펴본 학자들의 견해만 보더라도, 그야말로 어느 면에서 모두 '일리'가 있다. 그러나 종교라는 것은 매우 복잡한 현상이므로, 이처럼 어느 한 가지로 그 복잡한 종교 현상을 다 설명하려는 것은 무리일 수밖에 없다. 앞에서 언급한 바와 같이, 이처럼 복잡한 현상을 단순화하거나 일반화하는 경향을 '환원주의'라고 하는데, 종교학은 물론 어느 학문에서나 경계해야할 태도라는 사실을 명심할 필요가 있다. 그러나 이런 이론을 종합적으로 보면 종교에 대해 우리가 상식적으로 생각지 못하던 면이 새롭게 부각되고, 이런 이론을 통해 우리 스스로도 한번 깊이 생각해 볼 계기를 마련해 준다는 점에서 그 가치를 인정할 수 있을 것이다.

부록 2

세계 종교사 연표

기원전

세계사 · 한국사		종교사
신석기 문화 시작	8000년경	
한반도, 암사동 유적 형성	5000년경	
메소포타미아 · 이집트 문명 성립	3000년경	
황허 · 인더스 문명 성립	2500년경	
단군왕검, 고조선 건국	2333년	
아리안족, 인도로 이동(~기원전 500년)	2000년경	유대교 · 그리스도교 · 이슬람교의 조상, 아브라함 생존
한반도, 청동기 문화 시작	1500년경	힌두교 경전, 『베다』 등장
	1250년	이스라엘 백성, 출애굽
아시리아, 바빌로니아 정복	1240년경	
은 멸망, 주의 황허 유역 지배	1100년경	
	950년	솔로몬, 예루살렘에 성전 건축
	800년	힌두교 경전, 『우파니샤드』 등장(~기원전 500년)
	722년	북방 이스라엘 멸망
아시리아, 오리엔트 통일	671년	
일본 제1대 천황, 진무 천황 즉위	660년	
	599년	자이나교 창시자, 마하비라(~기원전 527년)
	586년	유대인, 바빌론 포로 생활(~기원전 539년)
	570년	도가 창시자, 노자(~?)
	563년	불교 창시자, 붓다(~기원전 483년)
	551년	유교 창시자, 공자(~기원전 479년)
	515년	유대인, 제2성전 완공
그리스-페르시아 전쟁(~기원전 479년)	492년경	
펠로폰네소스 전쟁(~기원전 404년)	431년	
한반도, 철기 문화 시작	400년경	
	369년	도가 제2인자, 장자(~기원전 286년)
	371년	유교 제2인자, 맹자(~기원전 289년)
	273년	불교 부흥 인도 성왕, 아소카(~기원전 236년)
로마-카르타고, 포에니 전쟁(~기원전 146년)	264년	
진秦, 중국 통일 · 만리장성 축조	221년	
중국, 한漢 건국	202년	
위만, 고조선 왕으로 즉위	194년	
고조선 멸망, 한 군현 설치	108년	

부록   355

세계사 · 한국사		종교사
신라 시조, 박혁거세(~기원후 4년)	69년	
해모수, 북부여 건국	59년	
신라 건국	57년	
고구려 건국	37년	
로마, 제정 수립	27년	
백제 건국	18년	
	4년	그리스도교 창시자, 예수(~기원후 29년)

기원후

세계사 · 한국사		종교사
	4년	그리스도교 제2인자, 바울(~65년)
	34년	도교 신앙 창시자, 장도릉(~156년)
	50년	불교, 중국에 전래
	70년	로마인에 의한 예루살렘 멸망
	150년	대승 불교 시작
	313년	콘스탄티누스 황제, 그리스도교 공인
	354년	그리스도교 신학 체계화, 아구스티누스(~430년)
	372년	불교, 한국에 전래
게르만족의 이동 시작	375년	
	381년	테오도시우스 황제, 그리스도교 국교로 공인
동서 로마 제국 분열	395년	
	400년	중국, 불교 종파들이 일어남(~600년)
서로마 제국 멸망	476년	
프랑크 왕국 건국	486년	
	552년	불교, 일본에 전래
	570년	이슬람교 창시자, 무함마드(~632년)
수, 중국 통일	589년	
	600년	바빌론, 「탈무드」 완성
	610년	무함마드, 첫 계시를 받음
	617년	해동 화엄 초조, 원효(~686년)
당 건국	618년	
	625년	신라 화엄종 초조, 의상(~702년)
이슬람, 정통 칼리프 시대(~661년)	632년	
신라, 삼국 통일	676년	
발해 건국	698년	
	751년	석굴암 · 불국사 건립

세계사 · 한국사		종교사
카롤루스 대제, 프랑크 왕국 통일	771년	
	788년	힌두교 불이론 베단타 학파, 상카라(~820년)
베르됭 조약, 프랑크 왕국 3분할	843년	
	845년	당, 불교를 크게 박해 會昌廢佛
거란족, 요 건국	915년	
고려 건국	918년	
송 건국	960년	
신성 로마 제국(독일) 수립	962년	
고려, 후삼국 통일	936년	
	1054년	로마 가톨릭 교회와 동방 정교회 분리
	1056년	힌두교 신애信愛의 옹호자, 라마누자(~1137년)
	1077년	카노사의 굴욕, 교황권 승리
	1096년	십자군 전쟁(~1270년)
여진족, 금 건국	1115년	
	1130년	신유학의 대가, 주자(~1200년)
	1158년	조계종 기초를 닦은 지눌(~1210년)
무신정변, 무신정권(~1270년)	1170년	
칭기즈칸, 몽골족 통일	1206년	
영국, 대헌장 제정	1215년	
	1225년	스콜라 신학자, 토마스 아퀴나스(~1274년)
몽골의 침입(~1270년)	1231년	
	1236년	고려, 팔만대장경 제작(~1251년)
원 제국 성립	1271년	
영국-프랑스, 백년 전쟁(~1453년)	1333년	
명 건국	1368년	
조선 건국	1392년	
콜럼버스, 아메리카 항로 발견	1429년	
훈민정음 창제(반포, 1446년)	1443년	
구텐베르크, 활자 발명	1445년	
	1469년	시크교 창시자, 나나크(~1538년)
	1483년	종교개혁자, 마르틴 루터(~1546년)
	1509년	종교개혁자, 존 칼뱅(~1564년)
	1517년	마르틴 루터의 종교개혁 시작
	1534년	영국 성공회 시작
	1536년	칼뱅의 종교개혁 시작
임진왜란	1592년	
	1618년	독일, 신교-구교 30년 전쟁

세계사 · 한국사		종교사
병자호란	1636년	
영국, 청교도혁명	1642년	
영국, 명예혁명	1668년	
영조, 탕평책 실시	1725년	
미국, 독립혁명 정조 즉위	1776년	
	1784년	이승훈, 천주교 전도
프랑스혁명	1789년	
	1801년	신유년 천주교 박해
홍경래의 난(~1812년)	1811년	
	1824년	동학 창시자, 최제우(~1864년)
	1831년	천주교 조선 교구 창설
청-영국, 아편 전쟁(~1842년)	1840년	최제우, 동학 창시
	1860년	시온주의 창시자, 테오도어 헤르츨(~1904년)
미국, 남북 전쟁	1861년	
고종 즉위, 흥선대원군 집권	1863년	
일본, 메이지 유신	1868년	
	1869년	힌두교 개혁자, 간디(~1948년)
강화도 조약	1876년	
	1882년	신도, 일본 국교로 공인
갑신정변	1884년	
청일 전쟁 동학농민운동	1894년	
대한제국 성립	1897년	
러일 전쟁	1904년	
을사조약 체결	1905년	
한일 병합 조약	1910년	
중국, 신해혁명	1911년	
제1차 세계대전(~1918년)	1917년	
러시아혁명 중국, 5·4 운동 인도, 간디의 비폭력주의·무저항주의 운동 3·1 운동, 대한민국 임시정부 수립	1919년	
소비에트 사회주의 공화국 연방(소련) 수립	1922년	
6·10 만세 운동	1926년	
세계 대공황	1929년	
	1937년	나치, 유대인 박해(~1945년)
제2차 세계대전(~1945년)	1939년	

세계사 · 한국사		종교사
8 · 15 광복	1945년	일본, 국가 신도 해체
트루먼 독트린	1947년	
대한민국 정부 수립 이스라엘 건국, 유엔 승인	1948년	세계교회협의회 (WCC) 결성
한국 전쟁(~1953년)	1950년	중국, 티베트 점령
	1959년	달라이 라마, 티베트에서 인도로 망명
4 · 19 혁명	1960년	
5 · 16 군사 쿠데타	1961년	
	1962년	교황 요한23세, 제2차 바티칸 공의회 주도 (~1965년)
	1964년	팔레스타인 해방기구 (PLO) 결성
베트남 전쟁(~1975년)	1965년	
중국, 문화혁명	1966년	문화혁명, 공자 비판(~1976년)
	1970년이후	해방 신학, 민중 신학, 여성 신학, 종교 신학 등 새로운 신학 사조 등장
7 · 4 남북 공동성명, 유신 헌법	1972년	
12 · 12 사태	1979년	이란, 이슬람혁명 · 바하이교 박해 시작
이란 · 이라크 전쟁(~1988년) 5 · 18 광주민주화운동	1980년	
6 · 10 민주항쟁	1987년	
서울 올림픽 대회	1988년	
	1989년	달라이 라마, 노벨 평화상 수상
독일 통일	1990년	
소련 해체	1991년	
독립국가연합 성립 동유럽 공산권 붕괴	1992년	
북미 자유 무역 협정(NAFTA) 출범 북한, 김일성 사망	1994년	
IMF 구제 금융	1997년	
6 · 15 선언, 남북 정상 회담	2000년	
9 · 11 미국 테러	2001년	퇴계 탄생 500주년 기념, 세계유교문화축제
한 · 일 월드컵	2002년	
미국, 이라크 침공	2003년	
10 · 4 선언, 남북 정상 회담	2007년	
일본, 후쿠시마 원전 참사	2011년	달라이 라마, 정치에서 은퇴
	2013년	WCC 한국 제10차 총회 교황 프란치스코 즉위

주

들어가는 말

1 그의 책 *Introduction to the Science of Religion*(1873) 12쪽. Eric J. Sharpe, *Comparative Religions: A History*(La Salle, IL: Open Court, 1986) 43쪽에서 재인용.

2 *Global Responsibility in Search of a New World Ethic*(New York: Crossroad, 1991) xv.
최근에 낸 『한스 큉의 이슬람』(손성현 옮김, 시와진실, 2012) 9쪽에 보면 "이웃 종교에 대한 기본적 연구 없이 종교 간의 대화가 있을 수 없"다는 것을 덧붙였다.

3 『경전으로 본 세계종교』(전통문화연구회, 2001) 5쪽.

4 하버드 대학 세계종교연구소 소장이던 캐나다 종교학자 Wilfred Cantwell Smith 교수는 종교학 연구 태도가 어떻게 변했는가를 간결하게 설명하고 있다. 처음에는 다른 종교를 '그것'으로 보다가, '그들'로 바뀌고, 다시 '당신들'로 바뀌었지만 결국 '우리'가 되어야 한다고 했다. 세계 종교를 연구하는 것은 '우리'를 알아보려는 노력이라는 뜻이다. 그의 논문 "Comparative Religion: Whither and Why?" in M. Eliade and J. Kitagawa, ed., *History of Religions: Essays in Methodology*(Chicago: University of Chicago Press, 1959) 31쪽~58쪽 참조.

5 *Das Heilige*. 영어판으로는 *The Idea of the Holy*. 한글판으로 길희성 옮김, 『성스러움의 의미』(분도출판사, 1987)를 참조할 것.

6 틸리히는 종교를 지적인 것으로만 여기는 것을 intellectual distortion, 감정적인 것으로만 여기는 것을 emotional distortion, 의지적인 것으로만 여기는 것을 volitional distortion으로 부르고 이런 일방적인 종교 이해를 경고하고 있다. 그의 짧은 책 *Dynamics of Faith*(New York: Harper & Row, 1957) 등을 볼 것.

7 이런 생각을 좀더 자세히 보고 싶으면, 필자의 『종교란 무엇인가』(김영사, 2012) 83쪽~91쪽, 그리고 이와 비슷한 정의를 내린 스트렝을 볼 수 있다. F. J. Streng, 정진홍 옮김, 『종교학

입문』(대한기독교서회, 1973).

8 김종서 옮김, 『비교종교학』(민음사, 1988).

힌두교

1 *Philosophies of India*(Princeton : Princeton University Press, 1969) 참조.

2 '아리안'은 히틀러 나치 정권이 인종 차별적 용어로 사용하던 '아리안'과 아무 관계가 없다. '아리안Āryan'은 '거룩하다'는 뜻을 가진 산스크리트어로 지금 국가 이름 '이란'이 여기에서 나왔다. 요즘 인도 학자 중에는 아리안족 침공설을 부인하는 사람이 있다. 자기들 종교를 외래 종교로 볼 수 없다는 것이다.

3 본래 '인구어Indo-European languages'라는 말에서 볼 수 있듯이 고대 인도어인 산스크리트어와 서구 언어는 같은 계통의 말이다. '알다'라는 뜻의 고대 그리스어가 '오이다oida'인데, '베다'와 같은 어근이라 볼 수 있다. 영어의 wit, wisdom이나 독일어의 wissen도 모두 어근이 같다고 본다.

4 『경전으로 본 세계종교』 852쪽을 참조할 것. 인드라 신은 '쏘마soma'라는 독주를 좋아했다. 쏘마는 현재 그 정체가 무엇인지 확실히 모르지만, 버섯이나 대마초 같은 신비스런 풀에서 짜낸 즙으로 만들었으리라 짐작하기도 한다. 아무튼 인드라는 이를 마시고 여러 가지 용감하고 훌륭한 일을 이루어냈다고 한다.

5 한자로 '婆羅門바라문'이라 한다. 비슷한 말이 많아 혼동되기 쉬우므로, 제사 문헌인『브라흐마나Brāhmanas』와 우주의 궁극 실재인 브라흐만Brahman, 남성의 창조 신 브라흐마Brahmā 등과 분명히 구별할 필요가 있다.

6 영어로 번역된 것 중에는 S. Radhakrishnan의 *The Principal Upanishads*(George Allen & Unwin, 1953)와 Robert E. Hume의 *The Thirteen Principal Upanishads*(Oxford University Press, 1954)를 권할 만하다.

7 『경전으로 본 세계종교』 929쪽, 길희성 번역에 따름.

8 이 세 신의 표기는 영어식으로 Brahma, Shiva, Vishnu로 표기하는 경우도 많다.

9 이 현상에 대해서 좀더 자세한 것은 조로아스터교에서 설명한다.

10 칼리에 대한 최근의 연구를 위해서는 Rachel Fell McDermott and Jeffrey J Kripal, ed., *Encountering Kāli*(Berkeley : University of California Press, 2003)를 참조할 것.

11 불이론 'advaita'에서 a는 부정을, dvai은 둘을 의미한다. 산스크리트어와 유럽어가 얼마나 비슷한지를 보여주는 좋은 예이다. 영어에서도 theism은 유신론, atheism은 무신론을 나타 내는 것처럼 a는 부정을 표시한다. 영어의 dual · doubt · two, 독일어의 zwei, 라틴계통어 의 duo 등도 산스크리트어 dvai와 어근이 같다.

12 이 문제에 관한 쉬운 해설로 Huston Smith, *The World's Religions*(San Francisco : HarperSanFrancisco, 1991) 26쪽~50쪽을 참조할 것. 여기서 스미스는 전통적인 세 가지 길 대신에 네 가지 길 을 이야기하고 있다. 이와 함께 『경전으로 본 세계종교』 921쪽~929쪽을 참조할 것. 미 국 종교학자 캐넌은 세계 여러 종교를 검토한 다음 이런 힌두교의 전통적 분류법을 좀더 세분하여 여섯 가지라고 한다. Dale Cannon, *Six Ways of Being Religious: A Framework for Comparative Studies of Religion*(Belmont, CA: Wadsworth Publishing Co., 1996) 참조. 이를 간단히 인 용하면 다음과 같다. ①의식儀式을 통한 길(the way of sacred rite), ②바른 행동을 통한 길(the way of right action), ③경배를 통한 길(the way of devotion), ④무속적 중재를 통한 길(shamanic mediation), ⑤신비적인 추구(mystical quest)를 통한 길, ⑥예지적 탐색(reasoned inquiry)을 통한 길.

불교

1 2005년 통계청 보고에 따르면 우리나라의 종교 인구 통계는 무교 46.9%, 불교 22.8%, 그 리스도교 29.2%, 기타 1%이다. 종교인 중에서의 분포를 보자면 불교 42.9%, 그리스도교 54.9% (개신교 34.4%, 가톨릭 20.5%)이다.

2 서양 사상이 동양 사상에 어느 정도 영향을 받았는지 명쾌하게 보여주는 책으로 J. J. Clarke, *Oriental Enlightenment: The Encounter Between Asian and Western Thought*(London : Routledge, 1997)가 있다. 한국어 번역은 장세룡 옮김, 『동양은 어떻게 서양을 계몽했는가』(우물 이있는집, 2004)를 참조할 것.

3 서양의 불교 현황을 알아보기 위해서는 최근에 나온 책으로 Charles S. Prebish and Martin Baumann ed., *Westward Dharma: Buddhism beyond Asia*(Berkeley : University of California Press, 2002); James William Coleman, *The New Buddhism: The Western Transformation of an Ancient Tradition*(Oxford: Oxford University Press, 2001); Joseph Goldstein, *One Dharma: Emerging Western Buddhism*(San Francisco : HarperSanFransisco, 2002) 등을 참조할 것.

4 붓다의 생애에 대한 아름다운 서사시적 서술로는 아스바고샤馬鳴가 썼다는 *Buddhacarita*(佛

所行讚)가 있는데, 영어로는 Edward Conze, *The Buddhist Scriptures*(London: Penguin Books, 1959) 34쪽~66쪽에 잘 번역·정리되어 있다.

5 이렇게 서로 다른 자료를 모아서 잘 정리한 연구서로는 E. J. Thomas, *The Life of Buddha as Legend and History*(London: Routledge & Kegan Paul, 1927)가 있다. 아직도 붓다의 생애를 알아보기 위한 기본 참고서로 쓰이고 있다.

6 독일의 문필가 헤르만 헤세의 소설 『싯다르타』에 나오는 주인공 '싯다르타'는 붓다와 동명이인으로 붓다와 동시대에 산 것으로 묘사되는 가상의 인물이다. 이 소설은 힌두교와 불교를 이해하려는 사람뿐 아니라 인생의 의미를 알아보려는 이는 꼭 읽어야 할 책이라 생각된다.

7 참고로 '그리스도(그리스어)' 혹은 '메시아(히브리어)'라는 말도 '기름 부음을 받은 이'라는 존칭이었다.

8 32가지 특징에 대해서는 『경전으로 본 세계종교』 556쪽~557쪽을 참조할 것.

9 그의 책 *Cosmic Consciousness*(New York: E. P. Dutton, 1969) 81쪽을 참조할 것.

10 라훌라가 일식 때 해를 잡아먹는 신의 이름이기 때문에 이 이름이 붙여졌다는 설도 있다.

11 Christmas Humphrey, *Buddhism*(Harmondsworth, Middlesex: Penguin Books, 1969) 16쪽. "The Buddha's Enlightenment is therefore the womb, the heart and *raison d'être* of Buddhism."

12 Joseph Campbell, *The Hero with a Thousand Faces*(Princeton: Princeton University Press, 1968. 한국어 번역은 이윤기 옮김, 『천의 얼굴을 가진 영웅』(민음사, 2004) 33쪽.

13 산스크리트어로 'gam'에 '깨닫다'라는 뜻이 있기 때문에 '이렇게 깨달으신 이'로 해석할 수도 있다(조성택 교수의 지적).

14 이 모형을 예수의 생애에 적용한 것으로 필자의 책 『예수는 없다』 245쪽~248쪽을 참조할 것.

15 월남 출신 틱낫한(Thich Nhat Hanh) 스님도 mindful walking, mindful eating 등 이 'mindfuness' 수행법을 주로 사용한다. 그의 책 『살아 계신 붓다, 살아 계신 그리스도』(오강남 옮김, 솔바람, 2013) 등을 참조할 것.

16 『경전으로 본 세계종교』 577쪽.

17 보살 사상과 그 사상을 실천하는 현대인을 논한 책 Taigen Daniel Leighton, *Bodhisattva Archetypes: Classic Buddhist Guides to Asakening and their Modern Exprssion*(New York: Penguin Arkana, 1998)을 참조할 것.

18 물론 상좌 불교 계통에 속하는 유부有部 등도 대승 불교와 함께 중국으로 들어갔으므로 북방 불교를 오로지 대승 불교만으로 볼 수는 없다.

19 이런 종파 외에 모든 것이 실재한다고 주장하는 구사종俱舍宗, 모든 것이 정말 존재하는 것

이 아니라고 반대하는 성실종成實宗, 지금은 말법 시대임을 강조하는 삼계교三階教, 만트라를 중요시하는 진언종眞言宗, 열반경을 중심으로 불성의 유무를 논하는 열반종涅槃宗 등이 있지만, 그 영향력이 본문에서 말하는 종파에 비해 상대적으로 작으므로 여기서는 생략한다. 대략적인 역사와 종지를 알기 위해서는 Junjiro Takakusu, *The Essentials of Buddhist Philosophy*(Westport, Connenticut: Greenwood Press, 1973)와 Kenneth Ch'en, *Buddhism in China: A Historical Survey*(Princeton: Princeton University Press, 1972)를 참조할 것.

20 영문판 Neal Donner and Daniel B. Stevenson, tr., *The Great Calming and Contemplation: A Study and Annotated Translation of the Fisrt Chpater of Chih-i's Mo-ho chih-kuan*(Honolulu: University of Hawaii Press, 1993)을 참조할 것.

21 영어판 Daniel W. Chappell, ed., *T'ien-t'ai Buddhism: an Outline of the Fourfold Teachings Recorded by Korean Buddhist Monk Chegwan*(Hawaii: Daiichi-Shobo, 1983)을 참조할 것. 한국어 번역도 여럿 있다.

22 법장은 의상보다 나이가 18세 적다. 나중 신라 승려 승전勝詮이 귀국하는 편에 의상에게 자기가 쓴 『오교장伍教章』 등을 보내면서 검토를 부탁하는 편지를 동봉했는데, 내용은 『삼국유사』에 나와 있으며, 원본을 일본 덴리天理 대학이 보관하고 있다는 주장도 있다.

23 일본 신칸센新幹線 열차역을 53개로 한 것은 이 이야기에서 나온 것이라 한다.

24 좀더 자세한 설명은 Kang-nam Oh, "Dharmadhātu: An Introduction to Hua-yen Buddhism", *The Eastern Buddhist*, New Series, vol. XII no. 2(October 1979) 72쪽~91쪽을 참조할 것.

25 일본 Cannon 회사는 관음의 일본 발음 '간논Kannon'을 약간 변형한 것이다.

26 Eugen Herrigel, *Zen in the Art of Archery*(New York: Random House, 1981. 한국어 번역은 정창호 옮김, 『마음을 쏘다, 활』(걷는책, 2012)을 참조할 것.

27 Erich Fromm, *Buddhism and Psychoanalysis*(New York: Harper & Row, 1970).

28 Robert Ornstein, *Psychology of Consciousness*(New York: Penguin Books, 1972).

29 Ken Wilber, *Up From Eden*(Boston: Shambhala, 1986).

30 달라이 라마가 쓴 『종교를 넘어』(김영사, 2013)에는 그가 종교적 여정에서 얻은 결론적 통찰이 담겨 있다.

31 불교가 서양에 전파된 과정을 쉽게 소개하는 책으로는 위 주 3에 나온 책들 이외에 특히 Rick Fields, *How the Swans Came to the Lake: A Narrative History of Buddhism in America*(Boston: Shambala Publications, 1992)를 참조할 수 있다.

자이나교

1   인도 사람 중 마지막 성이 '싱'인 사람은 시크교 출신이라 볼 수 있다. 싱가폴은 '사자의 도
    시'라는 뜻.

유교

1   Homer B. Hulbert, *The Passing of Korea*(reprinted Seoul: Yonsei University Press, 1969, 1st ed. 1906) 403
    쪽~404쪽. 중국인의 경우를 두고 Huston Smith는 다음과 같이 말했다: "Traditionally,
    every Chinese was Confucian in ethics and public life, Taoist in private life and hygiene, and
    Buddhist at the time of death, with a healthy dash of shamanistic folk religion thrown in
    along the way."; *The World's Religions*(San Francisco: HarperSanFrancisco, 1991) 189쪽.; 중국에 대
    해서 John Blofeld, *Beyond the Gods: Taoist and Buddhist Mysticism*(New York: E. P. Dutton, 1974)
    31f.도 참조. 전통적인 일본인은 "신도인으로 태어나 불교인으로 죽는다"고 할 수 있다.
2   吾十有伍而志于學 三十而立 四十而不惑 伍十而知天命 六十而耳順 七十而從心所欲 不踰矩.
3   君君 臣臣 父父 子子.
4   君子喩於義 小人喩於利 知其不可而爲之者.
5   己所不欲 勿施於人.
6   중국으로 간 초기 선교사들은 예수의 말이 적극적이므로 황금률이라 하고 공자의 말은 소
    극적이므로 은율silver rule이라고도 했는데, 근거 없는 차별화이다.
7   未能事人 焉能事鬼 未知生 焉知死.

도교

1   앞의 공자의 생애에서 노자와의 만남을 참조할 것.
2   '도덕경 5,000자'라는 말을 하지만, 실제로는 판본에 따라 약간씩 차이가 있으며 대략
    5,250자 정도이다.
3   서양 사상사에서 도가 사상이 끼친 영향을 철저하게 연구한 훌륭한 책으로 J. J. Clarke, *The*

Tao of the West: Western Transformations of Taoist Thought(London : Routledge, 2000)를 참조할 것.

4 道可道 非常道.『도덕경』번역은 필자가 쓴『도덕경』(현암사, 2010. 초판 1995)에서 인용한다. 원
문에 대한 좀더 자세한 해설은 그 책을 참조할 수 있다.

5 知者不言 言者不知.

6 反者道之動.

7 無爲之爲.

8 위의 책 26쪽.

9 致虛極 守靜篤.

10 爲學日益, 爲道日損, 損之又損, 以至於無爲, 無爲而無不爲.

11 장자 내편의 번역과 해설을 보기 위해서는 필자가 쓴『장자: 우주와 인생의 깊은 뜻』(현암사,
1999)을 참조할 것.

신도

1 1281년 몽고와 고려가 합동으로 일본을 침공하기 위해 원정을 가다가 태풍으로 배가 다
침몰하게 되었는데, 일본인은 일본이 가미의 특별한 보호를 받는 나라이므로 '가미가 보낸
바람(가미카제)' 때문이었다고 믿었다. 제2차 세계대전 중에는 그런 바람이 불지 않았거나
불어도 그런 바람에 침몰할 정도의 전함이 아니었기에 비행기와 조종사가 직접 그 바람이
되어 전함을 침몰시키려 한 것이다.

조로아스터교

1 이 세 종교가 모두 아브라함을 조상으로 모신다는 뜻에서 이 세 종교를 '아브라함 종교들
Abrahamic religions'이라 구별하기도 한다.

유대교

1 그리스도교에서 말하는 '구약'과 내용적으로 같지만, 유대인에게나 비그리스도인에게는 '구약'일 수가 없기 때문에 히브리어로 쓰인 성서라는 의미로 학계에서는 '히브리어 성서 Hebrew Bible'라 한다. 물론 유대인들은 성서를 이루는 세 가지 부분, 즉 율법Torah과 예언자 Nebi'im와 문서Kethuvi'im의 첫 글자를 따서 '타나크Tanakh'라고 부른다.

2 근래에 나온 한국 가톨릭 교회 성경 번역에는 '탈출기'라 했다. 영어로는 Exodus.

3 이때 내린 열 가지 재앙은 나라의 모든 물을 피로 변하게 하는 피 재앙을 비롯하여 개구리·이·파리·피부병·우박·메뚜기·어둠·장자 죽이기 등이다. 장자를 죽일 때 히브리 가정은 양을 잡아 그 피를 문설주에 발라 표시하여 야훼 신이 그 집을 '넘어가' 이집트인 가정만 찾아가 죽였다고 한다. 이것이 명절 '유월절'의 유래다.

4 두 가지 창조 이야기에 대해서는 『예수는 없다』 69쪽~84쪽을 참조할 것.

5 이 문제에 대해서는 『예수는 없다』 119쪽~121쪽을 참조할 것.

6 히브리어 성서의 처음 다섯 권(「창세기」·「출애굽기」·「레위기」·「민수기」·「신명기」)을 모은 책. 이것을 오경Pentateuch이라고도 한다.

7 그리스도교 복음서 기자들도 그리스어로 복음서를 쓰면서 그리스어로 된 이 70인역 Septuagint을 인용했다.

그리스도교

1 한국에서는 '그리스도교' 혹은 '기독교'라고 하면 일반적으로 개신교를 뜻하고 가톨릭은 그리스도교가 아닌 별개의 종교로 여기는 것이 보통이다. 그러나 개신교(프로테스탄트)와 가톨릭이 둘 다 그리스도교에 속한다는 사실을 분명히 할 필요가 있다. 그리스도교라고 하면 그 속에 가톨릭과 개신교가 포함된다는 뜻이다.

2 그 당시는 물에 잠기는 예식이었으므로 여기서는 '침례'라는 말을 쓰기로 한다. 여기서 이 말을 쓰는 것은 지금 그리스도인이 침례를 받아야 하느냐 세례를 받으면 안 되느냐 하는 신학적인 문제와 무관하다.

3 복음서에서 처음 세 복음서, 「마태복음」·「마가복음」·「누가복음」을 두고 공관 복음이라고 한다. 제4복음서인 「요한복음」은 이 세 복음서와 뚜렷한 차이를 보이기 때문에 보통 구

별하여 취급한다.

4 정확한 기간은 알 수 없다. 그러나 「요한복음」에 그가 가르치는 동안 두 번의 유월절을 보
낸 것으로 기록되어 있기 때문에 대략 3년이라고 추정하는 것이다.

5 이것을 예루살렘에 '바늘구멍'이라는 좁은 문이 있었는데 그 문을 통과하는 것이라고 해석
하는 것은 확대 해석이다.

6 「마가복음」과 「누가복음」에는 사본에 따라 승천의 이야기가 나오기도 하고 나오지 않기도
한다. 한 예로 한글 개역 성경 「마가복음」 16:9과 『누가복음』 24:51에 있는 난외주를 볼 것.

7 여기서 한 가지 주목할 일은 성령 충만의 결과는 말할 수 있는 능력뿐 아니라 남의 말을 알
아들을 수 있는 능력이었다는 사실이다. 남의 말을 이해하지 못하는 것은 성령을 받지 못
했다는 뜻이기도 하다.

8 물론 신학자 중에는 그리스 철학의 영향을 많이 받은 바울이 예수가 전한 실제적이고 단순
한 가르침을 추상적이고 형이상학적인 학설로 바꾸므로 예수의 가르침에 치명적 손상을
입혔다고 주장하는 사람도 있다.

9 Q란 독일말로 '자료'를 뜻하는 Quwelle의 첫 글자를 딴 것. 이른바 'Q 자료설'이란 예수의
말씀만 모은 자료가 별도로 있어서 「마태복음」 저자와 「누가복음」 저자는 거기에서 상당
수 자료를 뽑아 자기들의 복음서를 썼으리라고 보는 것이다.

10 프린스턴 대학의 페이글즈Elaine Pagels 교수는 2세기 초 교회 조직이 강화되면서, 이렇
게 '영지'를 강조하는 사람들이 많아지면 교회 전례나 사제를 거치지 않고 직접 신에
게 나갈 사람들이 많아질 것이므로 정치적인 이유로 박해를 받았다고 한다. 그의 책 *The
Gnostic Gospels*(New York: Vintage Books, 1979)와 최근에 나온 *Beyond Beliefs: The Secret Gospels of
Thomas*(New York: Random House, 2003)를 참조할 것.

『또 다른 예수』(오강남, 예담, 2009)도 「도마복음」을 풀이한 책이다.

11 유명한 영화 〈쿼바디스〉(Quo vadis?: '어디로 가시나이까?')는 이때를 배경으로 만들어졌다. 로마
에 박해의 바람이 불자 베드로가 로마를 떠나 도망을 가는데, 예수가 나타났다. 베드로가
'주여 어디로 가시나이까?' 하고 물었을 때, 예수는 베드로가 버리고 도망가는 그리스도인
을 찾아 로마로 간다고 대답하였다. 베드로는 다시 로마로 가서 십자가에 거꾸로 달려 죽
었다는 이야기다. 지금 로마 교외에 그 장소라고 지정된 곳이 관광객을 끌고 있다. 베드로
가 놀라 땅에 깊은 발자국을 남겼다는 흔적도 보여준다.

12 일반적으로 이 박해가 「요한계시록」의 배경이 되었다고 본다.

13 이 두 글자를 '히로'라고 하고 이 둘을 여러 모양으로 합한 것이 그리스도교 상징으로 많이

쓰인다.

14 중국에 있던 경교에 대해서는 Martine Palmer, *Jesus Sutra: Rediscovering the Lost Scrolls of Taoist Christianity*(New York: The Ballantine Publishing Group, 2001) 등을 참조할 것.

15 이 기도를 좀 길게 하면 "하느님의 아들 주 예수 그리스도시여, 이 죄인에게 자비를 베푸소서(Lord Jesus Christ, Son of God, have mercy on me, a sinner.)"라고도 한다.

16 작자 미상의 러시아인이 썼다고 하는 짧은 책 『예수의 기도』(오강남 엮음, 대한기독교서회, 2003)에 이것이 잘 설명되어 있다.

17 한국에서는 영어식 발음으로 보통 '칼빈'이나 '캘빈'으로 부른다.

18 독일 종교 사회학자 베버Max Weber는 『프로테스탄트 윤리와 자본주의 정신』을 통해 칼뱅의 신학 사상이 서양에서 자본주의를 형성하는 데 영향을 주었다고 주장했다.

19 이 문제에 대해서 자세히 알아보기 위해서는 Robert C. Fuller, *Spiritual but not Religious: Understanding Unchurched America*(Oxford: Oxford University Press, 2001)를 참조할 수 있다.

이슬람교

1 미국의 저명한 종교학자 마티Martin E. Marty는 미국 종교학회지 *Religious Studies News AAR Edition 11*(March 2002)에 쓴 글 "Numbers Games: Handle With Care"에서, 통상 미국 이슬람교인의 수가 1,000만이나 1,200만이라고 주장되지만, 좀더 정확한 방법으로 계산하면 180만~280만 정도라고 보고 있다. 그는 종교 통계란 본래 이해관계에 따라 불어나기도 하고 줄기도 하기 때문에 신빙성에 크게 문제가 있음을 지적한다.

2 서양에서는 이를 라틴어로 표기하여 A.H.(Anno Hegirae) 1년으로 하였다. A.D. 622는 A.H. 1이 되는 셈이다. 지금 서양에서는 A.D.(Anno Domini, '주님의 해로')가 그리스도교 중심 연대 계산법이라 하여 쓰지 않고, 대신 CE(Common Era, 공력, 公曆)라 쓰고 있다. 서력 기원전은 BCE라 한다.

3 김영경 교수의 지적에 의하면 아랍어 '살라트ṣalāt'는 단순히 알라에게 '기도'하는 것만이 아니라 예를 갖추어 하는 의례, 곧 예배에 더욱 가까운 말이라고 한다. 무엇을 간구하거나 청원한다는 의미의 '기도'에 해당하는 말은 '두아'라고 한다. 여기에서 '기도'라는 말을 쓸 때 이런 점을 감안하여 좀더 넓은 의미로 이해하기 바란다.

4 『경전으로 본 세계종교』, 832쪽에서 인용.

5 이 문제를 좀더 전문적으로 보려면 김영경, "이슬람의 신관", 서강대 종교신학연구소 학술
   지《종교·신학 연구》제9집(1996) 95쪽~111쪽을 참조할 것.

6 모스크에 여성을 위한 공간이 별도로 마련되어 있을 경우, 여성도 원하면 참석할 수는 있
   다. 여성이 금요일 모임에 참가하는 것은 의무 사항이 아니라는 뜻.

7 유대교, 그리스도교에서는 아브라함이 이삭을 번제로 드리려 했다고 믿는 것과 대조적으
   로 이슬람에서는 이스마엘을 드리려 했다고 믿는다.

8 순니파에서는 '이맘'이 기도회를 주관하는 사람 정도의 뜻을 가지는데, 시아파에서는 전
   이슬람권을 이끄는 지도자라는 뜻으로 사용한다.

9 수피를 순니나 시아처럼 하나의 완전히 독립된 파로 보기는 곤란하다. 수피파 사람들도 순
   니파나 시아파에 속한 무슬림일 수 있기 때문이다. 수피들을 이슬람 내에 있는 하나의 신
   비주의 경향쯤으로 이해하는 것이 좋을 것이다. 수피의 신비주의에 대해서는 안네마리 쉼
   멜, 김영경 옮김, 『이슬람의 이해』(분도출판사, 1999) 참조할 것.

10 Charles Kurzman, ed., *Liberal Islam: A Sourcebook*(Oxford: Oxford University Press, 1998)을 참조
   할 것.

11 바하이교에 대해 더 상세히 알기 위해서는 김영경, "바하이교의 역사적 개관: 19세기 중동
   에서 태어나 '세계 종교'가 되기까지"《한국이슬람학회논총》13-1집(2003) 69쪽~108쪽을
   참조할 것.

동학

1 이슬람의 창시자 무함마드의 체험과 비교할 수 있다. 미국의 유명한 종교심리학자 윌리엄
   제임스William James에 의하면 신비 체험은 다음과 같은 네 가지 특징을 가지고 있다고 한다.
   ①말로 표현할 수 없음ineffability, ②잠깐transiency, ③피동성passivity(내 공로로 얻었다는 생각이 없
   음), ④확연히 깨달음noetic quality. 그의 책 *The Varieties of Religious Experiences*(London: Routledge,
   2002. 1902년 초판 출판 100주년 기념판. 한국어 번역은 김재영 옮김, 『종교적 경험의 다양성』(한길사, 2000) 참조.

2 "인간은 자기 안에 모셔진 한울님의 본성, 즉 신령성을 자각·회복·실현함으로써 스스로
   성화된 인격체로 승화될 뿐만 아니라, 민족과 인류 그리고 전 생명계를 구하고 살리는 도
   덕적 힘을 갖게 된다."『경전으로 본 세계종교』298쪽.

3 『경전으로 본 세계종교』389쪽~392쪽.

4 주문이란 본래 소리 내어 읽기 위한 것이지 그 뜻을 캐기 위한 것이 아니다. 그러나 이 주문의 뜻을 필자 나름대로 알아본다면, 수운의 풀이를 근거로 대략 다음과 같이 옮길 수 있을 것 같다. "지극한 기운 이제 이르시니 크게 내리시기 비옵니다. 한울님 모시고 그 자연스런 변화에 마음을 모으오니 영세토록 잊지 못할 만법의 진리를 알게 하소서."

천도교 한울연대 김용휘 공동대표는 "지극한 기운 지금 여기 크게 내리소서. 한울님 모시니 마음이 정해지고 영원토록 잊지 않으니 만사가 깨쳐지네"라고 옮겼다.

나가는 말

1 *The River of God: A New History of Christian Origins*(San Francisco: HarperSanFrancisco, 2001).
2 Dian Eck, "A New Geo-Religious Reality" 1994년 이탤리 리바 델 가르다에서 발표한 논문. Mary Pat Fisher, *Living Religions: A Brief Introduction*(Upper Saddle River, N. J.: Prentice Hall, 2002) 276쪽에서 재인용.

부록

1 *The Council on the Study of Religion Bulletin*, vol. 13 no. 5(December 1982) 129쪽~131쪽을 참조할 것.
2 이런 이론들을 간단히 요약한 것으로는 Lewis M. Hopfe & Mark R. Woodward, *Religions of the World*(Upper Saddle River, NJ: Prentice Hall, 11th ed., 2008)를 참조. 자세한 것은 Sharpe, Comstock, Pals 등을 참조할 것.
3 요즘은 '원시인' 혹은 '원시 사회'라는 말이 특정 집단을 비하하는 의미가 포함된 것으로 보고 쓰지 않는다. 원시 사회라는 말 대신에 비문자non-literate 사회, 구전oral 사회, 혹은 기본basic 사회라 한다.

찾아보기